La oración intercesora ilumina y motiva.
Dutch Sheets derrama una luz fascinante sobre
este tema que algunas veces es tan misterioso.
Sus lectores querrán orar más, y verán más resultados.

Dr. Bill Bright, Fundador y Presidente
de Cruzada Estudiantil para Cristo Internacional

Mi corazón se llenó de emoción conforme leía *La oración intercesora.*
Qué bendición es tener este manual instructivo inspirado por Dios
que nos revela la forma en que Dios trabaja a través de Su pueblo.
El Cuerpo de Cristo será más rico en el conocimiento y la profundidad
de la intercesión y estará equipado para dar en el blanco.

Bobbye Byerly, Presidente Nacional
de Aglow International en los Estados Unidos

Si buscas un libro de texto sobre la oración,
¡éste es el mejor! Las frescas ideas de Dutch Sheet
inspirarán tu fe, profundizarán tu comprensión y
te equiparán para cumplir tu destino como uno
que forma parte del pueblo de oración de Dios.

Dick Eastman, Presidente Internacional
de Cada Hogar para Cristo

La oración intercesora es el libro de 1.000 sermones.
El material de Dutch está repleto de poder, inspiración e instrucciones.
Contesta preguntas que a menudo
son respondidas incorrectamente. Aclara las cosas.

Pastor Ted Haggard,
New Life Church, Colorado Springs

Dutch Sheets es uno de los profesores más excitantes que alguna vez
haya escuchado. Explica el deseo de Dios por la oración de una manera
clara, concisa y poderosa. Dutch hace del orar con impacto algo que
está al alcance de todos. Lo recomiendo de todo corazón.

Jane Hansen Presidente Internacional
de Aglow International

¡Cualquier cristiano intercesor y de oración debería leer este libro! *La oración intercesora* revolucionará tu vida de oración. • Contiene una profunda revelación que no se encuentra en ningún otro libro sobre la intercesión.

Cindy Jacobs,
Cofundadora de Generales de Intercesión

Este libro es para aquellos que buscan respuestas de parte de Dios las cuales aún no las han recibido. ¿Por qué? Sheets explica con claridad la lucha de la oración que forza la victoria del Calvario. La cuestión es la autoridad. La guerra y la victoria son hijos de la alabanza y de la espera. Este libro muestra que la elección es nuestra.

Freda Lindsay,
Cofundadora/Presidente de la Junta Emeritus de Cristo
para las Naciones, Inc.

Bíblico, práctico, con el que se puede trabajar y le da la honra a Dios — Dutch explica el porqué y el cómo de la oración intercesora eficaz. Querrás hacer referencia a este libro como un libro de recursos en muchas ocasiones conforme te acercas más y más a Dios. ¡Lo leí sin parar!

Quin Sherrer
Autor

Siempre me sorprendo de lo práctica y comprensible que es la Palabra de Dios cuando es explicada por maestros ungidos con el Espíritu Santo. Creo que Dios ha inspirado las verdades compartidas en este libro para liberar a un ejército de intercesores para que trabajen estratégica y poderosamente con Dios en esta época. Recomiendo este libro a todo aquel que quiera hacer una diferencia por el reino de Dios.

Willard Thiessen
Presidente de Trinity Television y Presentador de
"It's a New Day".

DUTCH SHEETS

LA ORACIÓN

Cómo Dios puede usar sus oraciones para mover el cielo

INTERCESORA

Publicado por
Editorial **Unilit**
Miami, Fl. 33172
Derechos reservados

Primera edición 1997

© 1996 por Dutch Sheets
Originalmente publicado en inglés con el título:
Intercessory Prayer por Regal Books
una División de Gospel Light
Ventura, California.

Traducido al español por: Héctor Aguilar

Citas bíblicas tomadas de la Santa Biblia, revisión 1960
© Sociedades Bíblicas Unidas
Otras citas: "La Biblia al Día
© 1979 Living Bibles Int.
Usadas con permiso.

Producto 496624
ISBN 0-7899-0395-4
Impreso en Colombia
Printed in Colombia

Dedicación

El equipo Sheets —Ceci, mi esposa y mi mejor amiga;
Sarah y Hannah, nuestras dos preciosas hijas;
y verdaderamente tuyas— con cariño
dedica este trabajo de amor a Jesús.

"Gracias Señor, por el precio que pagaste y la pasión
que continúa motivándote. Eres nuestro Héroe.
Es una gran dicha y un gran honor servirte y representarte
aquí en la tierra. ¡Esperamos ansiosos más ocasiones
y días maravillosos a tu lado!"

P.D. "Esperamos que te guste el libro
—¡lo hicimos para Ti!

CONTENIDO

Reconocimientos

Gracias...

A Jesús por existir y darnos tantas cosas para escribir.

A mi esposa, Ceci, y a mis hijas Sarah y Hannah, por creer en mí y darme tiempo para este proyecto. Las amo más de lo que se pueden imaginar.

A mi secretaria, Joy Anderson, quien ahora sufre de ataques de ansiedad cuando escucha las palabras "fecha límite". Gracias por las muchas horas extras de trabajo y su excelente labor editorial.

Al resto de mi grandioso personal: Bob, David, Warren, Gerri, LeRoy y Linda por hacerse cargo de todo mientras yo me "desaparecía" en un libro.

A las muchas personas que han ayudado a que se lograra este libro a través de la oración.

A la iglesia que pastoreo, Spring Harvest Fellowship, por ayudarme en este proyecto a través de la oración y el apoyo moral; por permitirme desaparecer durante semanas; y por estar alrededor de mí.

A Karen Kaufman, mi editora, por las muchas horas de trabajo diligente al intentar satisfacer a este escritor novato y por balancear mi estilo de comunicación en la conversación y el estilo gramatical. Gracias por su experiencia, por comprender mi razonamiento y por ayudarme a hacer de éste un mejor libro.

Y a Editorial Unilit por hacer posible que este libro llegue al pueblo hispano. ¡Que el Señor los bendiga!

Prólogo

El moderno movimiento de la oración empezó alrededor de los años setenta. Es cierto, ya había estado encendido de una forma notable en Corea desde varias décadas antes, pero fue alrededor del año 1970 que se empezó a esparcir por todo el mundo. En los últimos años la expansión del movimiento de la oración ha sido exponencial. La calidad en la oración ha estado aumentando junto con la cantidad de la misma. Llamaradas de oración se están encendiendo virtualmente en cada denominación de todos los continentes. Los pastores le están dando a la oración una mayor prioridad, los niños están orando ferviente y eficazmente, movimientos y ministerios de oración están proliferando, los seminarios bíblicos están introduciendo cursos sobre la oración e incluso las revistas seculares han estado presentando portadas con historias sobre la oración.

Yo soy una de las personas que ha sido profundamente tocada por el movimiento contemporáneo de la oración. Hasta hace unos diez años, la oración me aburría. Ah, sabía que la Biblia me enseñaba que debemos orar y que Dios responde a la oración. También sabía que la oración estaba incluida como parte de la rutina diaria de los individuos, familia e iglesias cristianas. Pero esperaba la reunión de oración con el mismo entusiasmo que esperaba ir a la consulta del dentista. ¡Ya no es así!

Fue la soberana mano de Dios la que me llevó a lo que se convertiría en una participación intensa con el movimiento de oración en el año 1987. A partir de entonces he investigado la oración con diligencia. He mejorado grandemente mi vida de oración. Efectúo seminarios de oración y doy cursos sobre la oración regularmente. Ayudo a coordinar actividades de oración para el movimiento 2000 A.C. y he escrito varios libros sobre la oración. La razón por la cual menciono estas cosas no es para colocarme como una especie de gigante espiritual, porque no lo soy. Más bien es para mostrar las credenciales que respaldan las declaraciones que estoy por hacer.

Como erudito profesional, acepto la responsabilidad de mantener al mismo nivel la literatura relacionada con la oración hasta donde sea capaz. Mi biblioteca personal incluye nueve estanterías de libros sobre la oración, y el número continúa creciendo rápidamente. Al ver esa sección de mi biblioteca, la cual ahora puedo verla desde donde me encuentro sentado, no veo ningún libro que se compare a éste que ha sido escrito por mi buen amigo Dutch Sheets.

Sé que todo libro tiene sus características singulares. Pero *Oración Intercesora* tiene una categoría en sí mismo. En mi opinión, Dutch Sheets ha provisto, más que cualquier otro autor contemporáneo, aquello que se podría considerar la teología bíblica estándar del movimiento mundial de la oración de los años noventa. Me emocioné conforme leí página tras página de sólida enseñanza bíblica sobre las muchas facetas de la oración. Conforme leía, fue una agradable sorpresa encontrarme concepto tras concepto que no había considerado en el pasado. Son pocas las cosas que he leído que se hayan convertido en una luz mayor que *La oración intercesora*.

Me doy cuenta de que es un peligro clasificar cualquier cosa como "teología". Para muchos, leer sobre teología es tan interesante como ver jugar bolos en el césped. Pero Dutch

Sheets es uno de esos teólogos que también es un dinámico comunicador. En vez de complicar las cosas sencillas, como lo hacen algunos teólogos, sabe cómo hacer sencillas las cosas complicadas.

Domingo tras domingo, el "Pastor Dutch" predica a cientos de personas en Spring Harvest Fellowship, una de las iglesias que crece más rápido en Colorado Springs. De la misma forma que lo hace con sus sermones, Dutch le da vida a cada idea que tiene a través de historias de la vida real, algunas que son experiencias propias y otras que son ajenas. Cada una de ellas muestra como Dios puede ser glorificado a través de las oraciones de cualquier creyente.

Si quieres un nuevo poder en tu vida de oración y en la vida de oración de tu grupo, ahora tienes en tus manos el libro guía que necesitas. Tus oraciones tendrán más poder en el grado en que éstas tengan más sustancia. No tendrás que leer mucho antes de darte cuenta de que estás absorbiendo algunas de las enseñanzas más sustanciales sobre la oración y que están disponibles en la actualidad. Al igual que yo, le darás las gracias a Dios y a Dutch Sheets por este sorprendente libro.

C. Peter Wagner
Seminario Teológico de Fuller

Capítulo uno

La pregunta es...

Ninguna esperanza

Sabía que la persona por la cual iba a orar estaba muy enferma. Lo que no sabía es que se encontraba en estado de coma, que le habían realizado una traqueotomía en su garganta, que tenía un tubo de alimentación en el estómago y que se encontraba en esa situación desde hacía un año y medio. Verla por primera vez fue como si esperara que el médico me diese una receta o me hubiera realizado una cirugía de cerebro. Su hermana, quien me había invitado a que viniera a visitar a esta mujer joven, no me lo había contado todo por temor a que yo no fuera. Sabía que si lograba que fuera tan sólo una vez, probablemente volvería. ¡Y tenía razón!

Los médicos no le dieron ninguna esperanza de vida a Diana (no es su nombre real), ni siquiera que pudiera salir del estado de coma. Aun cuando recuperara la conciencia, básicamente sería un vegetal, debido al daño tan extenso en su cerebro, o eso era lo que creían los médicos.

¿Has estado alguna vez enfrente de alguien en estas condiciones y le has pedido a Dios que haga un milagro? Estar frente a la muerte y pedir la vida puede ser algo intimidante. También es algo que puede enseñarnos mucho —sobre la vida, sobre la muerte, sobre nosotros mismos y sobre Dios.

En especial cuando se está delante de la misma persona sesenta o setenta veces durante una hora en cada ocasión y a través de un año.

Confrontado con lo inesperado

Las cosas no salieron como yo esperaba. La vida rara vez es como nosotros queremos, ¿no es cierto?

Esperaba que el Señor sanara a esta mujer joven a través de nuestras oraciones de una manera dramática, fácil y rápidamente. Después de todo, eso fue lo que sucedió con Jesús.

- No esperaba invertir tres o cuatro horas de mi vida cada semana y durante un año (incluyendo el tiempo de viaje).

- No esperaba humillación e insultos por parte del personal del lugar donde ella se encontraba.

- No esperaba llorar tanto.

- No esperaba tener tanto valor en ciertas ocasiones.

- No esperaba sentirme tan intimidado en otras ocasiones.

- No esperaba que se fuese a llevar tanto tiempo.

- ¡No esperaba aprender tanto!

El milagro

Sí, ¡Dios restauró a Diana! Sanó su cerebro, la capa externa, la cual los médicos habían dicho que había sido completamente destruida por un virus. Toda ella estaba infectada. Habían dicho: "No hay ninguna esperanza".

La primera página del *Dayton Daily News* (no es el lugar ni el periódico real) decía: "Mujer despierta, viva, sanada después de dos años en coma". Los médicos lo llamaron un "milagro médico". Decían: "No tenemos ninguna explicación", aunque no llegaban a darle la gloria a Dios.

De hecho, sucedió un sábado por la mañana cuando se encontraba a solas. Esa misma semana Diana había sido trasladada de una residencia de enfermos al hospital para que le trataran una infección. Después de efectuarle más pruebas, los médicos decidieron que su condición había empeorado y le informaron a su familia que posiblemente moriría pronto.

Cuando la hermana de Diana me confió esta información, salí hacia el hospital.

Al saber que las personas comatosas a menudo pueden escuchar y comprender todo lo que sucede a su alrededor, hablé mucho con ella. Como supimos más tarde, debido al daño cerebral que padecía Diana no me había escuchado. Pero este miércoles por la tarde, hablé con ella como solía hacerlo.

—Esta pesadilla casi se acaba —le dije mientras me corrían las lágrimas por las mejillas—. Nada puede detener este milagro. ¡Nada!

El recuerdo siempre quedará impreso en mi mente. Conforme salía llorando del hospital, recuerdo que me decía a mí mismo una y otra vez: "Nada puede detener ese milagro. ¡Nada!"

No sabemos esperar. Estamos en la era del microondas. Dios, sin embargo, generalmente está haciendo escabeche.

No era únicamente una fuerte esperanza la que tenía en este momento, sino una gran fe. Había acudido a Dios en muchas ocasiones a través de este año para preguntarle si realmente Él me había enviado a esta chica. En cada ocasión recibía la misma certidumbre: "Yo te envié. No te des por vencido".

El poder de la persistencia

Ahora, me han acusado de ser un tipo muy terco, y supongo que es cierto. De hecho, mi "terquedad" me ha metido en muchos problemas, incluyendo dos fracturas importantes jugando al fútbol americano, cuando un par de tipos que tenían más tamaño y músculos detrás de su "terquedad" que yo.

Sin embargo, la terquedad, se puede dirigir para que sea una fuerza justa llamada persistencia o perseverancia. Me he dado cuenta de que es uno de los atributos más importantes de la vida cristiana. Charles Spurgeon dijo: "Con perseverancia el caracol entró en el arca".[1]

Una falta de perseverancia es una de las mayores causas de la derrota, especialmente en la oración. No sabemos esperar correctamente. Estamos en la era de los microondas; Dios, sin embargo, generalmente está haciendo escabeche. Así que, perseveré durante un año, y conforme lo hacía mi fe creció hasta que supe, en lo profundo de mi ser, que íbamos a ganar. Gálatas 6:9 se había convertido en mi lema: "No nos cansemos, pues, de hacer bien; porque a su tiempo segaremos, si no desmayamos".

Mi perseverancia se vio renovada cuando, tres días después de aquel miércoles en el hospital, Diana se despertó completamente sanada de su cerebro. Las noticias sobre el milagro se extendieron a otras naciones. De hecho, la residencia para enfermos, donde ella había estado, recibió preguntas desde Europa queriendo saber más de la increíble recuperación.

Cada hora y cada lágrima que había invertido se convirtieron en algo que había valido la pena cuando vi despierta a Diana y le escuché decir las palabras: "Alabado sea el Señor".

¿Qué aprendí en el esfuerzo de ese año? Mucho, ¡a parte de demasiado! Y continúo aprendiendo.

En el "Informe de los últimos días", Leonard Ravenhill habla sobre un grupo de turistas que visitaban una aldea pintoresca y pasaron al lado de un anciano sentado al lado de una valla. De una manera altanera, uno de los turistas le preguntó: "¿Nació algún hombre grande en esta aldea?"

El anciano respondió: "No, sólo han nacido bebés".[2]

He aprendido que nadie nace siendo un héroe de la nación. Todos son formados y refinados en el campo de práctica de la vida.

Un talentoso juez de Hollywood dijo de Fred Astaire, uno de los principales cantantes, bailarines y actores de todos los tiempos: "No puede actuar. No puede cantar. Puede bailar un poco".[3] Estoy seguro de que Satanás me ha juzgado en ciertas ocasiones de mi vida: "No puede predicar. No puede dirigir. No puede orar un poco". Gracias sean dadas a Dios por Su gracia, paciencia y compromiso para conmigo. En la vida he tropezado más veces hacia adelante que hacia atrás.

Tantas preguntas

Por éste y otros viajes de oración —por fracasos al igual que por victorias— por cientos de horas de estudio, he reunido algunos pensamientos que quisiera compartir contigo. Estoy seguro de que éstos contestarán muchas preguntas, tales como:

- ¿Es realmente necesaria la oración? De ser así, ¿por qué? ¿Acaso Dios no es soberano? ¿No significa eso que Él hace lo que quiere y cuando quiere? Si esto es cierto, ¿por qué hay que orar?

- ¿Está garantizada automáticamente la voluntad de Dios para un cristiano o está relacionada con la oración y con otros factores?

- ¿Por qué tan a menudo cuesta tanto tiempo el que una oración sea contestada? ¿Por qué se requiere perseverancia? Jacob luchó con Dios. ¿Es eso lo que debemos hacer en la oración? No me gusta el pensamiento de luchar con Dios ¿y a ti?

- ¿Qué hay con respecto a las oraciones por los perdidos? ¿Cómo puedo ser más eficaz? Me frustra un poco intentar pensar en nuevas maneras de pedirle a Dios que salve a las personas, ¿y a ti? Pensé que Él *quería* salvarlas. Entonces, ¿por qué siento como si intentara convencerlo de que lo haga? ¿Hay alguna forma mejor de hacerlo? ¿Tengo que pedir por su salvación una y otra vez o tengo que pedírselo una sola vez y luego darle gracias por medio de la fe?

- ¿Qué sobre la guerra espiritual? Si Satanás ha sido derrotado y Cristo tiene toda la autoridad, ¿no deberíamos olvidarnos ya del diablo? ¿Quién ata al diablo, Dios o nosotros?

- ¿Qué es exactamente la oración intercesora? Y no me digas que solamente es "estar en la brecha". Ya tengo suficiente de citas religiosas y modismos espirituales. Sé que el término se toma de la Biblia pero, ¿qué significa?

- ¿Y sobre la protección? ¿Dios simplemente permite todo lo que me sucede a mí o a mi familia? ¿O hay algo que deba hacer para procurar mi seguridad?

- ¿Cómo "sobrellevamos los unos las cargas de los otros"? (Gálatas 6:2).

- ¿Existe un tiempo perfecto para las respuestas de la oración o dicho tiempo depende de mí?

¿Te están cansando estas preguntas? A mí sí —así que aquí me detendré. Tal vez incluso estés cansado de preguntarte algunas de ellas. Por mi parte lo estuve. Muchas personas han dejado de hacerse estas preguntas hace mucho tiempo y también es probable que hayan dejado de orar.

¡Por favor, tú no hagas lo mismo!

¡Sigue preguntando! He descubierto que las respuestas correctas empiezan con las preguntas correctas. También me he dado cuenta de que Dios no se ofende con una pregunta sincera. Él no satisface al escéptico ni tampoco se agrada en la incredulidad, pero sí ama a una persona que busca con honestidad. Aquellos que carecen de sabiduría y la piden no son rechazados (ver (Santiago 1:5). Dios es un buen Padre. ¿Harías conmigo la siguiente oración?

Padre, necesitamos más comprensión —no más conocimiento. Tenemos tanto conocimiento que nos estamos confundiendo. Sí, e incluso en ocasiones somos cínicos debido a que nuestros conocimientos no siempre han dado resultados. De hecho, Padre, la Biblia muy a menudo parece contradecir nuestras experiencias. Necesitamos algunas respuestas. Necesitamos una unión de la teología y de la experiencia.

Hemos sido animados por las historias de otros grandes guerreros de la oración —los Hydes, los David Brainerds, los Andrew Murray y los apóstol Pablo. Pero francamente Señor es un poco frustrante cuando nuestras oraciones no parecen dar resultado. Y también es intimidante porque jamás sabemos si alguna vez podremos orar dos o tres horas al día, como lo hacían estos grandes intercesores. Ahora necesitamos más que inspiración. Necesitamos respuestas.

Así que, al igual que tus discípulos, Señor, nosotros decimos: "Enséñanos a orar". Sabemos que a menudo requiere de un arduo trabajo, pero ¿no puede ser también divertido? Sabemos que existirán fracasos, pero ¿y si nos dieras unos cuantos éxitos más? Ya sabemos que "andamos por fe, no por vista" (2 Corintios 5:7), pero ¿podríamos ver más victorias?... ¿más almas salvadas?... ¿más sanidades?

Estamos cansados de cubrir nuestra ignorancia en túnicas de ciega obediencia y de llamarla espiritualidad. Estamos cansados de los ejercicios religiosos que nos hacen sentir mejor durante un rato, pero que dan poco fruto que permanezca. Estamos cansados de tener una forma de piedad sin poder. Ayúdanos, por favor. Oramos en el nombre de Jesús. Amén.

Notas

1. John L. Mason, *An Enemy Called Average* (Tulsa, Okla.: Harrison House, 1990), p. 20.
2. Craig Brian Larson, *Illustrations for Preaching and Teaching* (Grand Rapids: Baker Books, 1993), p. 128.
3. Idem., p.75.

Capítulo dos

La necesidad de la oración

¡Porque yo lo digo!

—¡Porque yo lo digo!

¿No te enojas cuando esa es la razón que te dan para que hagas algo? No sólo es frustrante, sino que también es algo que aniquila la motivación. Una cosa es cuando la pregunta: "¿Por qué?" surge de una resistencia que tiene como raíz la rebelión, pero cuando uno no comprende sinceramente el porqué de las cosas, esta respuesta puede ser odiosa. Recuerdo que me golpeaban los nudillos de la mano con una regla por hacer una pregunta sencilla, "¿por qué?"

¡Zas! —¡Porque yo lo digo! ¡Ahora cállate y hazlo!

¡Aún me gustaría poder golpear los nudillos del profesor con una vara de un metro sin darle ninguna razón para hacerlo! (No se preocupen, trataremos con el perdón y la sanidad interior en otra ocasión).

A ninguno nos gusta hacer algo simplemente porque otro lo dice. Ah, sé que en ocasiones Dios pide que hagamos cosas sin que tengamos el pleno conocimiento del porqué, pero generalmente son cuestiones ocasionales de obediencia o de confianza —no es la manera en que Él espera que vivamos nuestra vida regularmente. No somos robots programados que jamás preguntan el porqué de las cosas. Él no pide que tengamos la mentalidad de un avestruz: con la cabeza enterrada en la arena, ciegos a la verdad, las cuestiones y los hechos.

Me pregunto el porqué de las cosas

Dios nos ha dado una Biblia llena de respuestas a los *porqués* de la vida. La pregunta en la que estoy interesado es: ¿Por qué hay que orar? No estoy preguntando el porqué en el sentido de necesitar una u otra cosa. Es obvio que pedimos porque deseamos o necesitamos algo. Estoy hablando del porqué en el contexto de la soberanía de Dios.

¿En realidad importan tanto mis oraciones? ¿A final de cuentas no va a hacer Dios lo que Él quiera? La mayoría de las personas, incluso sólo en el subconsciente, creen eso. La prueba es su vida de oración, o la falta de la misma.

¿Pueden mis oraciones realmente cambiar las cosas? ¿*Necesita* Dios que ore o sólo *desea* que lo haga? Algunos argumentarían que un Dios omnipotente no "necesita" nada, incluyendo nuestras oraciones.

¿Puede ser frustrada la voluntad de Dios o no llevarse a cabo si no oro? Algunos me catalogarían como hereje tan sólo por hacer la pregunta.

Pero ésta y otras preguntas merecen respuestas. He descubierto que entender el porqué se hace alguna cosa, puede ser una gran fuerza motivadora. Lo contrario también es verdad.

Cuando niño me preguntaba el porqué de la señal que decía: "No echarse clavados en el agua", en la parte más baja de la piscina. Un día me golpeé la cabeza en el fondo y jamás lo volví a hacer.

Solía preguntarme por qué no debía tocar el resplandor rojo de la estufa. Y descubrí el porqué.

Me preguntaba por qué un tipo que iba delante de mí, andando por el bosque, decía "Agáchate".

Yo pensaba, *no quiero agacharme. No tengo que agacharme.* En ese momento, una rama me pegó en la parte superior de la cabeza, ahora me agacho.

Necesito saberlo

Alguien dijo: "Errar es humano, repetir el error es una estupidez". Estoy seguro de que he calificado en esta área una o dos veces, pero no en estas últimas situaciones *¡porque ahora sé el porqué de las cosas!* Sin embargo, no estamos hablando de golpes, quemaduras ni rasguños, estamos hablando de un destino eterno. Estamos hablando de hogares, matrimonios, el bienestar de las personas que amamos, avivamiento en nuestras ciudades —y la lista es muy larga.

Cuando Dios dice: "Ora", quiero saber qué es importante. No me gustan los ejercicios religiosos y mi tiempo es muy valioso —igual que el tuyo. ¿Tenía razón o no S.D. Gordon cuando dijo: "Puedes hacer algo más que orar *después* de que has orado, pero no puedes hacer otra cosa más que orar *hasta* que hayas orado... Orar es lanzar el golpe de la victoria... el servicio es recoger los resultados"[1]

Si Dios va a hacer algo sin importar si oramos o no, entonces Él no necesita que pidamos y no necesitamos otra cosa que nos haga perder el tiempo. Si todos dicen igual que la canción, *lo que será, será,* entonces tomemos una siesta y dejemos que sucedan las cosas.

Si, por otro lado, John Wesley tenía razón cuando dijo: "Dios no hace nada en la tierra excepto como respuesta a la oración que cree", entonces esto me quitaría el sueño. Cambiaría mi estilo de vida debido a esto. Apagaría la televisión, e incluso me perdería una o dos comidas.

- Necesito saber si el quiste del ovario de mi esposa desapareció por haber orado.

- Necesito saber si me salvé en el terremoto debido a que alguien oró.

- Necesito saber si Diane salió del coma con un cerebro restaurado debido a que oramos.

- Necesito saber si mis oraciones pueden hacer una diferencia entre el cielo y el infierno para una persona.

¿Es realmente necesaria la oración?

La verdadera pregunta es: ¿Necesita un Dios soberano y omnipotente nuestra participación o no? ¿Es la oración realmente necesaria? De ser así, ¿por qué?

Creo que es necesaria. Nuestras oraciones *pueden* traer avivamiento. *Pueden* traer sanidad. *Podemos* cambiar una nación. Fortalezas *pueden* ser derribadas cuando y debido a que oramos. Estoy de acuerdo con E. M. Bounds cuando dijo:

> Dios moldea el mundo a través de la oración. Cuanta más oración haya en la tierra, el mundo será mucho mejor, serán más grandes las fuerzas en contra del mal... las oraciones de los santos de Dios son el mercado monetario celestial por medio del cual Dios lleva a cabo Su gran obra en la tierra. Dios condiciona la misma vida y prosperidad de Su causa en la oración.[2]

No podía estar más de acuerdo —y quisiera compartir contigo el porqué creo en esto. Si estás de acuerdo conmigo, vas a orar más. También es muy probable que ores con una fe mayor.

El plan original de Dios

La respuesta a por qué es necesaria la oración yace en el plan original de Dios al crear a Adán.

Solía pensar que Adán debió ser sorprendente. Ahora sé que lo fue, como lo dirían mis hijos "requete asombroso". (Para aquellos que no tienen adolescentes o niños pequeños "requete" significa "muy o totalmente").

El nombre Adán significa "hombre; ser humano".[3] En otras palabras, Dios creó al hombre y le llamó "Hombre". Hizo a un humano y lo llamó "Humano". Creó un adán y lo llamó "Adán". De hecho, a menudo cuando la Biblia utiliza el término "hombre", la palabra hebrea que se utiliza es *adam*, deletreada tal y como se utilizaba en el inglés antiguo. Comparto esto simplemente para decir que Adán nos representa a todos. Lo que Dios quiso para él, lo quería para toda la raza humana.

¿Cuál era la intención de Dios? Inicialmente, Dios le dio a Adán y a Eva, y a sus descendientes, el dominio sobre toda la tierra y sobre toda la creación como lo vemos en Génesis 1:26-28:

> *Entonces dijo Dios: Hagamos al hombre a nuestra imagen, conforme a nuestra semejanza; y señoree en los peces del mar, en las aves de los cielos, en las bestias, en toda la tierra, y en todo animal que se arrastra sobre la tierra. Y creó Dios al hombre a su imagen, a imagen de Dios lo creó; varón y hembra los creó. Y los bendijo Dios, y les dijo: Fructificad y multiplicaos; llenad la tierra, y sojuzgadla, y señoread en los peces del mar, en las aves de los cielos, y en todas las bestias que se mueven sobre la tierra.*

También vemos esto en el Salmo 8:3-8:

> *Cuando veo tus cielos, obra de tus dedos, la luna y las estrellas que tú formaste, digo: ¿Qué es el hombre, para que tengas de él memoria, y el hijo del hombre, para que lo visites? Le has hecho poco menor que los ángeles, y lo coronaste de gloria y de honra. Le hiciste señorear sobre las obras de tus manos; todo lo pusiste debajo de sus pies: ovejas y bueyes, todo ello, y asimismo las bestias del campo, las aves de los cielos y los peces del mar; todo cuanto pasa por los senderos del mar.*

Adán, el representante de Dios en la tierra

La palabra hebrea *mashal*, traducida "señorear" en el versículo 6 de este pasaje, indica que Adán (y finalmente sus descendientes) iba a ser el *gerente* de Dios aquí en la tierra, el *mayordomo* o el *gobernador* de Dios. Adán era el *mediador* de Dios, *el que estaba en medio* o el *representante*.

Dios no dejó de poseer la tierra, sino que le asignó a la humanidad la responsabilidad de gobernarla

---

El Salmo 115:16 también confirma esto: "Los cielos... de Jehová; y ha *asignado* la tierra a los hijos de los hombres. (*Traducción de Moffatt*, itálicas añadidas por el autor). Esta traducción comunica con una mayor exactitud el significado de la palabra hebrea *nathan*, que frecuentemente se traduce como "dado". Dios no dio la tierra que poseía, sino que le asignó a la humanidad la responsabilidad de gobernarla.

Génesis 2:15 dice: "Tomó, pues, Jehová Dios al hombre, y lo puso en el huerto de Edén, para que lo labrara y lo guardase". La palabra "guardase" es la traducción de la palabra hebrea *shamar* que significa "cuidar o proteger". Es la palabra principal utilizada para un vigía en las Escrituras. Adán literalmente era el vigía de Dios o el guardián de la tierra.

Ningún estudiante serio de la Biblia tendría algo en contra de que Adán fuese el representante de Dios aquí en la tierra. Pero, ¿qué es lo que de hecho significa representar a alguien? El diccionario define representación como "volver a presentar".[5] Otra manera de decirlo podría ser "re-presentar" a alguien. Un representante es alguien que re-presenta la voluntad de otra persona. Yo, por ejemplo, me siento honrado porque a menudo represento a Cristo a través del mundo. Espero *presentarlo nuevamente* conforme hablo en Su nombre.

El diccionario también da los siguientes significados: "exhibir la imagen y la parte de; hablar y actuar con autoridad de parte de; ser sustituto o agente de".[6] Suena muy parecido a lo que Dios le dijo a Adán, ¿no creen?

Ahora, no es una labor pequeña representar a Dios. Por lo tanto, para ayudarnos a los humanos a llevar a cabo tal tarea de una forma más adecuada, Dios nos hizo como Él. "Y creó Dios al hombre a su imagen, a imagen de Dios lo creó; varón y hembra los creó" (Génesis 1:27). La palabra hebrea para "imagen" es *tselem*, la cual involucra el concepto de una *sombra*, un *fantasma* o una *ilusión*.[7]

Una ilusión es algo que te parece ver, pero al observarlo más de cerca descubres que tus ojos te han hecho una jugada. Cuando el resto de la creación veía a Adán, debieron haberlo visto dos veces, probablemente pensando algo como lo siguiente: *Por un momento pensé que era Dios, pero únicamente se trata de Adán*. ¿Qué te parece esta representación? ¡También es una teología muy fuerte!

Además se nos dice que Adán era *similar* a o *comparable* a Dios. La palabra hebrea *demuwth*, traducida "semejanza" en Génesis 1:26, proviene de la raíz *damah*, que significa "comparar".[8] ¡Adán era muy parecido a Dios!

El Salmo 8:5 de hecho dice que los seres humanos fueron hechos "un poco menor que los ángeles". Incluso Dios nos da la capacidad de crear espíritus eternos, ¡algo que no le ha confiado a ninguna otra criatura! A continuación el mismo versículo dice que la humanidad fue coronada con la misma gloria de Dios.

Hablando de teología fuerte, la definición de la palabra hebrea *kabowd*, que se traduce como "gloria", ¡significa literalmente "pesada o de peso"![9] Esto, por supuesto, está unido al concepto de autoridad. Aún utilizamos la ilustración en la actualidad cuando nos referimos a alguien que "lleva mucho peso". Adán llevaba el peso de la tierra. No sé cuánto pesaba él, pero "pesaba". ¡Representaba a Dios con toda la autoridad! ¡Él estaba a cargo de todo!

La palabra griega para gloria, *doxa*, es igualmente reveladora. Involucra el concepto de reconocimiento. De forma más precisa, es aquello que hace que algo o alguien sea reconocido por lo que realmente es.[10] Cuando leemos en las Escrituras que la humanidad es la gloria de Dios (ver 1 Corintios 11:7), nos quiere decir que Dios era *reconocido* en los humanos. ¿Por qué? Para que los humanos le pudieran *representar* de una manera exacta. Cuando la creación miraba a Adán, se suponía que debían de ver a Dios. ¡Y eso sucedía! Es decir, hasta que Adán pecó y fue separado de la gloria de Dios. Dios ya no es reconocido en la humanidad caída. Debemos de volver a la imagen de Dios cambiando "de gloria en gloria" (2 Corintios 3:18) para que se vuelva a efectuar este reconocimiento.

Mi propósito no es agobiarte ni impresionarte con tantas definiciones, sino más bien ampliar tu comprensión del plan de Dios para la humanidad en la Creación. Por lo tanto, resumamos lo que hemos dicho utilizando una copilación de los versículos y definiciones anteriores:

> Adán era comparable o similar a Dios —tan parecido a Dios que formaba una ilusión. Dios era reconocido en Adán, lo cual significa que Adán "llevaba el peso" aquí en la tierra. Adán representaba a Dios, presentando una vez más Su voluntad en la tierra. Adán era el gobernador de Dios o el gerente. La tierra le había sido asignada a Adán, estaba a cargo y al cuidado de él. Adán era el vigía o el guardián. La manera en que iban las cosas en el planeta tierra, para mejor o para peor, dependía de Adán y de su descendencia.

Por favor piensa en ello. Si la tierra hubiese permanecido como el paraíso, se debería a la humanidad. Si las cosas se echaron a perder, fue debido a la humanidad. Si la serpiente logró hacerse del control, se debió a la humanidad. ¡En realidad la humanidad estaba a cargo!

¿Por qué hizo las cosas de esta manera? ¿Por qué se arriesgó? Por lo que sé de Dios por medio de las Escrituras y por mi andar personal con Él, sólo encuentro una conclusión: Dios quería una familia —hijos e hijas que se relacionaran personalmente con Él, y viceversa. Así que creó unos padres originales similares a Sí mismo. Puso Su misma vida y Espíritu en ellos, les dio un bello hogar con muchas mascotas, se sentó y dijo: "Esto es bueno". Diariamente tenía relación con ellos, caminaba con ellos, les enseñaba sobre Sí mismo en su casa. Y les dijo: "Dadme algunos nietos y nietas". Ahora Dios era Padre, ¡y estaba emocionado!

Concedido, ésta es la paráfrasis de los Sheets, pero en realidad las Escrituras no cambian —nos llevan a una conclusión sobre la necesidad de la oración.

Dios obra a través de las oraciones de Su pueblo

Continuemos hacia esta conclusión. Debido a que estamos hablando de cosas "pesadas", tales como la gloria y las coronas, ilusiones y personas que crean cosas eternas, ¿cuán pesado es esto? Tan completa y final era la autoridad de Adán sobre la tierra que él, y no sólo Dios, ¡tenía la capacidad de dársela a alguien más! Escucha las palabras de Satanás en Lucas 4:6,7 conforme tentaba a Jesús: "A ti te daré toda esta potestad, y la gloria de ellos; *porque a mí me ha sido entregada, y a quien quiero la doy. Si tú postrado me adorares, todos serán tuyos*" (itálicas añadidas por el autor).

La parte en la que decía que a él se la había entregado la tierra era cierta, y Jesús lo sabía. Incluso llamó a Satanás "el príncipe de este mundo" en tres ocasiones en los evangelios (ver Juan 12:31; 14:30; 16:11).

Y aquí entra la parte fuerte número dos: Tan completa y final era la decisión de Dios para hacer las cosas a través de los seres humanos que le costó a Dios la Encarnación para volver a ganar aquello que Adán había cedido. Tenía que convertirse en parte de la raza humana. No puedo pensar en ninguna verdad más sorprendente. Ciertamente nada podía dar una prueba más fuerte de la decisión final que Dios tomó "a través de los humanos". Sin lugar a dudas, *los humanos siempre iban a ser la unión de Dios con la autoridad y las actividades aquí en la tierra.*

Creo que aquí tenemos la razón de la necesidad de la oración. Dios eligió, desde el momento de la creación, trabajar en la tierra *a través* de los humanos, y no de forma independiente de ellos. Siempre lo ha hecho y siempre lo hará, incluso le costó convertirse en uno de nosotros. Aunque Dios es soberano y omnipotente, las Escrituras nos dicen claramente que Él se ha autolimitado, en lo que se refiere a las cuestiones en la tierra, para obrar a través de los seres humanos.

¿Acaso no es ésta la razón por la cual la tierra es un desastre? No es porque Dios lo desee, sino por Su necesidad de obrar y llevar a cabo Su voluntad a través de las personas.

¿Acaso no es esta la historia que se entreteje a través de las Escrituras?:

- Dios y los humanos, para bien o para mal, haciendo las cosas juntos

- Dios necesitando hombres y mujeres fieles

- Dios necesitando una raza a través de la cual pueda obrar

- Dios necesitando profetas

- Dios necesitando jueces

- Dios necesitando un Mesías humano

- Dios necesitando manos humanas para sanar, voces humanas para hablar y pies humanos para desplazarse

¿No necesita que pidamos que nos venga Su reino, y que se haga Su voluntad (ver Mateo 6:10)? Estoy seguro de que Él no querría que desperdiciáramos nuestro tiempo pidiendo algo que de cualquier manera iba a suceder, ¿no crees?

¿No nos dijo que pidiéramos nuestro pan diario? (Ver Mateo 6:11).

Y sin embargo, Él conoce nuestras necesidades antes de que siquiera las pidamos.

¿No nos dice que pidamos que sean enviados obreros a la mies? (Ver Mateo 9:38). Pero, ¿acaso el Señor de la mies no desea eso más que nosotros mismos?

¿No dijo el apóstol Pablo: "...Orad por nosotros, para que la palabra del Señor corra y sea glorificada..." (2 Tesalonicenses 3:1)? ¿No estaba ya Dios planeando hacer esto?

¿No son estas cosas la voluntad de Dios? Entonces, ¿por qué se supone que tengo que pedirle algo que Él ya quiere hacer si no es que mis peticiones de alguna manera lo liberan para que lo haga? Veamos brevemente tres pasajes bíblicos más que apoyan esto.

Las oraciones fervientes de Elías

En 1 Reyes 18 encontramos la historia cuando Dios necesita y utiliza a una persona para llevar a cabo Su voluntad a través de la oración. Es el relato de Elías orando por lluvia después de tres años de sequía. Santiago 5:17,18 también hace mención de esta ocasión, y sabemos por medio de este relato que las oraciones de Elías no trajeron únicamente lluvia, sino que también habían detenido la misma tres años atrás. ¡Sabemos que estamos en problemas cuando los profetas oran por una sequía!

En el versículo uno de 1 Reyes 18, después de tres años de juicio, Dios le habló a Elías y le dijo: "...Ve, muéstrate a Acab, y yo haré llover sobre la faz de la tierra". Luego, al final de este capítulo, después de ocurrir otros acontecimientos, Elías oró siete veces y finalmente llegó la lluvia.

Según la declaración del versículo uno, ¿de quién fue la idea de enviar la lluvia? ¿...quién la enviaría? ¿...quién tuvo la iniciativa? Respuesta: Dios, no fue Elías.

Entonces, ¿por qué, si era la voluntad de Dios, Su idea y el momento en que Él lo quería, se necesitó de la oración humana para que "trajeran" la lluvia? (Elías se encontraba en la posición de una mujer que da a luz, dentro de esa cultura, y simbolizaba el concepto de la oración con dolores de parto).

¿Por qué tuvo Elías que pedir siete veces? Siete es el número bíblico de cumplimiento, y estoy seguro de que Dios nos estaba enseñando que debemos orar hasta que el trabajo se lleve a cabo. Pero, ¿por qué éste u otro esfuerzo de la oración requiere perseverancia, cuando se trata de la voluntad, idea y tiempo de Dios?

Y finalmente, ¿fueron realmente las oraciones de Elías las que produjeron la lluvia, o fue sencillamente una coincidencia de que él estuviera orando cuando Dios envió la lluvia?

Santiago aclara la respuesta a esta última pregunta. Sí, "la oración ferviente eficaz" de este hombre detuvo y trajo la lluvia:

Elías era hombre sujeto a pasiones semejantes a las nuestras, y oró fervientemente para que no lloviese, y no llovió sobre la tierra por tres años y seis meses. Y otra vez oró, y el cielo dio lluvia, y la tierra produjo su fruto.

Santiago 5:17,18

La única respuesta lógica a la pregunta de por qué Elías necesitó orar es sencillamente que *Dios ha elegido trabajar a través de las personas.* Incluso cuando es el Señor mismo quien inicia algo, y desea hacerlo fervientemente, sigue necesitando que nosotros lo pidamos. Andrew Murray habla brevemente de nuestra necesidad de pedir: "Lo que Dios da está conectado y es inseparable de nuestras peticiones... Sólo por medio de la intercesión se puede traer ese poder del cielo y es lo que capacita a la iglesia para conquistar al mundo".[11]

Con respecto a la necesidad de perseverancia de parte de Elías, no quiero comentarlo excesivamente en este momento, pero por ahora es suficiente decir que creo que nuestras oraciones hacen algo más que sólo pedir algo al Padre. Estoy convencido de que en algunas situaciones liberan cantidades acumuladas del poder de Dios hasta que se ha liberado el suficiente poder para llevar a cabo Su voluntad.

Daniel: Un hombre de oración

Otro ejemplo que apoya nuestra premisa de la necesidad absoluta de la oración se encuentra en la vida de Daniel. En el año 606 A.C. Israel había sido llevado cautivo por otra nación debido a sus pecados. Años más tarde en Daniel 9 se nos dice que mientras leía al profeta Jeremías, Daniel descubrió que había llegado el tiempo para que terminara la cautividad de Israel. Jeremías no sólo había profetizado la cautividad de la cual formaba parte Daniel, sino que también había profetizado su duración: 70 años.

En este momento Daniel hizo algo muy diferente a lo que la mayoría de nosotros haríamos. Cuando recibimos una promesa de avivamiento, liberación, sanidad, restauración, etcétera, tendemos a esperar pasivamente en su cumplimiento —pero eso no fue lo que hizo Daniel. Él sabía hacer las cosas de una manera mejor. De alguna manera él debió saber que Dios necesitaba que él se involucrara porque dijo: "Y volví mi rostro a Dios el Señor, buscándole en oración y ruego, en ayuno, cilicio y ceniza" (Daniel 9:3).

Ningún versículo en Daniel, al contrario de Elías, dice específicamente que Israel fuese restaurado debido a las oraciones de Daniel, pero con el énfasis que se le dan a las mismas, la insinuación ciertamente está presente. Sabemos que el ángel Gabriel fue enviado de inmediato después que Daniel empezara a orar. Sin embargo, le tomó 21 días penetrar la batalla en los cielos con el mensaje que le informaba a Daniel: "...Fueron oídas tus palabras; y a causa de tus palabras yo he venido" (Daniel 10:12). No puedo remediar pensar cuántas promesas de Dios se han quedado sin cumplimiento por no haber encontrado la involucración humana que Él necesita. Paul E. Billheimer dice:

> Evidentemente Daniel se dio cuenta de que la intercesión tenía un papel que jugar en el cumplimiento de la profecía.

Dios había dado la profecía. *Cuando llegó el momento de su cumplimiento Dios no la cumplió arbitrariamente y fuera de Su programa de la oración. Dios buscó un hombre en cuyo corazón pudiera colocar una carga de intercesión... Como siempre. Dios tomó la decisión en el cielo. Un hombre fue llamado para llevar a cabo esa decisión en la tierra a través de la fe y de la intercesión".[12]*

Dios necesita nuestras oraciones

Otra Escritura que apoya fuertemente nuestro argumento de que incluso cuando la existencia y el carácter de Dios son independientes por completo de cualquier cosa creada (ver Hechos 17:24,25) y de que Dios tiene todos los recursos a Su disposición (ver Job 41:11; Salmo 50:10-12), Dios *necesita* nuestras oraciones:

> *Y busqué entre ellos hombre que hiciese vallado y que se pusiese en la brecha delante de mí, a favor de la tierra, para que yo no la destruyese; y no lo hallé. Por tanto, derramé sobre ellos mi ira; con el ardor de mi ira los consumí; hice volver el camino de ellos sobre su propia cabeza, dice Jehová el Señor.*

Ezequiel 22:30,31

Las implicaciones de este versículo son sorprendentes. La santidad, integridad y verdad de Dios le evita que excuse simplemente los pecados. Deben de ser juzgados. Por otro lado, no solamente Dios es santo, sino que también es amor y Su amor siempre desea redimir, restaurar y mostrar misericordia. Las Escrituras nos dicen que Dios no se complace en la muerte de los malos (ver Ezequiel 33:11).

Este pasaje dice claramente: "Aunque Mi justicia demandaba juicio, Mi amor deseaba el perdón. Si hubiese encontrado a un humano que me pidiera que salvara a este pueblo, lo podría haber hecho. Me habría permitido mostrar misericordia. Pero como no encontré a ninguno, tuve que destruirlos".

No me gustan las implicaciones de este pasaje, al igual que a ti. No quiero esa responsabilidad. No me gusta considerar las ramificaciones de un Dios que de alguna forma se ha autolimitado a nosotros los terrenales. Pero a la luz de éste y de otros pasajes, al igual que por la condición del mundo, no puedo llegar a otra conclusión.

O Dios quiere que la tierra se encuentre, o no, en estas condiciones. Si no lo quiere, lo cual es el caso, entonces debemos asumir una de dos cosas. O Dios no tiene poder para hacer algo al respecto, o Él necesita y está esperando algo de nuestra parte para realizar un cambio. Peter Wagner está de acuerdo con esto cuando dice:

> Debemos entender que nuestro Dios soberano, por Sus propias razones, ha diseñado de tal forma a este mundo que muchas de las cosas que realmente provienen de Él dependen de las actitudes y acciones de los seres humanos. Él permite que los humanos tomen decisiones que pueden influir en la historia... La falta de acción por parte de los humanos no *anula* el sacrificio, pero la falta de acción por parte de los humanos pueden hacer que el sacrificio *no tenga efecto* en las personas perdidas.[13]

Esta verdad podría intimidarnos por la responsabilidad que implica, o incluso condenarnos debido a nuestra falta de oración. Pero también existe otra posibilidad. Una responsabilidad también puede ser un privilegio; una responsabilidad se puede disfrutar. Si se le permite, esta revelación puede elevarnos dentro de nuestro corazón a nuevas posiciones de dignidad junto a nuestro Padre celestial y junto a nuestro Señor Jesús. Jack Hayford dijo: "La oración es esencialmente una sociedad entre el hijo redimido de Dios trabajando mano a mano con Dios hacia la realización de Su propósito redentor en la tierra".[14]

Aprovechemos la ocasión y abracemos la increíble invitación de ser colaboradores de Dios... de ser portadores de su asombroso Espíritu Santo y embajadores de Su gran reino. ¡Seamos sus representantes!

¡Despiértanos a nuestro destino, Señor!

Preguntas para reflexionar

1. ¿Cuán completo era el dominio de Adán (de la humanidad) sobre la tierra? ¿Puedes explicar cómo se relaciona esto con la necesidad de orar para que Dios pueda obrar?

2. ¿Qué quiso decir Dios cuando dijo que fuimos creados a Su imagen y semejanza?

3. ¿Cómo refuerza la historia de Elías, al orar por la lluvia (ver 1 Reyes 18), nuestra afirmación de que Dios trabaja a través de la oración? ¿Y qué hay sobre la oración de Daniel por la restauración de Israel?

4. ¿Cuál es el principal significado de "gloria"? ¿Cómo se relaciona esto con la oración y la representación?

5. ¿Cómo se siente uno al ser socio de Dios?

Notas

1. Paul E. Billheimer, *Destined for the Throne* (Fort Washington, PA.: Christian Literature Crusade, 1975), p. 51.

2. Idem.

3. James Strong, *The New Strong's Exhaustive Concordance of the Bible* (Nashville: Thomas Nelson Publishers, 1990), ref. núm. 120.

4. William Wilson, *Old Testament Word Studies* (Grand Rapids: Kregel Publications, 1978), p. 236.

5. *The Consolidated Webster Encyclopedic Dictionary* (Chicago: Consolidated Book Publishers, 1954), p. 615.

6. Idem.

7. Spiros Zodhiates, *Hebrew-Greek Key Study Bible —New American Standard* (Chattanooga, Tenn.: AMG Publishers, 1984; edición revisada, 1990), p. 1768.

8. Strong, *The New Strong Exhaustive Concordance*, ref. núm. 1819.

9. R. Laird Harris, Gleason L. Archer Jr., y Bruce K. Waltke, *Theological Wordbook of the Old Testament* (Chicago: Moody Press, 1980); Grand Rapids: William B. Eerdmans Publishing Co., edición revisada, 1991), p. 426.

10. Zodhiates, *Hebrew-Greek Key Study Bible*, p. 1826.

11. Andrew Murray, *The Ministry of Intercessory Prayer* (Minneapolis: Bethany House Publishers, 1981), pp. 22,23.

12. Billheimer, *Destined for the Throne,* p. 107.

13. C. Peter Wagner, *Confronting the Powers* (Ventura, Calif.: Regal Books, 1996), p. 242.

14. Jack W. Hayford, *Prayer is Invading the Impossible* (South Plainfield, N.J.: Logos International, 1977; edición revisada, Bridge Publishing, 1995), p. 92, edición 1977.

Capítulo tres

Re-presentando a Jesús

Buscando respuestas

Cuando no sabes qué es lo que buscas, es probable que jamás lo encuentres. Cuando no sabes lo que haces, es probable que no lo hagas bien.

Recuerdo que un día estaba sentado en la clase de inglés durante la preparatoria. Jamás había sido bueno en inglés —estaba demasiado ocupado haciendo cosas importantes, tales como jugar al fútbol americano y realizar competencias de pista. Era un viernes por la tarde y teníamos un gran juego esa noche. Es probable que se imaginen en donde se encontraba mi mente.

Después de colocar el balón en la zona de anotación, escuchaba el clamor ensordecedor de la multitud, mi mente volvió gradualmente a mi clase de inglés. La profesora estaba diciendo algo sobre el "pretérito perfecto".

Bueno, no tenía ni idea de lo que era un pretérito, pero no me sonaba a nada bueno. Y sabía que por el hecho de estar en "perfecto" significaba que era una situación del momento o algo que estaba presente en el salón.

—Dutch —me dijo la profesora, probablemente se había dado cuenta de que estaba en otro lugar—: ¿Podrías encontrarnos el pretérito perfecto?

No sabía si debía buscarlo en el suelo, en el techo o fuera de la ventana. Intentando mostrarme inocente, inteligente y tan interesado como fuera posible, busqué alrededor del salón durante unos segundos antes de responder: —No, señorita, no veo ese perfecto por ningún lado. Pero no se preocupe, estoy seguro de que aparecerá por alguna parte.

Jamás me imaginé lo que era ese pretérito perfecto, pero no debió ser algo tan malo o tan serio como yo pensaba porque, cuando di mi respuesta, todo el mundo se rió. Me sentí aliviado, después de añadir un poco de paz a la profesora que se encontraba obviamente turbada, y por poder salir de una situación potencialmente embarazosa.

En fin ¿qué es la intercesión?

No, eso no lo es.

Sé que han hecho oraciones o cosas similares. Pero técnicamente hablando, la intercesión no es una oración. La oración intercesora es la oración. La intercesión es algo que una persona hace y que puede hacerla en la oración. Eso es tan confuso como el pretérito perfecto, ¿no creen?

Piensa de la siguiente manera: Estar de acuerdo no es oración, pero existe la oración para decir que estamos de acuerdo. La fe no es oración, pero existe la oración de fe. De la misma forma que una persona no puede orar intencionalmente una oración de acuerdo hasta que comprenda el significado del acuerdo, una persona no será muy eficaz en la oración intercesora hasta que comprenda el concepto de la intercesión.

¿Me comprenden?

Antes de definir la intercesión —para que podamos definir la *oración* intercesora— no lo vamos a hacer únicamente de una forma literal, veámoslo también en el contexto de (1) el plan de Dios para la humanidad en el momento de la Creación, (2) la interrupción del mismo plan debido a la Caída y (3) la solución de Dios. En otras palabras, vamos a ver el concepto de la intercesión en estas situaciones y permitiremos que nos ayuden para su definición. Esto hará tres cosas:

1. Te ayudará a comprender el concepto de intercesión para que puedas comprender la oración intercesora.

2. Te ayudará para que veas el papel de Cristo como el Intercesor. (Nuestra *oración* de intercesión siempre y únicamente será una extensión de Su *obra* intercesora. Esto es algo crucial y se volverá más claro conforme progresemos).

3. Con esa clase de conocimiento, ¡te volverás la persona más espiritual de tu grupo de oración!

Definiendo la intercesión

Veamos primeramente el concepto literal de intercesión; luego pensaremos en él en el contexto de la Caída.

Según Webster, *interceder* significa "ir o pasar entre; actuar entre partidos con la visión de reconciliar a aquellos que difieren o contienden, interponerse; mediar o interceder; mediación".[1]

Utilizando la misma fuente; *mediar* significa "entre dos extremos"; interponerse entre partidos, al igual que un amigo de ambos; negociar entre diferentes personas con la intención de reconciliar: mediar paz; intercesión".[2]

Por favor fíjense que estos términos son mayormente sinónimos con algunas palabras repetidas que se utilizan para definir a cada una de ellas —entre interponer y reconciliar. También fíjate que una se utiliza para definir a la otra: mediación define intercesión e intercesión define mediación.

Como se puede ver claramente por medio de estas definiciones, el concepto de intercesión se puede resumir como mediar, estar en medio, rogar por otro, representar a una parte ante otra para, pero no limitado a, situaciones legales.

La intercesión ocurre diariamente en nuestros tribunales con los abogados que interceden por sus clientes.

La intercesión ocurre en los contratos diariamente con abogados que representan a una parte ante otra.

La intercesión ocurre en las reuniones de oficina y de negocios diariamente conforme las secretarias u otros trabajadores "están de por medio", representando a un lado y al otro. No hay nada espiritual en todo esto.

Involucra delegar.

Involucra autoridad.

Se resume en la representación. Como lo discutimos en el capítulo anterior, representar significa re-presentar, o volver a presentar.

Hace muchos años mi padre contrató a un intercesor (lo llamamos abogado) para que lo representara en la corte. Papá había sido detenido por unos policías, golpeado y encerrado en la cárcel —todo esto mientras mi madre y mi hermana de tres años lo observaban. ¡Los policías lo habían confundido! Papá se dirigía a casa después de una reunión en la iglesia en la que había predicado esa noche, lo cual añadió ironía e injusticia a toda esta situación.

Nuestro abogado se colocó *entre* papá, el juez, el otro abogado y la policía. Escuchó el caso, reunió las pruebas, se enteró de lo que quería papá y luego le *re-presentó* ante los jueces. Fue un buen *mediador*.

Ganamos.

No todas las intercesiones tienen que ver con un abogado. Esto es únicamente un ejemplo. Cualquier trabajo de representación o mediación es una intercesión.

Ahora, pensemos en este concepto a la luz de la Creación y la Caída. Adán se suponía que representaba a Dios en el planeta Tierra —dirigiéndolo, gobernándolo para Él. Dios le dijo a Adán lo que quería y Adán le representó ante el resto de la tierra. Adán era un mediador de Dios. Literalmente, Adán era el intercesor de Dios o el mediador en la tierra.

Cristo, el Intercesor final

Adán, por supuesto, fracasó y Dios tuvo que enviar a otro humano llamado el "postrer Adán" para hacer lo que el primer

Adán supuestamente tenía que haber hecho, y arreglar el desastre del primer Adán. Así que Cristo vino a re-presentar a Dios en la tierra. Se convirtió en el intercesor o mediador, se puso en medio y re-presentó a Dios ante la humanidad.

Según Juan 1:18, Jesús nos mostró a Dios: "A Dios nadie le vio jamás; el unigénito Hijo, que está en el seno del Padre, él le ha dado a conocer". La palabra griega traducida "conocer" de hecho es *exegeomai*[3] de la cual obtenemos la palabra "exégeta".

Probablemente has oído del niño pequeño quien "estaba haciendo un dibujo y le dijo su profesora: —Es un dibujo interesante. Explícamelo.

—Es un dibujo de Dios.

—Pero nadie sabe como es Dios.

—Lo sabrán cuando haya terminado —dijo el joven artista.[4]

¡Jesús vino y nos hizo un dibujo de Dios! Ahora sabemos como es.

Pero esa no es la única dirección de Su intercesión. Existe una gran minoría en el hecho de que el Hombre que debía ser el intercesor, mediador o representante de Dios en la tierra ahora necesitaba que alguien mediara *por él*. Aquel que fue creado para representar a Dios en la tierra ahora necesitaba a alguien que le representase *ante* Dios. Cristo, por supuesto, se convirtió en el representante, intercesor o mediador, no sólo representó a Dios ante el hombre, sino que también representó al hombre ante Dios. ¡Este Dios-hombre fue el abogado de ambas partes!

Él es el último y el único intermediario. Él es "...apóstol [Dios a la raza humana] y sumo sacerdote [la raza humana a Dios] de nuestra profesión..." (Hebreos 3:1). Él es el gran intermediario de Job, pendiendo entre el cielo y la tierra, colocando una mano en Dios y la otra sobre los humanos (ver Job 9:32,33).

¿Estás comprendiendo la ilustración? La intercesión de Cristo, apegándonos a su significado literal, no fue una *oración* la que hizo, sino que Él hizo una *obra* de mediación.

*Jesús no está orando por nosotros;
está intercediendo para que podamos orar.
Esto es lo que significa pedir "en Su nombre".*

Y espero que estés listo para esto: No creo que la intercesión que se le atribuye ahora mismo en el cielo por nosotros
sea una oración. Estoy seguro de que se refiere a Su obra de
mediación (ver 1 Timoteo 2:5), a que es nuestro Abogado
delante del Padre (ver 1 Juan 2:1). Ahora está trabajando
como nuestro representante garantizando nuestro acceso al
Padre y nuestros beneficios de la redención.

De hecho, Él nos dice en Juan 16:26 que no está pidiendo
al Padre por nosotros: "En aquel día pediréis en mi nombre;
y no os digo que yo rogaré al Padre por vosotros". Entonces,
¿qué es lo que hace conforme intercede por nosotros? Está
mediando o de intermediario, no para librarnos de los cargos
en contra nuestra como lo hizo para redimirnos de nuestros
pecados, sino para presentar a cada uno de nosotros como
justo y como Su pertenencia.

Cuando me acerco al trono, Él siempre está allí diciendo
algo como: "Padre, Dutch está aquí para hablar contigo. No
viene por sus propios méritos o justicia, él está aquí basándose
en Mí. Está aquí *en Mi nombre*. Estoy seguro de que recuerdas
que he sido el *intermediario* entre Tú y Dutch y le diste acceso
a Ti. Tiene que preguntarte algunas cosas".

Puedes oír al Padre decir como respuesta: *Por supuesto que
lo recuerdo, Hijo. Tú le hiciste uno de nosotros. Porque vino
a través de Ti, Dutch es siempre bienvenido.* Entonces me
mira y dice: *Ven con valor ante mi trono de gracia, Hijo, y
hazme tus peticiones.*

Jesús no está *orando* por nosotros; Él está *intercediendo*
por nosotros para que podamos orar. Esto es lo que quiso decir
con "en Su nombre".

Miremos un aspecto más de la intercesión de Cristo en el contexto de la Caída. Básicamente, la humanidad necesitaba dos cosas después de la Caída: Necesitaban a alguien que se "interpusiera" entre ellos mismos y Dios para *reconciliarse* a sí mismos para con Dios; también necesitaban a alguien que se "interpusiera" entre ellos y Satanás para *separarse* de él. Uno estaba uniendo, el otro estaba desuniendo. Uno restableció la cabeza, el otro rompió la cabeza. Eran dos formas de intercesión.

Necesitábamos ambas. Jesús hizo las dos. Como intercesor-mediador, Él intercedió entre Dios y la humanidad, reconciliándonos con el Padre; y entre Satanás y la humanidad, rompiendo los lazos de Satanás. Esta fue la *obra* redentora de la intercesión y está completa. Por lo tanto, en el sentido legal de la redención de la humanidad, Cristo es el *único* intercesor. Por ello es que las Escrituras dicen: "Porque hay un solo Dios, y un solo mediador entre Dios y los hombres, Jesucristo hombre" (1 Timoteo 2:5). El versículo podría leerse fácilmente como, "un intercesor".

Esta revelación es clave. Significa que nuestras *oraciones* de intercesión son siempre y únicamente una extensión de Su *obra* de intercesión.

¿Por qué es esto tan importante? Porque Dios no honrará ninguna intercesión excepto la de Cristo, y también porque este entendimiento hará que nuestras *oraciones* de intercesión sean infinitamente más poderosas.

Volvamos a nuestra conversación en la habitación del trono. Estoy allí pidiendo al Padre que extienda su misericordia y traiga salvación a la gente del Tibet. El Padre podría contestar: "¿Cómo puedo hacer esto? Son pecadores. Adoran a falsos dioses, con lo cual realmente están adorando a Satanás. Y además, no quieren que lo haga. Ellos nunca lo han pedido".

Respondo: "Porque Jesús *intercedió o medió* por ellos, Padre. Estoy pidiendo basándome en lo que Él hizo. Y Él necesita un humano en la tierra para que pida por Él porque Él está ahora en el cielo. Así que, como Él me enseñó, estoy pidiendo para que Tu Reino venga y Tu voluntad se haga en el Tibet. Estoy pidiendo para que algunos obreros sean enviados allí. Estoy pidiendo estas cosas por Cristo y a través de Cristo. Y estoy pidiéndote que lo hagas basándome enteramente en la obra redentora que Él ya ha hecho".

El Padre contesta: "*¡Respuesta correcta!* Oíste al hombre, Gabriel. ¿Qué estás esperando?"

Distribuidores de Dios

Cuando digo que nuestras *oraciones* de intercesión son una extensión de Su *obra* de intercesión, la diferencia está entre distribuir versus producir. No tenemos que producir nada —reconciliación, liberación, victoria, etcétera— sino más bien distribuimos, como los discípulos lo hicieron con los panes y los peces (ver Mateo 14:17-19). *Nuestro llamado y función no es reemplazar a Dios, sino liberarle.*[5] Nos libra de la intimidación y nos da valor para saber que:

- El Productor quiere simplemente distribuir a través de nosotros.

- El Intercesor quiere interceder a través de nosotros.

- El Mediador quiere mediar a través de nosotros.

- El Representante quiere representar a través de nosotros.

- El Intermediario quiere mediar a través de nosotros.

- El Victorioso quiere que Su victoria se cumpla[6] a través de nosotros.

- El Ministro de reconciliación nos ha dado el ministerio de reconciliación (ver 2 Corintios 5:18,19). Ahora le representamos en Su ministerio de representación. *Dios continúa encarnando Su propósito de redención en las vidas humanas.*[7]

No liberamos a nadie, no reconciliamos a nadie con Dios, no vencemos al enemigo. La obra ya está hecha. La reconciliación es completa. La liberación y la victoria son completas. La salvación es completa. ¡La intercesión es completa! ¡Se terminó! ¡Está hecha! *¡Upp!* Qué alivio. Y sin embargo...

Debemos pedir la liberación y aplicación de estas cosas. Así que, déjame ofrecerte la siguiente definición bíblica de una oración intercesora: *La oración intercesora es una extensión del ministerio de Jesús a través de su Cuerpo, la Iglesia, por medio de la cual mediamos entre Dios y la humanidad con el propósito de reconciliar al mundo con Él, o entre Satanás y la humanidad con el propósito de hacer que se cumpla la victoria del Calvario.*

Cristo necesita un humano en la tierra que le represente, al igual que el Padre lo necesitaba. El humano del Padre fue Jesús, y los humanos de Jesús somos nosotros, la Iglesia. Él dijo: "...Como me envió el Padre, así también yo os envío" (Juan 20:21).

El concepto de ser enviado es importante y da cuerpo a las verdades de las que hemos estado hablando. Un representante es un "enviado". Los enviados tienen autoridad, siempre y cuando representen al que les envía. Las condiciones y la capacidad para llevarlas a cabo o de hacer que se cumplan es la responsabilidad del que envía, no del enviado. Por ejemplo, un embajador que represente a una nación ante otra es un enviado. No tiene autoridad propia, pero está autorizado para representar la autoridad de la nación que lo envía.

Jesús fue un enviado. Por ello es que Él tenía autoridad. La recibió del Padre quien le envió. En cuarenta ocasiones, únicamente en el Evangelio de Juan, Él menciona lo importante que es el hecho de haber sido enviado por el Padre. El resultado de este arreglo fue que, en esencia, Él no estaba haciendo las obras, sino el Padre que era quien le había enviado (ver Juan 14:10).

Lo mismo ocurre con nosotros. Nuestra autoridad proviene del ser enviados, representando a Jesús. Mientras funcionemos en esa capacidad, funcionaremos con la autoridad de

Cristo. Y, en esencia, no somos nosotros realmente los que hacemos las obras, sino Él.

Permítanme ilustrarlo. En 1977, mientras oraba por un próximo viaje a Guatemala, escuché las palabras: *En este viaje, representa a Jesús ante la gente.*

Al principio reprendí a la voz, pensando que era un espíritu maligno intentando engañarme. Pero la voz vino a mí nuevamente, esta vez añadiendo las palabras: *Sé Su voz, sé Sus manos, sé Sus pies. Haz lo que sabes que Él haría si estuviese allí presente. Represéntalo.*

De pronto lo comprendí. No iba a ir representándome a mí mismo o al ministerio con el que trabajaba. De la misma manera que Jesús representó al Padre —hablando Sus palabras y haciendo Sus obras yo tenía que representar a Jesús. Y si realmente creía que estaba funcionando como embajador o como un enviado, entonces podría creer que no era mi autoridad o habilidad lo que estaba en cuestión sino la de Cristo —yo simplemente le estaba representando a Él *y a lo que ya había hecho.*

El Jesús de Galilea se convirtió en el Jesús de Guatemala

Una vez en Guatemala viajé con un equipo a una aldea remota lejos de cualquier ciudad moderna. No había corriente eléctrica, alcantarillado ni teléfonos. Nuestro propósito de estar allí era construir albergues para los aldeanos cuyas casas de adobe habían sido devastadas por el terremoto de 1976. Habían muerto más de 30.000 personas y dejó a 1.000.000 sin un lugar en donde vivir. Habíamos llevado el material en camiones y estábamos construyendo pequeñas casas de una habitación durante las horas en que había luz del día. Por las noches teníamos reuniones en el centro de la aldea, y les predicábamos el evangelio de Jesucristo, explicándoles que era Su amor el que nos motivaba a utilizar nuestro tiempo y gastar nuestro dinero y energía ayudándoles.

Habíamos estado ministrando durante una semana, pero muy pocas personas habían venido a Cristo. Las personas escuchaban, pero no respondían.

Iba a predicar la última noche de nuestra estancia. Conforme estaba a punto de empezar el servicio, un miembro del equipo me dijo lo que él y otros habían encontrado al otro extremo de la aldea —una pequeña, de seis o siete años, atada a un árbol.

No podían creer lo que estaban viendo y le preguntaron a la familia que vivía allí: —¿Por qué está atada a un árbol la niña? —Era obvio que vivía en ese lugar, estaba en el patio como si fuera un perro —sucia y sola.

—Está loca —respondieron sus padres—. No podemos controlarla. Se hace daño a sí misma y a los demás y huye si la soltamos. No hay nada que podamos hacer por ella así que tenemos que atarla.

Mi corazón se destrozó conforme el miembro del equipo compartía lo que había visto. Esto permaneció en mi mente conforme empezó el servicio. Después de unos minutos de haber empezado mi mensaje, estando de pie sobre una mesa plegable bajo las estrellas, la misma voz que me había hablado antes del viaje me empezó a hablar otra vez.

Diles que vas a orar por la niña loca que está atada al otro lado de la aldea. Diles que lo vas a hacer en el nombre de Jesús, del cual has estado predicando, diles que a través de Él vas a romper los poderes malignos que la controlan —y que cuando esté liberada y normal, entonces se darán cuenta de que lo que predicas es verdadero. Pueden creer que el Jesús que predicas es quien tú dices que es.

Respondí a la voz de mi corazón con temor y temblor. Creo que mis palabras decían algo parecido a: ¿¿QUÉ HAS DICHO??

Las mismas instrucciones.

Al ser la clase de hombre de fe que soy, respondí: *¿Cuál es el plan B?*

Rebelión y fracaso, fue la respuesta. *¿Recuerdas qué fue lo que te dije antes de empezar el viaje? Representa a Jesús.*

La fe empezó a crecer. *El énfasis no está en mí en esta situación* —pensé para mis adentros—, *sino en Aquel que me envió. Simplemente soy un vocal de Él. Yo meramente estoy liberando lo que Él ya ha hecho. Él ya ha terminado el trabajo de liberación de esa pequeña, y mis oraciones liberan ese trabajo. Sólo soy un distribuidor de lo que Él ya ha producido. Ten valor, enviado. ¡Haz que se cumpla la victoria!*

Con una nueva seguridad empecé a informarle a las personas de lo que estaba pensando hacer. Asintieron con la cabeza conforme mencioné a la niña. Las expresiones de intriga se convirtieron en asombro mientras escuchaban mis planes.

Entonces oré.

Bajo la luz de la luna en una pequeña y remota aldea de Guatemala con un puñado de personas como audiencia, mi vida cambió para siempre.

Jesús salió de Su refugio. Se mostró vivo: Relevante... Suficiente... ¡Disponible! Un Jesús que había estado "escondido" surgió de las telarañas de la teología. Un Jesús de ayer se convirtió en un Jesús de hoy y de siempre. El Jesús de Galilea se convirtió en el Jesús de Guatemala.

Y se me mostró un nuevo plan. Surgió un nuevo concepto —Jesús y yo.

El patrón celestial

Por primera vez comprendí el patrón celestial: Jesús es la Victoria —nosotros somos los que hacemos que se cumpla; Jesús es el Redentor —nosotros somos los que la liberamos; Jesús es la Cabeza —nosotros somos el Cuerpo.

Sí, liberó a la pequeña.

Sí, la aldea se volvió a Cristo.

Sí, Jesús prevaleció a través del enviado.

Y la asociación continúa —Dios y los humanos. Pero el patrón correcto es algo clave: *Mis oraciones* de intercesión liberaron a la *obra* terminada de intercesión.

Su obra le da poder a mis oraciones —mis oraciones liberan Su obra.

Las mías extienden las Suyas —las Suyas efectúan las mías.

Las mías activan las Suyas —las Suyas validan las mías.

En la empresa del Reino, nosotros no nos encontramos en el departamento de producción. Nosotros estamos en la distribución... es una GRAN diferencia. Él es quien las genera. Nosotros las distribuimos.

Los asombrados representan Su imponencia

Creo que esto nos hace colaboradores. ¿Tú qué piensas? Creo que Cristo es asombroso y quiere que nosotros seamos "asombrados". Humildes asombrados que representan Su imponencia, pero no obstante asombrados. ¡Somos más que vencedores! Cristo y Sus cristianos, cambiando las cosas en la tierra.

Existen muchos individuos heridos y lastimados "atados a árboles" alrededor del mundo. Tú trabajas entre algunos de ellos, otros viven al otro lado de la calle. Uno de ellos tal vez te acaba de servir en la caja de pago, tal vez te acompañó a tu asiento en un restaurante o te sirvió la comida. Sus cadenas son el alcohol, las drogas, el abuso, sueños rotos, rechazo, dinero, deseo... ¿Entiendes lo que te quiero decir?

El plan A es para personas sobrenaturales, pero comunes como tú y yo: (1) cree de todo corazón en la victoria del Calvario —convéncete de que fue terminada y es algo completo y (2) levántate en tu papel de enviado, de embajador, de representante autorizado por el Victorioso. Nuestro trabajo no es tanto de liberar como de creer en el Libertador; no es tanto sanar como creer en el Sanador.

El plan B es desperdiciar la Cruz; dejar a los atormentados en su tormento; y gritar con nuestro silencio: "¡No existe ninguna esperanza!"; escuchar al Padre decir nuevamente: "Busqué, pero no encontré a nadie"; es escuchar al Hijo clamar una vez más: "¡Los obreros! ¿Dónde están los obreros?"

¡Vamos iglesia! Desatemos algunas personas. Digámosles que hay un Dios que se preocupa por ellos. ¡Representemos-mediemos-intercedamos!

"¿Acaso nadie puede encontrar a los participantes del presente?"

Preguntas para reflexionar

1. Define la intercesión y la oración intercesora. ¿Cuál es la diferencia? ¿Por qué es importante?

2. ¿Cómo se relaciona la intercesión y la mediación?

3. ¿Puedes explicar lo que quise decir cuando dije que Cristo era el Intercesor y que nuestras *oraciones* son una extensión de Su *obra*?

4. Explica los dos aspectos de la intercesión de Cristo —reconciliando y separando— relacionado con las dos necesidades creadas por la Caída.

5. ¿Cuál es el significado de ser un "enviado"?

6. ¿Conoces a alguien que esté encadenado a un "árbol"? Por favor, ayúdales.

Notas

1. *The Consolidated Webster Encyclopedic Dictionary* (Chicago: Consolidated Book Publishers, 1954), p. 384.

2. Idem. p. 450.

3. James Strong, *The New Strong's Exhaustive Concordance of the Bible* (Nashville: Thomas Nelson Publishers, 1990), ref, núm. 1834.

4. Jack Canfield y Mark Victor Hansen, *Chicken Soup for the Soul* (Deerfield Beach, Fl.: Health Communications, Inc., 1993), p. 74.

5. R. Arthur Matthews, *Born for Battle* (Robesonia, Pa.: OMF Books, 1978), p. 106.

6. He utilizado la frase "hacer que se cumpla la victoria del Calvario" a través de este libro. Aunque no es una cita directa, la semilla de este pensamiento fue plantada en mi mente por Paul Billheimer, *Destined for the Throne* (Fort Washington, Pa.: Christian Literature Crusade, 1975), p. 17.

7. Matthews, *Born for Battle*, p. 160.

Capítulo cuatro

Conociéndose: El bueno, el malo y el feo

Un chico conoce a una chica

"Dutch Sheets, quiero que *conozcas* a Celia Merchant". El mundo de pronto se detuvo y mi vida cambió para siempre.

El *encuentro* con la segunda persona más importante de mi vida estaba teniendo lugar —sólo la presentación de Jesús podía ser algo mejor. Era el año 1977 y era estudiante de la Escuela Bíblica.

Acababa de disfrutar de un tiempo de oración a solas. Salí de mi cuarto de oración para encontrarme con dos individuos que llevaban una mesa plegable. Uno de ellos era un amigo mío, y la otra era la joven más hermosa que jamás había visto.

Ah, no era la primera vez que la veía, pero sí era mi primer encuentro frente a frente. Con las piernas temblorosas y sin poder hablar, casi me tropezaba al asir la mesa por el lado de ella. Con una demostración galante de caballerosidad y musculatura, le alivié su carga y casi tiraba al otro chico al mostrarle lo rápido que podía llevar la mesa.

Luego me presentó a la que se convertiría en la costilla que me faltaba, ¡y sabía que la vida jamás sería vida si no me casaba con esta mujer! Le hablé mucho a Dios. Afortunadamente, Él estuvo de acuerdo y ella también. ¡La vida es tan buena!

Por supuesto que estoy contento de haber pasado ese tiempo en oración. ¡No me hubiera gustado perderme ese *encuentro!*

El niño se encuentra con una pelota de béisbol

Tuve otro *encuentro* memorable cuando estaba en el sexto año de primaria. Esta vez no fue tan agradable. Sin embargo, también permanecería conmigo durante toda mi vida. Una pelota de béisbol se *encontró* con mis dientes frontales. La pelota de béisbol ganó —generalmente es lo que sucede. Tengo dos bonitas fundas en mis dientes frontales como resultado de ese *encuentro*.

Pensé mencionar que intentaba enseñarle a otro niño cómo atrapar la pelota cuando esto sucedió, pero eso sería demasiado bochornoso. No diré que le demostré lo que no se debía hacer cuando ocurrió el accidente. Pero sí puedo decir que cuando le enseñes a tus hijos los puntos buenos del béisbol, les enseñes lo que hay que hacer —y no lo que no se debe hacer. Hacer las cosas al revés lo coloca a uno en *encuentros* desagradables y con una sonrisa postiza.

Dios conoce a su compañero,
Satanás conoce a su rival

Una figura cuelga de una cruz entre el cielo y la tierra. Dos *encuentros* están a punto de llevarse a cabo —uno es bueno y agradable, el otro feo y violento. Un Hombre está a punto de *conocer* a su desposada y la serpiente está a punto de *encontrarse* con una pelota haciendo una curva para chocar contra los dientes.

> *Por esto dejará el hombre a su padre y a su madre, y se unirá a su mujer, y los dos serán una sola carne. Grande es este misterio; mas yo digo esto respecto de Cristo y de la iglesia.*

Efesios 5:31,32

> *Levántate, Jehová; sálvame, Dios mío; porque tú heriste a todos mis enemigos en la mejilla;*

Los dientes de los perversos quebrantaste.

Salmo 3:7

Tanta belleza, tanta fealdad... unión, desunión... unidad, rompimiento...

De hecho, muchos otros *encuentros* podrían ser mencionados y que tuvieron lugar a través de la Cruz.

- La misericordia se encontró con el juicio.

- La justicia se encontró con el pecado.

- La luz se encontró con la oscuridad.

- La humildad se encontró con el orgullo.

- El amor se encontró con el odio.

- La vida se encontró con la muerte.

- El maldito del madero se encontró con la maldición que se había originado del madero.

- El aguijón de la muerte se encontró con el antídoto de la resurrección.

¡Todos los buenos ganaron!

Sólo Dios podría haber planeado tal acontecimiento —y esto sin mencionar el resultado perfecto. Sólo Él podía unir tales extremos en un acontecimiento. ¿Quién sino Él podía derramar sangre para crear vida, utilizar el dolor para traer sanidad, permitir injusticia para satisfacer a la justicia, y aceptar el rechazo para restaurar la aceptación?

¿Quién podría haber utilizado ese acto tan malvado para lograr tanto bien?

¿Quién podría haber transformado un acto de amor sorprendente en tanta violencia y viceversa? Únicamente Dios.

Tantas paradojas, tantas ironías.

¿No encuentras fascinante que la serpiente que logró su mayor victoria en un árbol (el del conocimiento del bien y del mal) sufriera su mayor derrota en otro madero (la Cruz del Calvario)?

¿No encuentras irónico que el primer Adán sucumbiera a la tentación del jardín (Edén) y que el postrer Adán venciera su mayor tentación en otro jardín (Getsemaní)?

¡Dios puede hacer un libreto cuando quiera!

Tal vez ya te hayas imaginado que escondida en algún lugar de estas tres historias —mi esposa, la pelota de béisbol y la Cruz— se encuentran ilustraciones de la intercesión. De hecho, he utilizado una de las definiciones de la palabra hebrea que se utiliza para intercesión, *paga*, la he utilizado 23 veces hasta ahora. Y la continuaré utilizando más de 30 veces cuando se termine este capítulo. ¿Qué te parece la redundancia?

La intercesión crea un encuentro

La palabra hebrea para intercesión, *paga*, significa "encuentro"[1]. Como ya lo hemos visto estudiando la palabra en español, la intercesión no es primeramente la oración que hace una persona, sino lo que una persona hace y que se puede realizar a través de la oración. Esto también es cierto en el idioma hebreo. Aunque en nuestra mente la palabra intercesión ha significado oración, la palabra hebrea no significa necesariamente que sea una oración. Tiene muchos significados, todos los cuales se pueden llevar a cabo a través de la oración.

En lo que resta del libro, veremos varios de estos significados, y luego los colocaremos en el contexto de la oración. Conforme lo hacemos, aumentará nuestra comprensión de lo que Cristo hizo por nosotros a través de Su intercesión y lo que conlleva nuestra representación de la misma a través de la oración. Como lo implican las historias preliminares, el primer uso de la palabra *paga* que exploraremos es "encuentro".

La intercesión crea un *encuentro*. Los intercesores se *encuentran* con Dios; también se *encuentran* con los poderes de las tinieblas. ¡Las "Reuniones o encuentros de oración" son llamados así de manera correcta!

Un encuentro de reconciliación

Similarmente al de Cristo, a menudo nuestros *encuentros* con Dios son para afectar otros *encuentros* —una reconciliación. Nos *encontramos* con Él pidiéndole que se *encuentre* con otra persona. Nos convertimos en los *intermediarios*: "Padre celestial, hoy vengo a ti (un *encuentro*) pidiéndote que toques a Tomás (otro *encuentro*)". Al otro lado del espectro, de la manera en que Cristo lo hizo a través de la batalla espiritual, nuestro *encuentro* con el enemigo es para deshacer otro *encuentro* —romper, separar, desunir. Todas nuestras intercesiones en oración involucrarán una o ambas facetas: reconciliación o rompimiento; unión o desunión.

Primero, veremos un par de Escrituras que describen lo que Cristo hizo cuando se *encontró* con el Padre para crear un *encuentro* entre Dios y la humanidad. Luego veremos el aspecto de la batalla. El Salmo 85:10 declara: "La misericordia y la verdad se encontraron; la justicia y la paz se besaron". Examinemos de una forma más completa esta hermosa descripción de la Cruz.

La misericordia y la verdad se encontraron;
la justicia y la paz se besaron.
Y al hacerlo, ¡lo mismo hicieron Dios y la humanidad!

Dios tenía un dilema que se ve a través de las cuatro palabras de este versículo. Él no es únicamente un Dios de *misericordia* (la cual representa Su bondad, amor y perdón), sino que también es un Dios de *verdad* (la cual representa Su integridad y justicia). Él no representa meramente la *paz* (seguridad, sanidad y descanso), sino también *justicia* (santidad y pureza) sin la cual no puede existir la paz.

El dilema es el siguiente: un Dios santo, justo y verdadero no puede perdonar simplemente, otorgar misericordia o dar paz a una humanidad caída sin tener que comprometer Su carácter. El pecado no puede tener excusa. Tiene que ser juzgado y junto con él el pecador. Así que, ¿cómo puede este Dios santo, que sin embargo es amor, unir a estas dos cosas? ¡POR LA CRUZ!

En la cruz la misericordia y la verdad se *encontraron*. La justicia y la paz se besaron. Y al hacerlo ¡lo mismo hicieron Dios y la humanidad! ¡Nosotros besamos al Padre a través del Hijo! ¡Nos *encontramos* con Él a través de la sangre de Cristo! Jesús se puso a nuestro lado y fue presentado a Su novia.

En un insondable y soberano acto de sabiduría, Dios satisfizo tanto Su amor como Su justicia. Estableció la justicia al igual que la paz. "¿Quién como tú, oh Señor? ¿Quién puede describir Tu gran misericordia, Tu asombroso poder y Tu infinita sabiduría?".

Cuando esto sucedió, el ministerio de reconciliación de Cristo estaba siendo terminado: "...Quien nos reconcilió consigo mismo por Cristo... Dios estaba en Cristo reconciliando consigo al mundo" (2 Corintios 5:18,19).

Como ahora representamos a Cristo en Su intercesión, apliquemos estos versículos a nosotros mismos. El versículo

18 dice que Él "nos dio el ministerio de la reconciliación". En otras palabras, a través de nuestra intercesión por medio de la oración, liberamos el fruto de lo que Él hizo a través de Su acto de intercesión. Traemos a individuos delante de Dios por medio de la oración pidiéndole al Padre que se *encuentre* con ellos. A nosotros también se nos ha dado el ministerio de la reconciliación. Ya sea por una persona o por una nación, sin importar cuál sea la razón, cuando somos utilizados para crear un *encuentro* entre Dios y los humanos, liberando el fruto de la obra de Cristo, el *paga* se ha efectuado.

Esto se puede dar conforme realizas una caminata de oración a través de tu barrio y le pides a Dios que se *encuentre* con las familias y las salve.

Podría ser un viaje de oración a otra nación. Nuestra iglesia ha enviado a equipos de intercesores a algunos de los países con más tinieblas de la tierra con el único propósito de que oren —creando *encuentros* entre Dios y la humanidad— conexiones divinas a través de conductores humanos.

Encontrando esa sanidad

He sido testigo de milagros de sanidad conforme Dios se *encontraba* con personas. En 1980 me encontraba en otro de mis muchos viajes a Guatemala. En una ocasión mi esposa, otra pareja y yo estábamos ministrando a una anciana que había sido salva recientemente. Habíamos ido a su casa para compartir con ella algunas enseñanzas.

Aproximadamente seis meses antes, esta anciana había caído de un banquillo y se había roto un tobillo. Como ocurre a menudo con los ancianos, la fractura no sanaba correctamente. Su tobillo seguía demasiado inflamado y tenía mucho dolor. Mientras la visitábamos, el otro hombre y yo sentimos que Dios quería sanar su tobillo —en ese momento.

Después de compartirlo con ella y obteniendo su consentimiento, le dijimos que levantara su pierna sobre un banco. Y yo empecé a orar, o algo parecido.

¿Alguna vez Dios te ha interrumpido? A mí me interrumpió en esta ocasión. (Oh, ¡qué siempre sea así de "irrespetuoso"!) Cuando me coloqué de *intermediario* entre ella y Dios para llevar a cabo un *encuentro*, la presencia de Dios vino de una manera tan poderosa a la habitación que me detuve a la mitad de la frase. Había dado un paso hacía ella y había pronunciado una palabra: "Padre".

¡Eso era todo lo que Él necesitaba!

Fue como si hubiese estado tan deseoso de tocar a esta mujer que no pudo esperar más. Me doy cuenta de que lo que estoy a punto de decir puede sonar demasiado dramático, pero es exactamente lo que sucedió.

La presencia del Espíritu Santo llenó la habitación con tanta fuerza que me quedé como una piedra. Dejé de hablar y empecé a llorar. Mi esposa y la otra pareja también empezaron a llorar. La mujer a la que ministrábamos comenzó a llorar. Su pie empezó a brincar sobre el banco, agitándose sin control durante varios minutos conforme ella tenía un poderoso encuentro con el Espíritu Santo —¡un *encuentro*! El Señor la sanó y la llenó con su Espíritu Santo.

Durante la misma visita a Guatemala, a mi esposa y a mí, junto con la pareja que mencioné anteriormente, se nos pidió que orásemos por una mujer que estaba hospitalizada con tuberculosis. La encontramos en una habitación junto con otras 40 mujeres, las camas estaban separadas unos 90 centímetros las unas de las otras. Simplemente era un área del hospital en la que los doctores y enfermeras podían atender a la gente muy pobre. Ni siquiera había biombos que separaran a las mujeres. Y sí, la mujer estaba tosiendo con tuberculosis sobre todos aquellos que la rodeaban.

Conforme hablamos y oramos con ella, notamos que la mujer de la cama de al lado nos observaba con atención. Al terminar nos preguntó si estábamos dispuestos a orar por ella. Por supuesto que lo estábamos, así que le preguntamos cuáles eran sus necesidades. Sacó sus dos brazos de debajo de las sábanas y nos mostró las dos manos, retorcidas hacia su cuerpo, como si estuviesen congeladas en esa posición. Le eran completamente inservibles. Sus pies se encontraban de la misma manera.

Mientras estaba en el hospital para una operación de la espalda, el doctor accidentalmente había cortado un nervio de su columna vertebral, dejándola en estas condiciones. No había nada que pudieran hacer para corregir este problema.

La compasión llenó nuestros corazones conforme le pedíamos a Dios que *supliera* su necesidad. Nada notorio sucedió, pero la animamos a que confiara en el Señor y nos dirigimos al otro lado de la sala para ver si podíamos compartir de Jesús con alguien más. No estaba presente ningún empleado del hospital, así que teníamos una libertad relativa para hacer lo que quisiéramos.

Conforme empezamos a visitar a otra mujer al otro lado de la habitación, escuchamos una repentina conmoción y a alguien gritando: —¡Milagro! ¡Milagro! ¡Milagro! —Nos volvimos y vimos a la mujer moviendo sus manos, abriéndolas y cerrándolas, moviendo sus dedos, pateando con sus pies debajo de las sábanas y gritando la palabra milagro. ¡Un *encuentro* se había llevado a cabo!

No sé quién fue el más sorprendido —la mujer que fue sanada, las otras mujeres de la habitación o yo. Esperaba un milagro pero no creí que sucedería. Recuerdo que pensé: *Esta clase de cosas sólo sucedían en los tiempos bíblicos.*

Lo próximo que supimos fue que todas las mujeres de la habitación nos rogaban que les ministrásemos. Fuimos de cama en cama —como si supiéramos lo que estábamos haciendo— llevando a las mujeres a Cristo y orando por su recuperación. Recuerdo que pensaba: *Esto es una locura. ¿Es real o estoy soñando? ¡Estamos teniendo un avivamiento en una habitación del hospital!* Varias mujeres fueron salvas, la mujer con tuberculosis también fue sanada y otra mujer que ya tenía hora para una operación de reconocimiento para la siguiente mañana fue enviada a casa ya sanada. En general, ¡tuvimos un tiempo grandioso! Incluso cantamos un par de canciones. Probablemente no debimos hacerlo porque nos escuchó una empleada del hospital, entró en la habitación y nos pidió que nos marchásemos. Ella se marchó, pero nosotros nos quedamos. Muchas mujeres nos rogaban que orásemos por ellas. Unos minutos después regresó y "amablemente" nos acompañó a la salida del hospital.

¿Quién puede convertir una triste habitación de hospital llena de enfermedades y sin esperanza en un servicio de iglesia? ¡Dios! ¡Dios *encontrándose* con las personas! ¡Y los *encuentros* de oración crean *encuentros* con Dios!

No quiero engañarte y que pienses que los milagros siempre suceden con tanta facilidad como ocurrieron en estas dos ocasiones. Sin embargo, podemos traer a un individuo en contacto con Dios y ese es el significado de la palabra intercesión. A menudo se requiere mucha intercesión; pero ya sea que tome días o minutos, el esfuerzo siempre vale la pena. Lo importante es que lo hagamos.

Los encuentros de la osa

Progresemos en nuestro pensamiento y pasemos al aspecto de los *encuentros* de intercesión —haciendo que se cumpla la victoria del Calvario. A esto yo lo llamo "la unción de la osa" debido a Proverbios 17:12: "Mejor es *encontrarse* con una osa a la cual han robado sus cachorros, que con un fatuo en su necedad".

Jamás me he encontrado con una osa en el campo con o sin sus cachorros, y espero que jamás me la encuentre. Pero un hombre anciano y sabio de los bosques que al entrenarme en el arte de la supervivencia ante el encuentro con osos me compartió lo siguiente: —¡Hijo, si te es posible intenta evitarlos! Pero si te es imposible y te encuentras con una hembra, jamás te interpongas entre la madre y los cachorros. Porque si lo haces entonces habrá un *encuentro*, ¡y te va a tocar estar del lado que recibe los golpes!

Ahora, antes de que me linchen por aniquilar el contexto de las Escrituras, permítanme decir que no estoy insinuando que este versículo hable sobre la oración. Sin embargo, lo que sí estoy diciendo es que la palabra "encontrarse" es nuestra misma palabra hebrea *"paga"*, que se traduce intercesión. Se podrían haber utilizado otras palabras hebreas, pero en parte se eligió ésta porque a menudo tiene una connotación muy violenta. De hecho, *paga* frecuentemente es un término de un campo de batalla (por ejemplo ver: Jueces 8:21; 15:12; 1 Samuel 22:17,18; 2 Samuel 1:15; 1 Reyes 2:25-46).

¡La intercesión puede ser violenta!

¡El *encuentro* puede ser desagradable! ¡Algunos pueden ser horribles!

Tal y como el encuentro que Satanás tuvo con Jesús en el Calvario cuando Cristo intercedió por nosotros. Satanás se había interpuesto entre Dios y Sus "cachorros". ¡Jamás debería de haberlo hecho! La peor pesadilla de Satanás se hizo realidad cuando con 4.000 años de ira almacenada, Jesús le dio el *encuentro* en el Calvario. La tierra se estremeció, y lo digo literalmente, con la fuerza de la batalla (ver Mateo 27:51). El mismo sol se oscureció conforme se libraba la batalla (ver v. 45). En el momento que Satanás pensó que era su mayor victoria, él y sus fuerzas escucharon el sonido más horrible que alguna vez hayan escuchado, ¡la risa de la burla de Dios! (Ver Salmo 2:4).

La risa fue seguida por la voz del Hijo del Hombre clamando con una gran voz: *"Tetelestai"*. Esta palabra griega se traduce como "Consumado es" en Juan 19:30. Por favor no piensen que Jesús estaba hablando de la muerte cuando dijo esa palabra. ¡De ninguna manera! *Tetelestai* significa terminar algo completamente o traerlo a un estado de cumplimiento[2], como lo implicaría la palabra terminado, pero también era la palabra con la que se sellaban las facturas en aquella época y significaba: "Completamente pagado".[3] Jesús estaba gritando: "¡La deuda ha sido pagada en su totalidad!" ¡Aleluya!

Cristo estaba citando el Salmo 22:31 cuando eligió esta declaración. Tres de Sus siete palabras en la Cruz vienen de este Salmo. La palabra hebrea que Él citó de este versículo es *asah*. Es probable que haya estado hablando en hebreo, utilizando la misma palabra. Aun cuando Juan la escribió en griego. La palabra significa, entre otras cosas, "crear".[4] Se utiliza en Génesis, por ejemplo, cuando Dios creó la tierra. Creo que Cristo no sólo estaba diciendo: "La deuda ha sido pagada completamente", sino también: "¡Venid adelante, nueva creación!" No hay duda del porqué tembló la tierra, el sol reapareció, el centurión se aterrorizó (ver Mateo 27:54) y los santos del Antiguo Testamento resucitaron (ver Mateo 27:52,53). No me digas que Dios no tiene cierto gusto por lo dramático. La Cruz define al drama.

Y claro, detrás del escenario estaba la violencia. Los cautivos estaban siendo rescatados (ver 1 Pedro 3:19; 4:6; Isaías 61:1), se estaban haciendo heridas (ver Génesis 3:15; Isaías 53:5; 1 Pedro 2:24), se estaba llevando a cabo el intercambio de llaves, y la autoridad se estaba transfiriendo (ver Mateo 28:18).

Se utiliza una palabra interesante en 1 Juan 3:8 que añade comprensión a lo que sucedió en la Cruz. El versículo dice: "...Para esto apareció el Hijo de Dios, para deshacer las obras del diablo". Deshacer es la palabra griega *luo*, la cual tiene un significado tanto legal como físico. Comprender toda su definición ampliará grandemente nuestro conocimiento de lo que Jesús hizo con Satanás y sus obras.

El significado legal de *luo* es (1) pronunciar o determinar que algo o alguien ya no está atado; (2) disolver o anular un contrato o cualquier cosa que ata legalmente.[5] Jesús vino para disolver la atadura legal que Satanás tenía sobre nosotros y para pronunciar que ya no estamos atados a sus obras. Él "anuló el contrato", acabando con el dominio que tenía sobre nosotros.

El significado físico de *luo* es disolver o derretir, romper, golpear algo para convertirlo en piezas o desatar algo que está atado.[6] En Hechos 27:41, el barco en el que viajó Pablo fue roto en pedazos y *(luo)* por la fuerza de la tormenta. En 2 Pedro 3:10,12 se nos dice que un día los elementos de la tierra serán derretidos o disueltos *(luo)* por un gran calor. Jesús no sólo nos liberó legalmente, sino que se aseguró de que las consecuencias literales de dicha liberación fueran manifestadas: Él trajo sanidad, liberó a los cautivos, levantó la opresión y liberó a aquellos que estaban bajo el control demoníaco.

Haciendo que se cumpla la victoria

Nuestra responsabilidad es hacer que se cumpla la victoria conforme nosotros nos *encontramos* con las potestades de las tinieblas. Es interesante saber que Jesús utilizó la misma palabra, *luo*, para descubrir lo que nosotros, la iglesia, tenemos que hacer en la batalla espiritual. Mateo 16:19 nos dice: "Y a ti te daré las llaves del reino de los cielos; y todo lo que atares en la tierra será atado en los cielos; y todo lo que desatares en la tierra será desatado en los cielos". La palabra desatar en este versículo es *luo*.

Ahora, la interrogante es: "¿Cristo *luo* las obras del diablo o somos nosotros los que *luo* tales obras?" La respuesta es sí. Aunque Jesús terminó por completo el trabajo de romper con la autoridad de Satanás y anuló sus ataduras legales sobre la raza humana, alguien en la tierra debe representarle en esa victoria y hacer que se cumpla.

Con esto en mente y recordando que la palabra hebrea para intercesión, *paga*, significa *encuentro*, digámoslo de la siguiente manera:

> Nosotros, a través de las *oraciones* de intercesión, nos *encontramos* con las potestades de las tinieblas, haciendo que se cumpla la victoria que Cristo terminó cuando se *encontró* con ellas en su obra intercesora.

Esto fue exactamente lo que sucedió en Guatemala cuando oramos por la pequeña que estaba atada al árbol, la cual se mencionó en el capítulo anterior. Nos *encontramos* con las potestades de las tinieblas e hicimos que se cumpliese la victoria de la Cruz.

Hace varios años en Guatemala, un amigo me señaló una mujer joven vibrante y saludable y me contó la siguiente historia. Cuando la había visto por primera vez, unos meses antes, estaba paralizada del cuello hacia abajo. Podía mover ligeramente la cabeza, pero no podía hablar. "La chica ha estado así durante dos años", fue la información que el pastor le dio a mi amigo. "Y lo incomprensible es que los médicos no pueden encontrar nada mal físicamente que esté dando lugar a tal problema".

Mi amigo, que visitaba la iglesia como predicador visitante, discernió que la causa era demoníaca. Al no saber cuál era la posición de la iglesia sobre este tema, discretamente se acercó a la joven atada a la silla de ruedas, se arrodilló a su lado y le susurró al oído. Conforme lo hacía se estaba *interponiendo* (intercediendo) entre ella y las potestades de las tinieblas, les estaba dando el *encuentro* con el poder de Cristo. Oró: "Satanás, rompo *(luo)* tu atadura sobre esta joven en el nombre de Jesús. Te mando que sueltes *(luo)* tu atadura y que la dejes libre". (Las palabras entre paréntesis son del autor).

No ocurrió ninguna manifestación ni ningún cambio inmediato. Sin embargo, una semana después podía mover un poco sus brazos. A la siguiente semana movía sus brazos normalmente y un poco sus piernas. La recuperación continuó durante un mes hasta que quedó bien y completamente libre.

Luego ella le contó a mi amigo los siguientes detalles sobre la causa de su condición y el porqué los doctores no podían encontrar una explicación razonable. —Un profesor de mi escuela que también era un médico-brujo intentó tener relaciones sexuales conmigo, a lo cual yo me opuse. Se enojó y me dijo que si no tenía relaciones sexuales con él, pondría una maldición sobre mí.

Ella no sabía nada sobre estas cosas y no le dio mucha importancia. Sin embargo, poco tiempo después vino sobre ella esta condición de parálisis. Su incapacidad para hablar evitó que le comunicara a otra persona lo que había sucedido.

¿Qué sucedió para que se libertara a esta chica? Un individuo se *interpuso* entre la joven y las potestades de las tinieblas, *encontrándose* con ellas en el nombre de Jesús, haciendo que se cumpliera Su victoria. ¡Eso... es intercesión!

Un *encuentro* puede ser una experiencia buena y agradable o puede ser una confrontación violenta entre las fuerzas opuestas. El intercesor se va a *encontrar* con Dios con el propósito de:

- Reconciliar al mundo para con el Padre y con Sus maravillosas bendiciones.

- O se va a *encontrar* con las fuerzas satánicas de la oposición para hacer que se cumpla la victoria del Calvario. El propósito puede variar, pero hay una cosa que es segura:

Las oraciones de un intercesor comprensivo CREARÁ un *encuentro*. Y cuando el *encuentro* esté por terminar, algo habrá cambiado.

No seas intimidado por el tamaño del gigante. Jesús te ha dado las cualidades para que le representes. Y que no te intimiden los fracasos pasados. Sé como el niño pequeño que juega en el patio trasero con su bate y su pelota:

> "Soy el jugador de béisbol más grande del mundo" —dijo con orgullo. Luego tiró la pelota al aire, intentó golpearla, pero falló. Con valentía, recogió la pelota, la tiró al aire y se dijo a sí mismo: "¡Soy el jugador de béisbol más grande de todos los tiempos! Volvió a intentar golpear la pelota, y volvió a fallar. Hizo una pausa por un momento para examinar la pelota y el bate cuidadosamente. Luego volvió a echar la pelota al aire y dijo: "Soy el jugador de béisbol más grande que haya existido". Volvió a querer pegarle a la pelota con todas sus fuerzas y volvió a fallar.
> "¡Vaya! —exclamó. ¡Qué lanzador!".7

Niégale el acceso a la incredulidad. ¡Puedes hacerlo! ¡Tengamos un *encuentro* de oración!

Preguntas para reflexionar

1. ¿De qué manera un encuentro ilustra la intercesión? ¿Cómo establece *paga* una correlación entre ambas?

2. Explica los dos clases opuestos de encuentros que se discutieron en este capítulo. ¿Cómo representa cada una de ellas el Calvario?

3. Define *luo*, y comenta cuando Cristo lo hace y cuando lo hace la iglesia.

4. Piensa en alguien que conoces y que necesita tener un encuentro con Dios. ¿Cómo y cuándo puedes ayudar para que esto suceda?

5. ¿No crees que Dios va a estar emocionado cuando hagas la parte de la pregunta número 4?

Notas

1. Francis Brown, S.R.Driver y Charles A. Briggs, *The New Brown-Driver, Briggs-Gesenius Hebrew and English Lexicon* (Peabody, Mass.: Hendrickson Publishers, 1979), p. 803.

2. Spiros Zodhiates, *The Complete Word Study Dictionary* (Iowa Falls, Iowa: Word Bible Publishers, 1992), p. 1375.

3. Idem.

4. William Wilson, *Old Testament Word Studies* (Grand Rapids: Kregel Publications, 1978), p. 263.

5. Spiros Zodhiates, *Hebrew-Greek Key Study Bible —New American Standard* (Chattanooga, Tenn.; AMG Publishers, 1984; edición revisada, 1990), p. 1583.

6. Idem.

7. Jack Canfield y Mark Victor Hansen, *Chicken Soup for the Soul* (Deerfield Beach, Fl.: Health Communications, Inc, 1993), p. 74.

Capítulo cinco

Mejilla con mejilla

Apóyate en mí

Charlie Brown se encontraba "pichando" y haciendo un trabajo horrendo. Como de costumbre Lucy le estaba haciendo pasar un mal momento. Finalmente, ya no pudo soportar la miseria ni la humillación. En una expresión de cansancio que sólo Charlie Brown pudo pensar en ella, se para sobre su cabeza en el mismo montículo del pitcher.

Conforme Lucy continuaba con su burla degradante, el siempre leal Snoopy hizo lo inesperado. Caminó hacia el montículo del pitcher y se paró sobre su cabeza al lado de Charlie Brown, compartiendo su humillación.[1]

¿Te suena eso a algo bíblico? La Biblia dice: "Llorad con los que lloran" (Romanos 12:15). Y "sobrellevad los unos las cargas de los otros..." (Gálatas 6:2). Aunque esto involucre el "pararnos de cabeza" —compartiendo el dolor unos con otros, NO transmite todo el panorama de estos versículos. No debemos

---

1. El autor hace referencia a una muy conocida tira cómica en los Estados Unidos.

meramente *llevar* las cargas por nuestros hermanos y hermanas en Cristo, tenemos que *llevarlos a ellos de cualquier manera*...¡Hay una gran diferencia! Una implica compartir la carga; la otra implica quitar la carga.

De hecho, se utilizan dos palabras para decir "llevar" en el Nuevo Testamento. Una palabra se podría traducir literalmente para que tenga el significado de estar al lado del hermano o la hermana en momentos de necesidad para fortalecerles y consolarles. Sin embargo, la otra significa algo completamente diferente.

La primera, *anechomai*, significa "sostener, soportar o mantener en contra de una cosa",[1] de la manera en que una persona ataría una estaca a una planta de tomates para sostenerla del peso que lleva. La fuerza de la estaca es transferida a la planta y así "soporta el peso". Cuando el Señor nos manda que nos soportemos unos a otros en Colosenses 3:13 y en Efesios 4:2, Él no está diciendo simplemente: "Aguantense unos a otros".

Aunque Él nos dice que lo hagamos, también está diciendo: "Estad juntos unos con otros". En otras palabras, debemos acercarnos a un hermano o hermana débil que está "apesadumbrado" y decirle: "No vas a caer, ni a desfallecer, ni a ser destruido porque me estoy "clavando" a tu lado. Mi fuerza ahora es tuya. Adelante, apóyate en mí. Mientras yo aguante, hazlo".

Qué hermosa figura del cuerpo de Cristo. El fruto será el resultado.

Jackie Robinson fue el primer hombre de color que jugó en las ligas profesionales de béisbol. Aunque había roto la barrera del color en el béisbol, enfrentaba a multitudes burlonas en todos los estadios. Mientras jugaba un día en su estadio local, en Brooklyn, cometió un error. Sus propios admiradores empezaron a ridiculizarlo. Se detuvo en la segunda base, humillado, mientras sus admiradores se burlaban. Entonces el parador en corto, "Pee Wee" Reese, se colocó a su lado. Colocó su brazo alrededor de Jackie Robinson y enfrentó a la multitud. Los admiradores se callaron. Robinson más tarde dijo que el brazo alrededor de sus hombros salvó su carrera.[2]

¡Algunas veces el mundo es más bíblico que nosotros!

Quitar la carga

La segunda palabra es bastazo, y significa "soportar, levantar o acarrear" algo con la idea de quitar o remover.[3] Se utiliza en Romanos 15:1-3 y en Gálatas 6:2, versículos que veremos en breve.

Un aspecto sorprendente y poco comprendido de la intercesión es ejemplificado por Cristo, ya que Él efectuó ambos conceptos. Ya hemos establecido que Su intercesión por nosotros no fue una *oración* que haya hecho, sino una *obra* que Él hizo. Fue una obra de "intermediario" para *reconciliarnos* con el Padre y *romper* el dominio de Satanás. Y, por supuesto, comprender Su obra en esta área facilita el camino para nuestra comprensión.

La obra intercesora de Cristo alcanzó su plena y más profunda expresión cuando nuestros pecados fueron "cargados" sobre Él y los "quitó".

Todos nosotros nos descarriamos como ovejas, cada cual se apartó por su camino; mas Jehová **cargó** *en él el pecado de todos nosotros... por cuanto derramó su vida hasta la muerte, y fue contado con los pecadores, habiendo él llevado el pecado de muchos, y* **orado** *por los transgresores.*

Isaías 53:6,12 (énfasis del autor)

La palabra hebrea *paga* se utiliza dos veces en estos dos versículos. Isaías 53 es una de las profecías más gráficas del Antiguo Testamento de la cruz de Cristo. *Paga* es traducida como "cargó" una vez, y como "intercesión" en la otra. Ambos ejemplos se refieren a cuando nuestros pecados, iniquidades, enfermedades, etcétera, fueron colocados sobre Él. El Nuevo Testamento describe esta identificación de la misma manera: "Al que no conoció pecado, por nosotros lo hizo pecado, para que nosotros fuésemos hechos justicia de Dios en él" (2 Corintios 5:21).

Entonces Cristo "llevó" y quitó nuestros pecados y debilidades, "tan lejos como está el oriente del occidente" (Salmo 103:12). No los sigue cargando —de alguna manera, y en algún lugar— se deshizo de ellos. La palabra hebrea para "llevar" o "soportar" en este capítulo es *nasa,* que significa "quitar"[4] o "remover a una distancia".[5]

Como ya se ha mencionado, su palabra homóloga en griego, *bastazo,* significa esencialmente lo mismo. Esta connotación de llevar algo para librarse de él se vuelve más importante conforme discutimos nuestro papel en esta faceta del ministerio de intercesión de Cristo. Es imperativo saber que no simplemente llevamos la carga de alguien. Sino que nos *clavamos (anechomai)* a la persona y *quitamos la carga (bastazo),* ¡ayudándolos así a *liberarse de ella!*

El chivo expiatorio

El concepto del chivo expiatorio viene de la obra intercesora y redentora de Cristo e ilustra bien el concepto de quitar o alejar algo.

Un chivo expiatorio toma la culpa de otra persona y las consecuencias resultantes. Mi hermano mayor, Tim, quien ahora es pastor en Ohio, era experto para desviar la culpa hacia mí cuando éramos niños. Siempre fui bastante inocente de niño, jamás hacía nada malo. Él siempre era quien causaba los problemas.

Mamá y papá siempre estaban de su lado —jamás podían ver a través de su falsedad y su manipulación ni creer que yo fuera tan perfecto. Toda mi niñez fue soportar falsas acusaciones —¡convirtiéndome en el chivo expiatorio de Tim! Me he pasado los últimos 20 años como adulto buscando la sanidad interior por esta injusticia.

Por supuesto que sabrán que ninguna de estas cosas son ciertas —casi era perfecto. Pero al menos esto me permite desquitarme de Tim por las pocas ocasiones en las que tuvo éxito en culparme, y además me ayuda a ilustrar lo que quiero comunicar. (A propósito, yo jamás se lo hice a Tim).

En el Antiguo Testamento se utilizaban dos animales el Día de la Expiación. Uno era sacrificado, el otro era utilizado como el chivo expiatorio. Después que el sumo sacerdote colocaba sus manos sobre la cabeza del chivo expiatorio confesando los pecados de la nación, era liberado en el desierto y jamás se le volvía a ver. Simbolizaba a Cristo, el chivo expiatorio, siendo crucificado fuera de la ciudad *llevándose* nuestra maldición.

Cristo, el chivo expiatorio, llevándose nuestra maldición está bien ilustrado por una historia que leí en el libro *What It Will Take to Change the World* de S.D. Gordon. A continuación está mi paráfrasis de esta historia de una pareja que descubrió que su hijo de 14 años les había mentido. El chico, a quien llamaremos Esteban, no había asistido a la escuela durante tres días consecutivos. Se le descubrió cuando su profesor llamó a los padres para preguntar cómo se encontraba de su salud.

Los padres se enojaron más por las mentiras de Esteban que por no haber asistido a la escuela. Después de orar con él con respecto a lo que había hecho, decidieron castigarlo de una manera muy severa y poco acostumbrada. Su conversación fue algo parecido a lo siguiente:

—Esteban, ¿sabes lo importante que es que podamos confiar los unos en los otros?

—Sí.

—¿Cómo podemos volver a confiar los unos en los otros si no siempre decimos la verdad? Por eso la mentira es algo terrible. No es únicamente un pecado, sino que también destruye nuestra habilidad de confiar en los demás. ¿Lo comprendes?

—Sí, señor.

—Tu madre y yo debemos hacerte comprender la seriedad del asunto, no tanto el hecho de no haber asistido a la escuela, sino las mentiras que has dicho. Tu disciplina será que durante los próximos tres días, una vez por cada día de tu pecado, debes ir al ático y quedarte allí solo. Incluso comerás y dormirás en ese lugar.

Así que Esteban se dirigió al ático donde se le había preparado una cama. Tal vez fue una noche larga para Esteban y tal vez aun más larga para mamá y papá. Ninguno pudo comer, y por alguna razón cuando papá intentó leer el periódico las palabras parecían borrosas. Mamá intentó coser, pero no podía ver lo suficiente como para ensartar la aguja. Finalmente llegó la hora de irse a la cama. Cerca de la media noche, conforme papá yacía en la cama pensando en el miedo y lo solitario que debía sentirse Esteban, habló finalmente con su esposa: —¿Estás despierta?

—Sí. No puedo dormir por estar pensando en Esteban.

—Yo tampoco —respondió papá.

Una hora más tarde preguntó papá: —¿Ya te has dormido?.

—No —respondió mamá—. No puedo dormir pensando que Esteban está solo en el ático.

—Yo tampoco.

Pasó otra hora. Eran las 2:00 de la mañana. —¡Ya no lo soporto más! —murmuró papá conforme se levantaba de la cama tomando su manta y su almohada—. Me voy al ático.

Se encontró a Esteban tal y como esperaba: completamente despierto con lágrimas en sus ojos.

—Esteban —le dijo el padre—, no puedo levantarte el castigo por tus mentiras porque debes saber lo serio de lo que has hecho. Debes darte cuenta de que el pecado, en especial la mentira, tiene severas consecuencias. Pero tu madre y yo no podemos soportar el pensar que tú estás aquí solo en el ático, así que voy a compartir tu castigo.

El padre se acostó al lado de su hijo y los dos se echaron las manos al cuello abrazándose. Las lágrimas de sus mejillas se unieron conforme compartían la misma almohada y el mismo castigo... durante tres noches.[6]

¡Qué ilustración! Hace dos mil años Dios se levantó "de la cama" con Su manta y Su almohada —de hecho, espinos y una cruz para la crucifixión— "colocó" Sus mejillas con lágrimas junto a las nuestras y "llevó" nuestro castigo por el pecado. Su ático fue la tumba, su cama una loza de piedra y la mejilla que estaba junto a la Suya era la tuya —la tuya y la mía.

Correcto. Cristo no estaba solo en la cruz. Nosotros estábamos con Él. De hecho, Él estaba allí para unírsenos a nuestra sentencia de muerte. No, tal vez no estuvimos allí físicamente, pero estuvimos allí espiritualmente (ver Romanos 6:4,6). Y por supuesto, conforme Él estaba allí colgado, estaba "llevándose" algunas cosas. Nuestros pecados estaban siendo "cargados" en Él y Él se los estaba llevando.

Sin embargo, Cristo no terminó la obra del todo.

¡Un momento! Antes de "apedrearme" con cartas y llamadas telefónicas, por favor vean Colosenses 1:24: "Ahora me gozo en lo que padezco por vosotros, y cumplo en mi carne lo que falta de las aflicciones de Cristo por su cuerpo, que es la iglesia".

Nuestra parte

¿Qué podría faltar en las aflicciones de Cristo? Nuestra parte. De hecho, La *Biblia Ampliada* añade estas palabras: "Y en mi propia persona estoy haciendo cualquier cosa que aún haga falta y que espera ser cumplida [nuestra parte] de las aflicciones de Cristo, por amor a Su cuerpo, el cual es la iglesia". Por supuesto que nuestra parte no es exactamente la misma que la suya: llevar los pecados de otra persona, la maldición o culpa. "Pero Cristo, habiendo ofrecido una vez para siempre un solo sacrificio por los pecados..." (Hebreos 10:12) puso sobre Sí mismo los pecados del mundo. No obstante, existe un "compartir" y un "acabar aquello que falta de las aflicciones de Cristo".

Aquello que hace falta es realmente el tema de todo el libro, y no únicamente de este capítulo. Es la "re-presentación" de la que hemos estado hablando. Es la mediación, la interposición, la distribución, el hacer que se cumpla. Esa es nuestra parte.

Entonces veamos nuestra parte en este aspecto de *llevar* la obra de intercesión de Cristo. Ya hemos mencionado la faceta de "clavarnos", que se menciona en Colosenses 3:13 y Efesios 4:2. Examinemos el otro aspecto en Romanos 15:1-3 y

Gálatas 6:2, y entonces veremos como trabajan juntas estas dos cosas en nuestra intercesión.

> *Así que, los que somos fuertes debemos **soportar** las flaquezas de los débiles, y no agradarnos a nosotros mismos. Cada uno de nosotros agrade a su prójimo en lo que es bueno, para edificación. Porque ni aun Cristo se agradó a sí mismo; antes bien, como está escrito: Los vituperios de los que te vituperaban, cayeron sobre mí.*

> Romanos 15:1-3, (énfasis del autor)

> ***Sobrellevad** los unos las cargas de los otros, y cumplid así la ley de Cristo.*

> Gálatas 6:2 (énfasis del autor).

Como ya lo mencioné antes, la palabra griega para "llevar" o "soportar" en ambos versículos es *bastazo*, sinónimo de la palabra hebrea *nasa*, que significa "levantar o llevar" dando la idea de remover o de alejar. Al implementar el ministerio sacerdotal de Cristo de la intercesión, no simplemente debemos de llevar las cargas *por* los demás, sino que debemos *quitarlas de* los demás —tal y como lo hizo Jesús.

Sin embargo, por favor recuerden que no estamos *volviendo a hacer* aquello que Cristo ya hizo, sino que estamos *re-presentando* lo que Él hizo. Existe una gran diferencia entre ambas cosas. Nosotros le estamos representando, extendiendo Su obra; Él fue quien llevó nuestras iniquidades, enfermedades, pecados, vituperios y rechazos cuando fueron "cargados" *(paga)* sobre Él.

Él es el bálsamo de Galaad (ver Jeremías 8:22), pero nosotros somos los que lo aplicamos.

Él es la fuente de vida (ver Jeremías 2:13; 17:13, pero nosotros somos dispensadores de Su agua viva.

Él es el cayado del pastor que consuela (ver Salmo 23:4), pero Él nos permite el privilegio de extenderlo.

Sin embargo, no llevó únicamente nuestras debilidades, sino que continúa "compadeciéndose de nuestras debilidades" (Hebreos 4:15). Y quiere tocarnos con la misma compasión para que nosotros también podamos sobrellevar las cargas de los demás.

Piensa al respecto. El gran Sanador "sanando" a través de nosotros; el gran Sumo Sacerdote "intercediendo" a través de nosotros", el gran Amante "amando" a través de nosotros.

Él inauguró el nuevo pacto con Su sangre (ver Hebreos 12:24), pero en referencia a *nuestra parte*, Él nos ha hecho "ministros competentes" de un nuevo pacto" (2 Corintios 3:6).

Sí, Cristo nos ha hecho ministros competentes. Y si comprendo correctamente la palabra, los ministros administran algo. ¿Qué es lo que administramos? Las bendiciones y la provisión del nuevo pacto.

¿Y quién asegura y garantiza esos beneficios? Jesús, por supuesto. Entonces este versículo sólo es otra manera de decir que hemos sido hechos distribuidores competentes de aquello que Cristo ya ha terminado.

Liberado a través de otros que vienen en tu ayuda

Este versículo tomó vida cuando mi amigo Mike Anderson hizo la siguiente declaración: "Algunas veces el pacto del Señor es liberado en ti a través de otros que vienen en tu ayuda". En aquella época Mike y su esposa estaban de misioneros en Jamaica. La declaración fue hecha ante una lucha de vida o muerte que acababan de experimentar con su hijo, quien había contraído una enfermedad crítica. El pequeño, de dos o tres años de edad, había retrocedido por varios días hasta estar al borde de la muerte. En este momento fue cuando Mike me llamó a mí y a otras personas aquí en los Estados Unidos.

Sabía que algo bastante serio debía de estar ocurriendo cuando la reunión de oración que estaba dirigiendo fue interrumpida para informarme de una llamada de emergencia desde Jamaica.

—Siento interrumpir tu reunión, Dutch —me empezó a decir mi amigo Mike—, pero necesito tu ayuda desesperadamente.

—¿Qué sucede? —le pregunté.

—Mi hijo Toby —respondió Mike—, está enfermo de muerte y con una gran fiebre. Los doctores no han podido encontrar la causa. Han hecho todo lo que saben, pero parece que nada da resultado. No se tiene seguridad si sobrevivirá otra noche en estas condiciones. He estado orando mucho por él, pero parece que no puedo romper el ataque. El Señor me ha revelado que su condición está siendo causado por un fuerte espíritu de debilidad, el cual me permitió ver conforme estaba orando. Sin embargo, no he podido romper su poder sobre mi hijo aún cuando he luchado con él durante horas. Pero siento que el Señor me ha mostrado que si se unen en una fuerte intercesión, podemos romper este ataque.

Mike y su esposa, Pam, son fuertes en el Señor. Oraron. Tienen fe. Comprenden la autoridad. No estaban en pecado. Entonces podrías preguntar: ¿Por qué no podía obtener el avance que necesitaban?

No lo sé. Pero sospecho que el Señor quería enseñarles a ellos (y a los que estábamos orando con ellos) el principio que estoy compartiendo ahora mismo con ustedes.

Las personas con las que me estaba reuniendo, y otras personas que Mike había llamado, nos pusimos en oración. Pedimos que Dios se encontrara (*paga*) con su hijo. Esencialmente lo que dijimos fue: —Padre, permítenos pasar a nuestro papel sacerdotal como intercesores (*paga*) haciendo que se cumpla la victoria de Jesús en esta situación, representando o administrando las bendiciones del nuevo pacto. Únenos a Toby y permítenos, junto con Cristo, ser tocados con el sentir de esta debilidad. Coloca (*paga*) sobre nosotros esta carga para que podamos sobrellevarla (*nasa, bastazo*) y alejarla. Te pedimos ésto en el nombre de Jesús —basándonos en Su identidad y en lo que Él ha hecho, Padre.

Entonces atamos el poder de Satanás sobre la vida de este niño —en el nombre de Cristo, por supuesto, porque era Su victoria la que estábamos "administrando". Luego gruñimos con "la unción de la osa" (ver el capítulo 4). No, realmente no fue eso lo que hicimos, pero recordamos y disfrutamos del simbolismo. Además, ¡creo que tal vez hubo un gruñir en el Espíritu! Tal vez sería más exacto decir un rugido, ya que el León de la Tribu de Judá rugía a través de nosotros, "ruge desde Sion" (ver Joel 3:16; Amós 1:2). Y estamos seguros de que rugió porque Mike llamó unas horas después y dijo: —Casi inmediatamente después de haberme puesto en contacto con algunos de ustedes para que oraran conmigo, la fiebre cesó y mi hijo empezó a mejorar. En unas pocas horas se encontró mejor y fue dado de alta en el hospital.

¡Alabado sea Dios! El Cuerpo de Dios ha funcionado como el Señor quiere y Jesús fue glorificado.

Mike continuó: —Le pregunté al Señor el porqué necesitaba de otros que me ayudaran a romper este ataque en contra de mi hijo. Y me recordó la historia de Josué y el ejército de Israel viniendo a ayudar a los gabaonitas, quienes eran sobrepasados en número por cinco ejércitos —y Mike volvió a contar la historia de Josué 9 y 10, la cual resumiré brevemente para ustedes.

Los gabaonitas eran una de las tribus canaanitas que Josué e Israel se suponía que debían de destruir. Sin embargo, habían engañado a los israelitas para que creyeran que habían venido de tierras lejanas para hacer un pacto con ellos. Josué y los israelitas no quisieron orar al respecto y por lo tanto fueron engañados para entrar en un pacto o acuerdo que los comprometía. (¿Alguna vez te has metido en problemas por haberte olvidado de orar al respecto?)

Aun cuando era algo que había surgido por medio del engaño, el pacto seguía teniendo validez e hizo de Israel un aliado de Gabaón. Por lo tanto, unos días después, cuando cinco ejércitos marcharon en contra de Gabaón, le pidieron ayuda a Josué —basándose en la fuerza del pacto. Aun cuando el acuerdo se había efectuado con engaños, Josué y su ejército viajaron toda la noche para llegar al rescate de los gabaonitas. Toda la historia es una increíble demostración del poder de un pacto.

Después de hacer que mi atención se fijara en esta historia, Mike me dijo las siguientes palabras: —Dutch, después de recordarme esta historia, el Señor plantó el siguiente pensamiento en mi corazón en lo que se refiere al porqué necesité de ayuda para vencer a ese espíritu: '¡Algunas veces el pacto del Señor es liberado a través de otras personas que vienen en tu ayuda!'.

¿No es algo profundo? El Todopoderoso administrando las bendiciones del pacto a través de nosotros. De eso se trata la intercesión. *Paga*: Él "pone" sobre nosotros la necesidad de otra persona. *Anechomai*: Nos "clavamos" a esa persona. *Bastazo*: Nosotros "quitamos" la debilidad o la carga.

Haciendo cumplir y hollando al enemigo

Una figura más profunda de este compañerismo entre Cristo y la Iglesia es ejemplificada en esta misma historia de Israel y los gabaonitas. Se encuentra en Josué 10:22-27. Josué es una figura de Cristo en el Antiguo Testamento, e Israel es una figura de la Iglesia. El nombre de Josué, el cual de hecho es el equivalente en hebreo del nombre de Jesús, le había sido cambiado para poder mostrar esta imagen. Su nombre anterior había sido Oseas.

Después de que Josué y el ejército de Israel derrotara a los cinco ejércitos cananitas en defensa de los gabaonitas, los reyes de estos ejércitos huyeron para esconderse en cuevas.

Al descubrirlos, Josué ordenó que los reyes fuesen traídos delante de él e hizo que se postraran en la tierra. Estaba a punto de llevar a cabo una costumbre muy familiar, la cual era colocar su pie sobre su cuello para demostrar su conquista. A menudo el ejército derrotado, o ejércitos en este caso, habrían desfilado frente al rey conquistador, o general, observándolo conforme él "desplegaba" o mostraba su conquista. A esto es a lo que se refiere Colosenses 2:15 cuando dice que Cristo: "...Despojando a los principados y a las potestades, los exhibió públicamente, triunfando sobre ellos en la cruz".

Sin embargo, Josué está a punto de hacer algo muy diferente y muy profético. En vez de colocar su pie sobre el cuello de estos reyes, como era la costumbre típica, Josué reunió a algunos de sus soldados y lo hicieron por él. No hay una imagen más literal de Cristo y Su iglesia, Su ejército, que nos haya sido dada. Como cumplimiento de esta imagen profética, cuando Jesús derrotó a Satanás y a sus principados y potestades, a los gobernantes de este mundo, Él también llamó a Su ejército y le dijo: "Colocad vuestros pies en el cuello de estos enemigos".

Cuando Efesios 2:6 dice que "juntamente con él nos resucitó", Cristo nos está diciendo: "No es únicamente mi victoria, sino también la vuestra".

También está diciendo: "Lo que yo he hecho, ustedes deben hacer que se cumpla. Los he colocado a ellos debajo de Mis pies legalmente —bajo Mi autoridad— pero ustedes deben ejercer esa autoridad en situaciones individuales, haciendo que se cumpla de manera literal".

Por ello es que Romanos 16 dice: "Y el Dios de paz aplastará en breve a Satanás bajo *vuestros* pies..." (v. 20, itálicas del autor). Y Lucas 10:19 nos dice: "He aquí *os doy* potestad de hollar serpientes y escorpiones, y sobre toda fuerza del enemigo, y nada os dañará" (itálicas del autor).

—Esto fue lo que sucedió cuando ayudamos a Mike: hicimos que se cumpliese y hollamos.

¡Algunas veces "colocar" requiere "hollar"!

El Salmo 110, un Salmo mesiánico y del futuro que se relaciona con Cristo, también ilustra nuestra sociedad con Él. Predice que Cristo ascenderá, después de Su resurrección, a la diestra del Padre. Según el Nuevo Testamento, en el momento de Su ascensión y entronamiento Él ya colocó a todas las demás autoridades bajo Sus pies.

Y sometió todas las cosas bajo sus pies, y lo dio por cabeza sobre todas las cosas a la iglesia.

Efesios 1:22

Porque todas las cosas las sujetó debajo de sus pies.
Y cuando dice que todas las cosas han sido sujetadas
a él, claramente se exceptúa aquel que sujetó a él
todas las cosas.

1 Corintios 15:27

Pero el Salmo 110 nos informa que Él aún *espera* que sean colocados como estrado de Sus pies: "Siéntate a mi diestra, *hasta* que ponga a tus enemigos por estrado de tus pies" (Salmo 110:1, itálicas del autor).

Espera un momento. ¿Tenemos una contradicción entre esta profecía mesiánica y los versículos del Nuevo Testamento que dicen que ascendió a la diestra del Padre y que *ya* estaban bajo Sus pies? No. Entonces, ¿por qué parece haber esta inconsistencia? ¿*Están* bajo Sus pies o *van* a ser colocados debajo de ellos? ¡La respuesta es SÍ!

Él [Jesús] conquistó a Satanás y a su reino;
nosotros hacemos que se cumpla la victoria.

Lo están *legalmente* a través de la Cruz. Y lo estarán *literalmente* conforme hacemos "nuestra parte". Los versículos 2 y 3 del Salmo 110 describen cuál es nuestra parte:

Jehová enviará desde Sion la vara de tu poder; domina en medio de tus enemigos. Tu pueblo se te ofrecerá voluntariamente en el día de tu poder, en la hermosura de la santidad. Desde el seno de la aurora tienes tú el rocío de tu juventud.

La palabra "poder" en este pasaje, *chayil*, también se traduce como "ejército".[7] Cristo está buscando un ejército voluntario que avance Su cetro de autoridad, que gobierne en medio de Sus enemigos, que haga que se cumpla Su victoria. Así que, una vez más, ¿fue Él quien colocó a todas las autoridades bajo Sus pies o somos nosotros los que lo hacemos? ¡SÍ! Él lo hizo, nosotros hacemos que se cumpla. Él conquistó a Satanás y a Su reino: nosotros hacemos que se cumpla la victoria.

Como ya lo he dicho, algunas veces "sobrellevar" resulta como "hollar".

En otras palabras, en ocasiones cuando Cristo pone sobre nosotros una misión de oración o una carga *(paga)* para que nosotros la quitemos *(nasa, bastazo)*, el trabajo involucra una batalla. Ningún estudiante bíblico con seriedad podría estudiar la palabra intercesión *(paga)* y separarla del concepto de batalla. Esto será obvio cuando nos centremos de una manera más directa en la batalla espiritual en los próximos capítulos.

Tanto la palabra hebrea y griega utilizada para "hollar", *darak* (hebreo)[8] y *plateo* (griego)[9], involucran el concepto de violencia o guerra. La palabra hebrea *darak* de hecho se utilizaba para "tensar el arco"[10], cuando se dispone uno a lanzar una flecha e incluso se continúa utilizando actualmente en Israel para dar la orden: "Cargad vuestras armas". Ambas palabras se utilizan para hollar o pisar un lagar de vino, un simbolismo que encaja con Cristo venciendo a Sus enemigos en Isaías 63:3 y en Apocalipsis 19:15.

El versículo de Apocalipsis dice: "De su boca sale una espada aguda, para herir con ella a las naciones, y él las regirá con vara de hierro; y él pisa el lagar del vino del furor y de la ira del Dios Todopoderoso". Nosotros en los Estados Unidos incluso tenemos la estrofa de un himno famoso: "El Himno de Batalla de la República" que ha sido tomado de estos dos versículos de las Escrituras: "Él está pisando el lagar donde las uvas de la ira se almacenan. Él ha desenvainado el fiel relámpago de Su terrible espada".[11]

Me parece asombroso que estas mismas palabras se utilicen para describir no únicamente a Cristo en guerra, sino también nuestras batallas. Permíteme darte una referencia. En Josué

1:3, el Señor le dijo a Josué: "Yo os he entregado, como lo había dicho a Moisés, todo lugar que pisare la planta de vuestro pie". La palabra "pisar" es *darak*. Dios no le estaba diciendo a Israel que todo el lugar donde caminaran o pisaran era suyo. Él ya había delimitado el perímetro de su heredad. Lo que estaba diciendo simbólicamente es: "En cada lugar que estéis dispuestos a cargar vuestras armas y tomarlo, os lo daré".

Así que, una vez más, ¿Dios se los estaba dando o ellos lo estaban tomando? ¡SÍ! Y para probar lo que digo, recuerden que la generación anterior bajo Moisés tenía miedo y no quería *darak* (cargar sus armas y pelear) y Dios no les daba nada.

Por favor, no pienses que ahora las cosas son diferentes para nosotros. Estas cosas le sucedieron a Israel como figuras o sombras para nuestra enseñanza (ver 1 Corintios 10:6,11). Aquello que nuestro Josué-Jesús nos ha dado y nos sigue dando no nos viene de una manera automática sólo porque le pertenezcamos. ¡Nosotros también debemos tomar "las armas de nuestra batalla" (2 Corintios 10:4) y *darak!*

Esta es la intercesión, como lo fue a través de Cristo y lo es a través de nosotros. A menudo se tiene que hacer por nuestros hermanos y hermanas mientras, al igual que Cristo subimos a su ático de desesperación, colocamos nuestras mejillas junto a las suyas y alejamos sus cargas y sus debilidades.

- ¡Que Cristo viva a través de ti!

- Que aquello que falta de las aflicciones de Cristo — nuestra parte— ¡deje de faltar!

- Que el cetro se extienda a través de nosotros conforme gobernamos en medio de nuestros enemigos, ¡colocándolos como Su estrado!

- ¡Que el rugido aterrorizador del León de Judá resuene desde la iglesia!

- ¡Que el pacto del Señor sea administrado en la tierra!

Leí la siguiente historia de un padre y su hijo que encaja muy bien como el final de este capítulo:

A pesar de las repetidas advertencias, un niño continuaba regresando tarde a casa después de salir de la escuela. Una mañana sus padres le informaron que se había acabado la gracia —debía llegar a tiempo esa noche. Volvió a llegar tarde.

Durante la cena, el jovencito descubrió su castigo. En su plato sólo había un trozo de pan. El chico se sorprendió y se afligió. Después de esperar unos momentos para que el impacto completo hiciera su trabajo, el padre tomó el plato del chico y le dio su porción de carne y papas.

Cuando el chico se volvió un hombre dijo: "Toda mi vida he sabido cómo es Dios por lo que mi padre hizo aquella noche".[12]

Ser como Cristo nos va a costar. Nuestra causa es costosa. La obra de intercesión tiene un precio. Hay que pagarlo. Alejémonos de vez en cuando de nuestra mesa repleta y mostrémosle a alguien cómo es Dios.

Preguntas para reflexionar

1. Explica los dos tipos que hay de llevar o sobrellevar en las Escrituras. ¿Cómo pertenecen a la intercesión? ¿Qué es lo que *paga* tiene que ver con llevar?

2. ¿Puedes explicar cómo el chivo expiatorio es una figura de la intercesión?

3. ¿Cómo se ilustra la relación entre Cristo y la iglesia, en el relato de Josué y los israelitas, en Josué 10:22-27?

4. ¿De qué manera ilustra el Salmo 110 la relación entre Jesús y la iglesia?

5. ¿Le has dicho hoy a Jesús que le amas?

Notas

1. Joseph Henry Thayer, *A Greek-English Lexicon of the New Testament* (Grand Rapids: Baker Book House, 1977), p. 45.

2. Craig Brian Larson, *Illustrations for Preaching and Teaching* (Grand Rapids: Baker Book House, 1993), p. 144.

3. Idem. p. 99.

4. Francis Brown, S. R. Driver, y Charles A. Briggs, *The New Brown-Driver, Briggs-Gesenius Hebrew and English Lexicon* (Peabody, Mass.: Hendrickson Publishers, 1979), p. 671.

5. F.F. Bosworth, *Christ the Healer* (Grand Rapids: Baker Book House/Revell, 1973), p. 26.

6. S. D. Gordon, *What It Will Take to Change the World* (Grand Rapids: Baker Book House, 1979), pp. 17-21 adaptado.

7. *New American Standard Exhaustive Concordance of the Bible* (Nashville: Holman Bible Publishers, 1981), ref. núm. 2428.

8. R. Laird Harris, Gleason L. Archer Jr., y Bruce K. Waltke, *Theological Wordbook of the Old Testament* (Chicago: Moody Press, 1980); Grand Rapids: William B. Eerdmans Publishing Co., edición revisada, 1991), p. 453.

9. Spiros Zodhiates, *The Complete Word Study Dictionary* (Iowa Falls, Iowa: Word Bible Publishers, 1992), p. 1128.

10. Harris, Archer, Waltke, *Theological Wordbook*, p. 453.

11. Palabras por Julia Ward Howe, America melody atribuida a William Steffe.

12. Larson, *Illustrations for Preaching*, p. 26.

Capítulo seis

No pasar

Límites protectores

"No se permite tirar basura. Los que transgredan serán violados".

Solía reírme cada vez que pasaba por donde estaba este cartel. Era un cartel de metal elaborado profesionalmente colocado en una ciudad de Oklahoma (no les diré el nombre de ella). Era del tipo llamativo con letras fluorescentes que fácilmente se podían ver en la noche. Pero aquellos que la hicieron se confundieron y en vez de decir: "Los que transgredan (o violadores de la ley) serán perseguidos", escribieron: "los que transgredan serán violados".

Espero que haya sido una mera confusión. Quizás no fue así. Tal vez en esa ciudad la ley violaba a los que rompían la ley en vez de perseguirlos. Y yo decidí que no iba a descubrirlo.

Hay un aspecto de la intercesión que se relaciona con la protección: los límites protectores. Colocar señales o carteles en el espíritu, si te complace: "No se permite tirar basura, Satanás. Los que transgredan serán violados".

En el capítulo 19 de Josué, la palabra *paga* (intercesión) se utiliza en varias ocasiones. El pasaje está describiendo las dimensiones o límites de cada una de las tribus de Israel. Se traduce de diferentes maneras según las traducciones, incluyendo "alcanzar a", "tocar", "bordear", "límite". La *Spirit-Filled Bible* (Biblia Llena del Espíritu) dice que *paga*, cuando se utiliza en este contexto, es la extensión hasta donde llegan los límites.[1]

¿Te sorprende que la palabra utilizada para intercesión, *paga*, también sea traducida como "límite"? En realidad no te debería de sorprender. A mí me parece lógico que los perímetros de protección estén relacionados con la oración. Quiero declarar enfáticamente: PODEMOS edificar límites de protección[2] alrededor de nosotros y de otros a través de la intercesión. Qué consuelo es saber que esta verdad es inherente en el mismo significado de la palabra.

Muchos cristianos creen que la protección de accidentes, destrucción, trampas satánicas y asaltos, etcétera, es automática en un cristiano —que nosotros no hacemos nada para lograr tal protección— que está basada únicamente en la soberanía de Dios. En otras palabras, cuando Dios quiere protegernos de esas cosas, Él lo hace; cuando decide no hacerlo, permite que nos sucedan.

Esta creencia simplemente quiere decir que si somos librados o no de las cosas destructivas es algo basado completamente en Dios, no en nosotros. Aquellos que se apegan a esta enseñanza generalmente creen que nada le puede suceder a un cristiano que no sea permitido por Dios. Otros van más allá y dicen que esto es cierto en cualquier persona, no únicamente de los cristianos. Creen que Dios está en control de todo lo que sucede en la tierra.

Que Dios no está en control directo de *todo* lo que sucede en la tierra se puede ver en hechos simples:

- Él jamás decidiría si una persona debe ser violada o si deben abusar de ella.

- Él jamás desearía que sufra un inocente.

- Él jamás asesinaría, no causaría genocidio ni miles de otras cosas.

Principios de gobierno

Ya sea que Dios controle o no directamente cada aconteci- miento en la vida de un cristiano puede ser respondido men- cionando las leyes básicas de sembrar y segar, causa y efecto, la responsabilidad individual y la libre voluntad no nos son negadas cuando venimos a Cristo. *Todas* las promesas de Dios están adjuntas a condiciones —principios de gobierno. La mayoría, si no es que todas, de estas condiciones involu- cran responsabilidad por nuestra parte. La protección no es una excepción.

A la mayoría eso no nos gusta. Sentimos que nos amenaza y de alguna manera debilita a Dios en nuestra mente el implicar que Dios no tiene un control total de todo. Y la mayoría se ofenden mucho si se enseña cualquier cosa que implique que si no se recibe protección, provisión, sanidad y una respuesta a la oración o cualquier otra cosa de parte de Dios, es porque puede ser nuestra falta.

Comprendo que eso nos asusta —yo me asusto de mí mismo— pero lo que no comprendo es el porqué de la ofensa. ¿Alguno de nosotros afirma ser perfecto? ¿No fallamos todos de vez en cuando? Entonces, ¿por qué nos ofende cuando una enseñanza sugiere que estas imperfecciones y fallos nos pue- den dañar?

¿Por qué nos ofendemos y nos oponemos a una enseñanza que dice que nuestra incredulidad evitó que recibiéramos algo cuando la Biblia dice con tanta frecuencia que si creemos y no dudamos ni vacilamos recibiremos (ver Mateo 17:20; 21:21; Marcos 11:22-24; Santiago 1:6-7)?

¿Por qué nos ofendemos cuando se implica que nuestra inhabilidad para perseverar crea una carencia cuando la Bi- blia dice que "a través de la fe *y de la paciencia* heredamos las promesas" (Hebreos 6:12)?

¿Por qué nos confunde o nos molesta cuando se sugiere que por no hacer nada algo falló cuando la Biblia dice que si estamos "dispuestos y *somos obedientes*" comeremos lo bue- no de la tierra (Isaías 1:19)?

Hasta 80% de aquellos que se consideran nacidos de nuevo no diezman, con lo cual se abren a una maldición. Sin embargo, se ofenden cuando alguien implica que su falta de provisión puede ser su propio error (ver Malaquías 3:8-12).

No perdonamos y aun nos atrevemos a pensar que Dios escuchará y responderá nuestras oraciones (ver Marcos 11:25,26).

A menudo, comemos pobremente, no hacemos ejercicios y abusamos de nuestros cuerpos de otra manera. Y luego achacamos nuestras enfermedades a la voluntad de Dios.

No educamos correctamente a nuestros hijos, sin embargo nos ofende la sugerencia de que la rebelión podría ser nuestra falta (ver Deuteronomio. 6:7; Proverbios 22:6).

No permanecemos en Cristo ni en Su Palabra. Sin embargo culpamos a la "voluntad de Dios" cuando "pedimos lo que queremos" y no sale como queremos (Juan 15:7).

Sabemos que la fe viene a través del oír y meditar en la Palabra de Dios (ver Romanos 10:17), y muchos de nosotros hacemos muy poco de esto último. Pero si alguien implica que no recibimos una promesa debido a nuestra incredulidad nos airamos.

Las Escrituras enseñan que: "El que habita al abrigo del Altísimo morará bajo la sombra del Omnipotente" y recibe las promesas de protección del resto del Salmo 91... que tengo una armadura que debo utilizar y llevar conmigo, incluyendo el escudo de la fe, para guardarme de los dardos de fuego del maligno (ver Efesios 6:13-18)... que Satanás anda como león rugiente buscando a quién devorar y que yo debo de resistirle (ver 1 Pedro 5:8; Santiago 4:7)... mas sin embargo, me ofendo cuando alguien se atreve a sugerir que mi falta de protección de algún acontecimiento destructivo es por mi propia falta, ¿y qué de ti?

Ciertamente no estoy implicando que Dios *jamás* nos permita caminar a través de las dificultades, que *todos* nuestros problemas se deben a la desobediencia o que *todas* las oraciones no respondidas se deben a la incredulidad. Simplemente estoy diciendo que muchos de nuestros fracasos y dificultades son nuestro propio error, y no "la voluntad de Dios"; tenemos una parte que jugar en lo que se refiere a asegurar la protección y las demás provisiones celestiales.

Intentemos despojarnos de nuestros temores, inseguridades y tendencias hacia la ofensa. Aceptemos el hecho de que las Escrituras están repletas de principios que colocan la responsabilidad sobre nosotros, las cuales se deben cumplir para recibir las promesas de Dios. Démonos cuenta de que esto no cancela la gracia ni promueve la salvación a través de las obras. La gracia no implica que "no existe responsabilidad" de nuestra parte. Veamos que el amor de Dios es incondicional, pero Su favor y bendiciones no lo son.

Despojémonos de toda pereza, complacencia y apatía. Démonos cuenta de que habrán ocasiones cuando nos quedemos cortos y no nos sintamos condenados cuando esto suceda. ¡*Sigamos*!

Construyendo límites a través de la oración

Si todavía estás dispuesto a terminar este libro después de tal disertación —volvamos a la protección. Es probable que ya te hayas imaginado que en lo que no creo es que las cosas sean automáticamente nuestras porque ya somos cristianos. Debemos hacer algo para asegurarlo, y una de esas cosas es edificar límites (*paga*) de protección a través de la oración.

Escuché a un ministro en Fort Worth, Texas, contar una historia de otro pastor que hacía muchos años había recibido la protección divina como resultado de edificar muros o límites de protección (*paga*) a través de la oración. Este pastor había desarrollado la disciplina de empezar cada día con una hora de oración.

Sin embargo, un día en particular sintió una fuerte guía del Espíritu Santo para que orara más, así que continuó haciéndolo una hora más. Después de dos horas sintió la necesidad de seguir orando, así que perseveró durante una tercer hora pidiéndole a Dios su protección y bendiciones para ese día, al igual que pedía por otras cosas. Después ya se sintió liberado de la necesidad de seguir orando y dejó de hacerlo.

Esa noche conforme cortaba el césped, sintió que algo le raspaba la pierna. Miró hacia abajo y vio una serpiente cascabel enrollada intentando morderle, pero no podía hacerlo. En vez de ello, continuamente rozaba su pierna.

¿Por qué había sentido una mayor necesidad de orar esa mañana? ¿Qué estaba haciendo? Entre otras cosas estaba edificando "límites" de protección a través de la oración —*(paga)*.

Por supuesto, algunos dirán que Dios no necesita tres horas de oración para proteger a alguien de una serpiente de cascabel. Estoy de acuerdo. Él tampoco "necesitaba" siete días de marcha alrededor de Jericó para hacer caer los muros, pero decidió hacerlo de esa manera. No necesitaba "escupir" en los ojos de un hombre para sanarlo, pero lo hizo en una ocasión. El porqué requiere que las cosas se hagan de una forma determinada, no siempre lo sabemos, pero lo que sí sabemos es que para nosotros la *obediencia es la clave*. Si Él dice "tres horas", entonces tres horas van a ser necesarias.

Habitando al abrigo de Dios

La consistencia también es la clave cuando se trata de orar por protección. Debemos "habitar" al abrigo del Altísimo para "morar" bajo la sombra protectora del Omnipotente: "El que habita al abrigo del Altísimo morará bajo la sombra del Omnipotente" (Salmo 91.1). Jesús igualó el abrigo del Altísimo al aposento de oración en Mateo 6:6. La palabra "habitar" en el Salmo 91:1 es *yashab,* que significa "permanecer o morar; vivir o habitar".[3] La cuestión es que debe de ser un estilo de vida, y no una actividad que se realiza de vez en cuando. Debemos tener nuestro abrigo en nuestra habitación o en nuestra "morada". Muchas de las vidas de oración de los creyentes son demasiado esporádicas como para construir un muro sólido de protección.

La palabra "morar" en este mismo versículo es *luwn* que significa, entre otras cosas, "pasar la noche".[4] Leámoslo con ese significado: "El que habita al abrigo del Altísimo" *pasará la noche* bajo la sombra del Omnipotente". En otras palabras, la oración es como la Palabra de Dios —no podemos leer suficiente hoy para tenerla toda la semana. Debemos tener el "pan diario" o maná. De la misma forma, debemos ir al abrigo del Altísimo diariamente y cuando lo hagamos podremos "pasar la noche" en ese lugar. Sin embargo, mañana debemos ir nuevamente. La consistencia es la clave.

La oración es como la Palabra de Dios —no podemos leer suficiente hoy para tenerla toda la semana.

Escuché a un ministro que estaba de visita en Eaton, Ohio, mientras compartía su testimonio de la protección de Dios durante la Segunda Guerra Mundial. Se encontraba en un barco y todos los días él y unos cuantos marineros más tenían un tiempo de oración, buscando la protección de Dios para ellos mismos y la del barco. ¿Qué hacían? Construían límites *(paga)* de protección.

"En una batalla —comentaba—, un avión enemigo lanzó una bomba sobre la cubierta de nuestro barco. Sin embargo, en vez de explotar rebotó sobre la cubierta y cayó al agua, ¡tal y como lo haría una bomba de goma!" El ministro continuó contando que batalla tras batalla ellos y el barco fueron salvados milagrosamente.

Los buenos tiempos son tiempos para orar

¡Límites de Protección! ¡No transgredir! ¡La vida al abrigo de Dios! ser algo que hagamos *general* y regularmente por nuestras familias y seres amados. También existen aquellos momentos *específicos* cuando el Espíritu Santo nos alertará de situaciones particulares que necesitan de la oración de protección. Estos momentos son aquellos a los que la Biblia llama momentos *kairos*.

Existen dos palabras para "tiempo". Una es *chronos*, la cual es el tiempo en general; el "tiempo en general en que se *hace* cualquier cosa".[5] La otra palabra es, *kairos*, es la estrategia o "tiempo correcto; el momento oportuno en el que se *debe* de hacer algo".[6]

Una ventana de oportunidad sería un tiempo *kairos*.

Un ataque bien cronometrado en la guerra es un tiempo *kairos*.

Cuando alguien está en peligro o está a punto de ser atacado por Satanás, ese es un tiempo *kairos*.

La hora de cualquier momento sería un tiempo *chronos*.

La Biblia habla de la tentación en el momento correcto *(kairos)* (ver Lucas 4.13; 8:13). No hay duda de por qué suceden las tentaciones que parecen coincidencias —una persona que parece estar en el lugar equivocado en el momento equivocado— pero también existen tentaciones bien planeadas y cronometradas. Vale la pena estar alerta, tanto de nosotros mismos como de los demás. El Espíritu Santo me ha advertido para que ore por otras personas, en especial por nuevos creyentes, con el siguiente pensamiento: "Es el momento *kairos* de tentación para ellos". Esto fue lo que sucedió en Lucas 22:31,32 cuando Jesús intercedió por Pedro, orando que su fe no faltara después de negar a Cristo. Y dio resultado.

¿Sería posible que algunos de los que se han alejado de Cristo no lo hubieran hecho si alguien hubiese estado intercediendo por ellos?

Las Escrituras también nos informan de una persecución estratégicamente planeada (ver Hechos 12:1; 19:23). Esto generalmente es para desanimar, distraer o en casos extremos, para destruirnos. En estas referencias, en momentos de renovación o de éxito en la iglesia primitiva, Satanás lanzaba ataques organizados de persecución. Y fracasó.

¿Es posible que la persecución que tiene éxito en contra de la iglesia pudiera ser detenida o que no tuviese fruto si estuviésemos alertas e intercediendo por ella?

A menudo nos olvidamos de las instrucciones de no apoyarnos en nuestra propia prudencia, y fallamos en reconocerle en nuestra intercesión (ver Proverbios 3:5,6). No esperamos ni escuchamos las señales del Espíritu Santo, generalmente para nuestro propio mal. Nos olvidamos que "no luchamos contra carne ni sangre" (Efesios 6:12) y que las "armas de nuestra milicia no son carnales" (2 Corintios 10:4). Tenemos tanto miedo de estar concientizados de los demonios (poniendo demasiado énfasis en ellos) que nos volvemos inconscientes de los mismos. Algunas veces nuestra búsqueda del balance nos saca fuera del mismo.

Efesios 6:18, el contexto del cual es la guerra espiritual, dice que debemos estar "alertas ...por todos los santos" y "orar en todo momento *(kairos)* en el Espíritu". Aquí no nos dice que oremos en todo momento, lo cual sería *chronos*, sino que oremos en todos los momentos estratégicos *(kairos)*. En otras palabras, nos encontramos en una guerra y si estamos alerta Él nos advertirá de cualquier ataque bien planeado *(kairos)* por el enemigo, y podremos crear un límite *(paga)* de protección conforme oramos.

Kairos, un momento para *paga*

Una mañana, hace varios años, mientras oraba, el Señor me dio una imagen mental. Algunos lo llamarían una visión. Como quieran llamarlo, yo vi algo: Una serpiente de cascabel enrollada en los pies de mi padre. ¡A mí me parecía un tiempo *kairos*! Me pasé quince minutos orando fervorosamente por su protección hasta que me sentí liberado de esa urgencia.

La siguiente vez que me llamó mi padre —él estaba en Florida y yo en Texas— y me dijo: —Jamás te imaginarías lo que me sucedió ayer. Jodie (mi madrastra) salió al cobertizo trasero. Antes de entrar de una manera normal, como siempre lo hacía, empujó la puerta para que se abriera, se detuvo y echó una mirada. A donde ella iba a pisar se encontraba una serpiente de cascabel enrollada. Se retiró con cuidado, vino a buscarme y la maté.

Le dije a papá: —Sí. Lo sé.

Sorprendido me respondió: —¿Cómo lo supiste?

—Lo vi en el espíritu —le respondí—, y oré por tu protección. Me debes una. (No, en realidad no le dije eso de que me debía una. Actué de una manera humilde y dije algo así: "Alabado sea Dios" o "Alabado sea Jesús". ¡Ya sabes como lo hacemos!)

¿Qué es lo que hacía mientras oraba por él? Colocando límites (*paga*) de protección alrededor de él y de Jodie.

¿Cómo oré? Le pedí al padre que les protegiera. Até cualquier intento de Satanás para dañarles. Cité uno o dos versículos de las Escrituras prometiendo protección. Entonces oré en el Espíritu.

Gail Mummert, miembro de nuestra comunidad en Colorado Springs, compartió este notable testimonio de protección durante un momento *kairos* en Lancaster, Texas:

Conforme conducíamos hacia casa ante un clima amenazador, mi esposo, Gene, encendió la radio para escuchar un informe local. Nubes negras habían sido descubiertas cerca de allí. Después de llegar a casa, las cosas se calmaron de una manera muy extraña.

Al rato, el viento empezó a soplar con furia. Los árboles se doblaban y las paredes de la casa empezaron a sacudirse. Las ventanas vibraban y el granizo empezó a golpear el garaje.

—Vete a la sala y cierra todas puertas —me gritó mi marido—. Coge almohadas, cobijas y una linterna.

—Nana, tengo miedo —gritó nuestro nieto de cinco años, William.

—Jesús cuidará de nosotros. No tengas miedo — le dije. De pronto las sirenas empezaron a sonar en nuestro pequeño pueblo. Las paredes se movían como si no estuvieran agarradas a nada. —Si no estamos en un tornado, es algo que se le parece mucho —gritó Gene a la vez que corría hacia la entrada.

—Agárrense de las manos y siéntense en el suelo —les dije.

—Les amo —nos dijo Gene conforme nos rodeaba con

cobijas y almohadas, nos cubrió con su cuerpo y nos rodeó con sus brazos.

Había un poderoso viento a nuestro derredor y nos chupó como si fuésemos una pelota. —¡Oren! ¡Sigan orando! —nos dijo.

—¡Dios Todopoderoso, ayúdanos! —gritamos.

¡Explosión!

Las ventanas se rompieron, los cristales volaron por todos lados. Otra explosión. Las paredes cayeron hacia adentro. Escombros saltaban por todos lados como flechas hacia su blanco.

—¡Jesús, ayúdanos! ¡Tú eres nuestro Salvador! ¡Tú eres nuestro Rey! —] clamó mi voz. Miré hacia arriba, el techo estaba cayendo sobre nosotros. Una escalera se estrelló contra la espalda de mi esposo.

—Ahora empiecen a alabarle —gritó Gene a través del viento. La próxima explosión fue la peor. No había nada que pudiésemos hacer. Sólo Él podía ayudarnos. Todo estaba fuera de control, pero conocíamos la soberanía de Dios. Sabíamos que estábamos a punto de morir pero gritamos: —¡Gracias, Jesús. Gracias, Señor!

De pronto, la paz me llenó como si me inundase. Una dulce voz llenó mi corazón. "Te he escuchado clamar pidiendo ayuda. He doblegado los cielos por ustedes. No importa lo que suceda a su alrededor, estoy aquí protegiéndoles". Mi rostro se llenó de lágrimas y supe que Jesús nos estaba protegiendo. Parecía que Sus brazos nos habían rodeado. Sabía que estaríamos a salvo.

El tornado terminó. La lluvia nos golpeaba con una fuerza que jamás había sentido. Estábamos a salvo. —Mamá. Veo el cielo —dijo el pequeño William.

—William, lo ves porque no hay techo. Es probable que tampoco tengamos paredes —le informó Gene.

—Estoy tan agradecida de que estemos bien —dijo nuestra hija Wendy—. Jesús nos protegió, ¿no es cierto? Aunque estábamos enterrados bajo toneladas de escombros, nuestro cabello cubierto de aislamiento y cristal, estábamos bien. Sólo con unas heridas pequeñas.

¡Hablamos de vallas de protección! Varias personas murieron y muchas quedaron heridas en ese tornado devastador, pero los brazos eternos del Señor protegieron a la familia Mummert. Gail tuvo el privilegio de contar todo su relato en el *Dallas Morning News*. El diario incluso publicó su testimonio sobre la protección del Señor.

Tenía una amiga en Dallas hace varios años que experimentó una interesante respuesta a la oración en un momento *kairos*. Un día había salido temprano en la mañana para visitar a su hijo y a su nuera. El hijo trabajaba en el turno de noche así que, mientras esperaba que regresara a casa, su esposa y ella estaban conversando. La madre se empezó a sentir intranquila. Algo parecía no estar bien. Pensando que tal vez su hijo aún estaba en el trabajo, lo llamaron: —No —le dijeron—, ya se ha marchado.

Alarmándose más dijo la madre: —Estoy preocupada. Vayamos a donde trabaja.

Ella supuso que su hijo había salido del trabajo a la hora de costumbre y que ya debería de estar en casa, de hecho, había salido unos momentos antes de ella llamar. Pero incluso el Señor en ese momento le estaba dirigiendo porque, aún cuando en ese momento no se encontraba en ningún peligro, el Espíritu Santo sabía que un momento *kairos* se le acercaba a este joven, y Él quería que la orante madre de este joven estuviese allí cuando sucediera.

Conforme la madre y la nuera conducían hacia el trabajo del hijo por una transitada carretera de Dallas, lo vieron que venía por el carril contrario en su motocicleta, a una velocidad entre 65 y 80 kilómetros por hora. Mientras lo veían, se durmió y se salió de la carretera, golpeó el bordillo y voló unos 12 ó 15 metros por el aire. Ni siquiera utilizaba un casco.

Conforme el chico volaba por el aire, la madre estaba orando: "*¡Jesús, protege a mi hijo!*" Continuó orando mientras daban la vuelta y volvieron hacia él. Ya se había juntado gente a su alrededor, y corrieron hacia el lugar sin saber lo que se iban a encontrar.

¡Se encontraron con un milagro! No tenía heridas —ningún hueso roto, sin raspaduras, sin heridas internas. Sólo un joven mareado preguntándose lo que había sucedido.

Y lo que sucedió fue *paga* ...¡Sucedió un *paga kairos*! Se dieron los límites. Una madre hizo caso a las advertencias del Espíritu Santo y por lo tanto se encontró en el lugar correcto en el momento adecuado.

¿Significa esto que si no estás orando cuando un ser amado tiene un accidente, eres el culpable de sus heridas o de su muerte? Por supuesto que no. Si todos jugáramos a ese juego de la adivinanza, nos volveríamos locos. Simplemente quiere decir que debemos estar alerta y estas advertencias provienen del Espíritu Santo, debemos responder orando —edificando algunos límites o vallas.

Oí a un conferencista invitado en "Cristo para las Naciones" en Dallas, Texas, contar otra historia interesante involucrando no un *momento kairos*, sino una *estación kairos* construyendo vallas *(paga)* de protección.

Tenía un sueño vívido que se repetía, el cual él sentía que era un fuerte aviso del Señor de que moría su hija casada. En el sueño no se le mostraba cómo ocurría su muerte, pero él sintió fuertemente que Satanás tenía un buen plan para tomar la vida de su hija. Así que para no alarmarla, sólo se lo dijo a su yerno y los dos empezaron a interceder *(paga)* diariamente por su seguridad. Estaban construyendo vallas *(paga)* de protección alrededor de ella.

Este ministro relató como algunas veces al día —mientras trabajaba, conducía su coche, caminaba o cuando le venía a la mente— ataba el plan de Satanás para tomar la vida de su hija. "¿Cómo haría esto? —alguien podría preguntar—. ¿Qué dijo?" Probablemente dijo cosas como:

- "Padre, traigo a mi hija ante Ti". Eso está creando un "encuentro" *(paga)* con Dios.

- "Te pido que la protejas de cualquier trampa que Satanás tiene para ella. Dijiste que nos librarías de la trampa del cazador" (ver Salmo 91:3). Eso construye "vallas" (*paga*) de protección.

- "Gracias por poner esta carga de oración en mí, para poder levantar o quitar de ella (*nasa*) esa sentencia de muerte". Eso es "llevar" la carga o la debilidad sobre nosotros.

- "Satanás, ato este plan tuyo y rompo cualquier base que hayas tenido en esta situación. Tus armas en contra de ella no prosperarán y no le vas a quitar la vida". Eso es "encontrar" (*paga*) al enemigo para ganar.

- "¡Hago esto en el nombre de Jesús! Eso es basar todas nuestras *oraciones* en la *obra* que Cristo ya ha hecho. Eso es *representarle...* administrando lo que él ya ha logrado... *haciendo que se cumpla* Su victoria.

Cerca de un mes más tarde —recuerden que dije una *estación kairos* y dije que él oraba *diariamente*— su hija recibió un ascenso en el trabajo. Con el ascenso vino una póliza de seguro de vida, la cual mandaba un examen físico.

En cierto momento de este proceso, después de haberle tomado una muestra de sangre, un doctor se acercó a ella al borde del pánico con preguntas y comentarios: —Mujer, ¿qué has estado haciendo con tu dieta? ¡No podemos encontrar nada de potasio en tu cuerpo! Deberías estar muerta. No existe ninguna explicación razonable para que continúes con vida. Cuando esta deficiencia ocurre, normalmente una persona se siente bien, pero de pronto cae muerta. Debemos llevarte al hospital de inmediato y empezar a ponerte potasio.

Ella vivió, por supuesto. Había tenido una extraña dieta a lo largo de varias semanas durante las cuales sólo había comido una o dos clases de comida. Aunque no había ninguna explicación razonable para que siguiera con vida, sabemos cuál es la explicación espiritual: una valla (*paga*) de protección fue construida en el espíritu a través de la oración.

Bajo la sombra del Altísimo. ¡Alejaos!

Quizás el ejemplo más sorprendente de un momento de intercesión *kairos* en mi vida sucedió en uno de mis viajes a Guatemala. Fui uno de los cuarenta o cuarenta y cinco individuos que viajamos a un remoto lugar por el río Pasión en la jungla de Petén. Nuestra misión era edificar una combinación de clínica y estación de alcance en la rivera. Teníamos que construir dos edificios al igual que ir predicando un poco a las aldeas cercanas.

Fue un viaje asombroso. Comimos carne de mono y de boa constrictora. Matamos tarántulas gigantes, un escorpión de casi veinticinco centímetros y un coralillo en nuestro campamento. Fui atacado por hormigas, las cuales sin saberlo nosotros, se habían refugiado en la madera que transportábamos y sobre la que dormíamos conforme viajábamos por el río durante la noche. Volábamos en antiguos aviones y aterrizábamos en campos donde tenían que ahuyentar las cabras antes de nuestra llegada. (Ninguna de estas cosas tiene que ver con la oración, pero te estás enterando del increíble valor que tengo y cuánto he sufrido por la causa de Cristo).

Nuestro líder, Hap Brooks me hizo dirigir canciones desde la proa de nuestra larga canoa conforme viajábamos río arriba o abajo. Su canción favorita era: "Es una buena vida el vivir para el Señor". También me hacía hacer mi famoso grito de Tarzán, el cual era increíblemente bueno y resonaba al otro lado del río y entre la jungla. Los nativos de las aldeas se ponían de pie al lado del río y escuchaban. Por supuesto que como jamás habían visto ni escuchado a Tarzán no se impresionaban demasiado —de hecho tenían esa mirada en sus caras que decía: "¿Quién es ese idiota?" Es decir, ¡hasta que los animales de la jungla empezaron a venir! Aunque ellos también tenían la misma expresión. (Esto tampoco tiene nada que ver con la oración, pero te permite ver el talento que tengo).

Volviendo al propósito de la historia, antes de salir hacia la selva, pasamos nuestra primera noche (viernes) en la Ciudad de Guatemala, la capital. Meses antes habíamos hecho arreglos para que una línea aérea de Guatemala nos llevara a la selva al día siguiente. Al llegar al aeropuerto el sábado por la tarde, nos informaron que habían cambiado sus planes y que nos llevarían a nuestro destino, no ese día sino el próximo. Teniendo la urgencia de ir como estaba programado, debido a lo limitado que estábamos de tiempo para cumplir nuestra misión, nuestros dirigentes presionaron a las aerolíneas durante tres horas para que cumplieran su palabra.

—No —dijo el gerente con su mal inglés—, los llevaremos mañana.

—Pero hace meses estuvieron de acuerdo en llevarnos hoy —alegamos.

—No tenemos ningún piloto disponible —nos contestaron.

—Busquen a uno —le rogamos.

—¿Cuál es su apuro? Disfruten de la ciudad —nos animaban.

Y así estuvimos durante tres horas, entrando y saliendo de las oficinas, entrevistándonos con un oficial, luego con otro. Finalmente, desesperado, uno de ellos levantando las manos dijo: "Está bien, ¡los llevaremos ahora! Súbanse al avión. ¡Rápido!".

Todos corrimos hacia el avión, colocando nuestras bolsas y herramientas en el área de equipaje. Queríamos marcharnos antes de que cambiaran de opinión. Esa noche, mientras nos encontrábamos a cuatrocientos kilómetros de distancia ¡un terremoto sacudió la Ciudad de Guatemala y mató a treinta mil personas en 34 segundos! Si nos hubiésemos quedado en la ciudad una noche más —como querían los de la aerolínea— algunos de nuestro equipo hubieran muerto y otros hubieran resultado heridos. Estamos seguros de esto, porque al regresar a la ciudad vimos el edificio en donde nos hubiésemos quedado la noche del terremoto —y nos hubiéramos vuelto a quedar allí de no haber salido el sábado— con grandes rieles sobre las camas.

La conexión entre esto y nuestro tema es que una intercesora de nuestra iglesia en Ohio había recibido una fuerte carga para orar por nosotros durante el segundo día de nuestro viaje. Durante *tres horas* estuvo intercediendo fuertemente por nosotros. ¿Pueden imaginarse cuáles fueron esas tres horas? Sí. Las tres horas que nuestros líderes estuvieron negociando con los oficiales de la aerolínea.

No sabíamos que nuestras vidas estaban en juego, si nos hubiésemos quedado una noche más en la Ciudad de Guatemala, pero Dios sí lo sabía. La intercesora tampoco lo sabía. Sólo sabía que por alguna razón tenía una carga muy fuerte de orar por nosotros. Estaba alerta, como nos lo instruye Efesios 6:18, y percibió el momento *kairos*. No existe duda en mi mente que ella ayudó a crear la protección y la intervención que experimentamos.

Existe una vida al abrigo del Altísimo, pero no es algo automático en los creyentes. Aunque se nos ha prometido protección de nuestro enemigo, tenemos una parte definitiva que jugar en asegurarla tanto para nosotros como para otras personas. El intercesor lo sabe y no deja nada a la probabilidad, colocando señales a todas las fuerzas del infierno, para que las vean: "Bajo la sombra del Altísimo. ¡Alejaos!

Preguntas para reflexionar

1. ¿Cuál es la conexión entre *paga* y protección?

2. ¿Es automática la protección de los cristianos? ¿Todo lo que nos sucede es permitido por Dios o nuestras oraciones y acciones tienen que ver algo con ello? Explícalo.

3. Comenta sobre la consistencia en la oración en lo que se relaciona a la protección.

4. Explica las diferencias entre *chronos* y *kairos* y cómo se relaciona esto con la intercesión.

5. ¿Has colocado últimamente señales que digan: "No pasar".

Notas:

1. *The Spirit-Filled Bible* (Nashville: Thomas Nelson Publishers, 1991), p. 1097.

2. Primero escuché la frase: "la oración que coloca límites" en un mensaje en vivo por Jack Hayford en Dallas, Texas, en 1976. Desde entonces él ha escrito sobre este tema en sus libros.

3. James Strong, *The New Strong's Exhaustive Concordance of the Bible* (Nashville: Thomas Nelson Publishers, 1990), ref. núm. 3427.

4. Francis Brown, S.R. Driver, y Charles A. Briggs, *The New Brown-Driver, Briggs-Gesenius Hebrew and English Lexicon* (Peabody, Mass.: Hendrickson Publishers, 1979), p. 533.

5. Ethelbert W. Bullinger, *A Critical Lexicon and Concordance to the English and Greek New Testament* (Grand Rapids: Zondervan Publishing House, 1975), p. 804.

6. Idem.

Capítulo siete

Mariposas, ratones, elefantes y ojos de toro

Un acontecimiento por casualidad

Estaba volando alto. De hecho a casi 60 metros de altura. Estaba haciendo "navegación aérea" en Acapulco.

Mi esposa, Ceci y yo, estábamos en el último día de nuestros tres días de vacaciones en este lugar turístico. Había estado viendo esta actividad toda la semana, veía que los botes alejaban mar adentro a las personas elevándolas por el aire y cursando las preciosas aguas. Estos navegantes del aire volaban sin esfuerzo durante 5 ó 10 minutos, disfrutando de su libertad de las ataduras terrenales y luego volvían a la playa. Para sorpresa y halagos de nosotros los menos aventureros, aterrizaban suavemente y aceptaban nuestros aplausos. Ni siquiera se mojaban.

Durante dos días lo había visto. Siempre había querido saltar en paracaídas —de hecho sería mejor decir que me preguntaba cómo sería esa experiencia— pero fui lo suficientemente inteligente como para no hacerlo antes de casarme. A partir de entonces mi esposa me había pedido que no lo hiciera, y ahora era la excusa que me salvaba la vida. *Pero tal vez esto satisfaría mi curiosidad*, fue mi pensamiento mientras observaba esta actividad. Finalmente, decidí que no era tan curioso.

Nosotros los hombres tenemos una necesidad constante de impresionar a las mujeres de nuestra vida, demostrar que no le tenemos miedo a nada y la habilidad para vencer cualquier reto.

—Vaya, eso parece asombroso —dijo mi esposa.

—Ah, no parece tan difícil —respondí con una voz que insinuaba "cualquiera lo puede hacer"—. Todo lo que tienes que hacer es correr por la playa y dejar que el bote haga el resto. Yo lo haría, pero no creo que me dejes. Además, que no vale la pena pagar ese dinero.

Para mi absoluto terror, respondió emocionada: —Oh, no me importaría. De hecho, ¿me encantaría verte hacerlo y en realidad no es tan caro. ¡Inténtalo!

Oh querido Padre celestial —clamé en mi interior—, *¡sácame de ésta!*

Salte tú mismo —escuché en mi corazón—. *Tú solo te metiste en esto.*

—Oh, lo estás diciendo por complacerme, cariño —le respondí—. En realidad sé que te aterrorizaría si lo hiciera, pero gracias por pensar en mí. Mas no permitiré que pases por eso.

—No, en verdad, *quiero* que lo hagas. Será una buena fotografía y, además, ¿qué podría sucederte? —me preguntó—. ¡Adelante!

—Bien —dije yo—. Sí, ¿qué podría salir mal?

Existen ocasiones en la vida cuando lo único que queda por hacer es simular una herida, tener un dolor de cabeza inexplicable o simplemente humillarte, admitir que eres un varón egoísta y mentiroso y arrepentirte de tu pecado. Pero decidí ser más "valiente". Ahora díganme, conociendo la justicia y el humor de Dios, ¿creen que Él iba a permitir eso?

Era la última mañana de nuestra estancia. Partíamos en una hora o algo así. Tenía ropa de vestir, zapatos y de todo. Incluso tenía mi reloj puesto. Después de todo, ni siquiera tocaría el agua. Debería haber sabido que las cosas no siempre salen como se planean cuando me hicieron firmar el acta deslindando responsabilidades pero...

Era el primero del día. El despegue fue rutinario y en unos segundos estaba a unos 60 metros de altura, disfrutando de la playa desde la vista de un pájaro, al ser el primero del día, me llevaban a lo largo de la playa, a tan sólo 15 metros de la playa y así podían hacerle propaganda a su negocio.

De hecho empecé a disfrutar de esto. Era algo grandioso. Las personas en la playa empezaron a hacerme señas con la mano y me animaban. Era el centro de atracción de todos. Yo, por supuesto, les hice señas de una manera "no muy demostrativa, como si no fuera algo importante". Simplemente trataba de mostrarme normal.

De pronto, tuve la extraña sensación de que el agua se estaba acercando. Un segundo después supe que estaba más cerca. Al siguiente segundo *arremetí contra el agua* salpicando mucho. "¡Cómo habían caído los poderosos!".

Esto es imposible —pensé—. *Esto es un sueño. UNA PESADILLA.* Al recordar que jamás había probado el agua salada en un sueño, no me tomó mucho tiempo darme cuenta de que no era un sueño y que era demasiado posible. Nadé hacia el bote, al cual le había fallado el motor, y me subí a bordo. Ahora estaba completamente fresco —¡fresco y mojado!

El conductor de la lancha, finalmente, la hizo arrancar de nuevo y volvimos al punto de inicio. Con la apariencia de "no importa, de hecho, fue divertido" me dirigí a la playa. Hasta ahora creo que mi esposa no supo cómo me sentía en realidad. Al igual que la mayoría de las mujeres no se dan cuenta cuando el ego de un hombre se está intentando autoasegurar. Porque, el otro día cuando ella pensó que necesitábamos detenernos y preguntar una dirección...

Puedo escuchar vuestras mentes trabajando. Se están preguntando qué parte de esta historia tiene que ver algo con la intercesión, excepto aquella parte cuando durante unos segundos estuve orando en SERIO. De hecho, otra de las definiciones de *paga* es "arremeter"[1]. Por supuesto, el concepto es aterrizar sobre o llegar a un cierto lugar, y la inferencia es que sucede por casualidad. Por lo tanto, podríamos utilizar las palabras "casualidad" o "suceso". En breve les daré las referencias para esto y lo explicaré en conexión con la oración, pero primero veamos un par de puntos más como introducción.

Nuestro Consolador

Este capítulo es sobre nuestro Consolador, el Espíritu Santo. Sin lugar a dudas la mayor clave para una intercesión con éxito es aprender a cooperar con el Espíritu Santo, permitiéndole que sea todo aquello para lo cual fue enviado a nosotros. Jesús lo llamó nuestro "Consolador" en Juan 14:26: "Mas el Consolador, el Espíritu Santo, a quien el Padre enviará en mi nombre, él os enseñará todas las cosas, y os recordará todo lo que yo os he dicho".

Algunas traducciones utilizan la palabra Ayudador en vez de Consolador, pero la palabra es *Parakletos* y significa uno que es llamado para que ayude o nos apoye.[2] Es una palabra tan poderosa que la versión *Amplificada* utiliza siete palabras para comunicar este rico significado: "Consolador (Consejero, Ayudador, Intercesor, Abogado, Fortalecedor, En espera), el Espíritu Santo". Quiero centrarme en él como nuestro "Ayudador" e "Intercesor".

Leemos en Romanos 8:26-28 que él quiere ayudarnos con nuestra vida de oración:

> *Y de igual manera el Espíritu nos ayuda en nuestra debilidad; pues qué hemos de pedir como conviene, no lo sabemos, pero el Espíritu mismo intercede por*

nosotros con gemidos indecibles. Mas el que escudri-
ña los corazones sabe cuál es la intención del Espíri-
tu, porque conforme a la voluntad de Dios intercede
por los santos. Y sabemos que a los que aman a Dios,
todas las cosas les ayudan a bien, esto es, a los que
conforme a su propósito son llamados.

Fíjate que el versículo 28 empieza con la palabra "y", la cual es una conjunción que conecta a los versículos 26 y 27, haciéndolo dependiente de lo que se dice en ellos. En otras palabras, NO todas las cosas ayudan a bien en la vida de los cristianos a menos que ciertas condiciones se cumplan. Todas las cosas PUEDEN ayudar para nuestro bien, y la voluntad de Dios es que todas las cosas ayuden a bien, pero no es algo automático. Tenemos que hacer una parte. Sucede conforme los versículos 26 y 27 son implementados.

No creo que la intercesión del Espíritu Santo, de la cual se habla en este versículo, sólo se refiera a las "lenguas". Sin embargo, la mayoría de nosotros que nos encontramos en los círculos pentecostales y carismáticos, creemos que tiene que incluir este don, el cual creemos que le permite al Espíritu Santo que ore literalmente a través de nosotros. No es mi intención probar esto en este libro, ni tampoco estoy impli-cando que aquellos que no lo practican son de segunda clase en sus oraciones.

Si no oras de esta manera, es mi mayor deseo no ofenderte. Siento un gran amor y respeto por mis hermanos y hermanas en Cristo que no son carismáticos. Sin embargo, es imposible compartir lo que creo que el Señor me ha enseñado sobre este pasaje sin hacer referencia al orar en lenguas, o como las Escrituras también lo dicen: "orar en el Espíritu".

Este pasaje dice que el Espíritu Santo quiere ayudarnos en nuestras "debilidades". La palabra en griego es *ashteneia* y significa literalmente "sin fuerza"[3] o habilidad. Una "inhabi-lidad para producir resultados" es el concepto que comunica esta palabra.

¿Alguna vez has sentido la inhabilidad en tu vida de oración para producir resultados? ¿Alguna vez te has encontrado una "montaña" que no puedes mover? Recuerdo que eso me sucedió hace algunos años, ¿o fue hace unas horas? Es algo natural en la vida.

Luego el Señor dice en este versículo que una de las razones por las cuales tenemos esta "inhabilidad de producir resultados" es porque no siempre "sabemos cómo deberíamos orar". La palabra "deberíamos" es una palabra muy importante. *Dei* primeramente es un término legal que significa aquello que es necesario, correcto o apropiado ante la naturaleza del caso; lo que uno debe de hacer; aquello que ata legalmente a una persona.[4]

Por ejemplo, Lucas 18:1 nos dice: "También les refirió Jesús una parábola sobre la *necesidad* de orar siempre, y no desmayar". El versículo no dice "que sería buena idea orar". Está declarando. "Es absolutamente necesario —que sea una atadura— que tú ores".

Jesús utilizó la misma palabra cuando le dijo a la mujer que se encontraba encorvada por un espíritu de debilidad: "Y a esta hija de Abraham, que Satanás había atado dieciocho años, ¿no se le debía desatar de esta ligadura en el día de reposo?" (Lucas 13:16). Su razón para que ella fuese liberada de este espíritu fue que ella era "hija de Abraham". En otras palabras, ella estaba bajo un pacto. Como Él tenía la capacidad de darle lo que ella tenía por medio del pacto, en esencia Él le dijo: "¿no se le debía desatar de esta ligadura en el día de reposo?"

Ahora que comprendemos la fuerza de la palabra, volvamos a Romanos 8:26. El Señor está diciendo que no siempre sabemos lo que necesita pasar en una determinada situación. No siempre sabemos lo que es necesario o correcto.

Algunas veces me encuentro preguntándome: *¿Cómo oro por esta persona o situación, Señor? ¿Qué es necesario que suceda?*

En otras ocasiones me he sentido dirigido por el Espíritu Santo para orar por una persona, sin embargo no hay forma de que en ese momento sepa la oración que necesita.

Algunas veces los intercesores maduros son avisados por el Señor para que oren y no solamente no saben por qué están orando, sino que tampoco saben por quién están orando. Simplemente sienten una carga por orar. Hablando de debilidad —una inhabilidad para producir resultados. Hablando de no saber lo que es "necesario, correcto o apropiado" en una situación.

¿Qué hacemos en estas circunstancias? Aquí es donde el Espíritu Santo quiere ayudarnos. Él nos guiará conforme oramos, tal vez revelándonos cosas con respecto a la situación, o trayendo Escrituras a nuestra mente para que podamos orar por los que se encuentran en esa situación. Ciertamente nos ayudará fortaleciendo nuestras oraciones. Pero otra manera en que Él quiere ayudarnos es orando literalmente a través de nosotros conforme oramos en el Espíritu.

El lugar correcto en el momento adecuado

Esto ahora nos trae a *paga* y la definición mencionada anteriormente: "arremeter" o "arremeter *por casualidad*". La situación en la que se utiliza esta palabra de esta manera es en Génesis 28:10-17.[5] El pasaje está describiendo la huida de Jacob de Esaú después de arrebatarle su primogenitura. Después de viajar todo el día, Jacob necesitaba un lugar donde pasar la noche "porque el sol se estaba poniendo". El versículo 11 dice que él "se acostó" sobre un lugar específico y que allí pasó la noche. Fíjense que Jacob no había predeterminado pasar allí la noche, no eligió el lugar con anticipación, pero fue dirigido *por casualidad* —"porque el sol se estaba poniendo".

El lugar a final de cuentas resulta ser un lugar muy especial, Betel, que significa: "Casa de Dios". Jacob de hecho se refirió a ella como la "puerta del cielo". Aun cuando la mayoría de las traducciones dicen que Jacob se acostó en "aquel" lugar, la palabra literal hebrea es "el" lugar. Lo que fue simplemente *un* lugar para Jacob, elegido al azar, era *el* lugar que el Señor había elegido para él en Su soberanía. Fue allí donde Jacob tuvo un poderoso encuentro con Dios que cambió su vida.

Fue allí donde vio a los ángeles ascendiendo y descendiendo del cielo. Fue en ese momento que Dios le extendió el mismo pacto que había hecho con Abraham, y le informó a Jacob que a través de su linaje Él salvaría al mundo. También le prometió grandes bendiciones a Jacob, protegerlo y traerlo de vuelta a su tierra. En breve, fue un lugar en el cual todo el destino de Jacob fue predicho y donde su historia fue moldeada.

Bonita historia, pero ¿cómo se relaciona con la intercesión y con Romanos 8:26-28? ¡Me alegra que lo preguntes!

Al igual que Jacob, quien no fue dirigido a este lugar tan especial por su propio razonamiento o comprensión, nosotros no siempre podemos ser directos en la oración por nosotros mismos. Como consecuencia, a menudo nos sentimos débiles y anémicos en nuestra capacidad para producir resultados. En ocasiones parece que el proceso es golpeado pero fallamos, como si tuviéramos que aterrizar o "arremeter" contra una situación "por casualidad".

Eso está bien. Es uno de los primeros significados de *paga*.

Y en realidad no lo golpeamos y fallamos porque aquello que para nosotros es por casualidad no lo es para nuestro Ayudador, el Espíritu Santo. De hecho, *paga* también significa "blanco".[6] Se sigue utilizando esta palabra en Israel. ¡Cierra los ojos y dispara! Cuando permitimos que Él interceda por nosotros, de la misma forma que en Su soberanía dirigió a Jacob al lugar correcto y en el momento adecuado, Él hará que nuestras oraciones se "acuesten" *(paga)* sobre la persona correcta y en el lugar adecuado, y de la manera adecuada en el momento correcto, haciendo que se cumpla la voluntad de Dios en cada situación. ¡Y eso está muy bien!

- ¡Ocurrirán Beteles!

- ¡Ocurrirán encuentros con Dios!

- ¡Las puertas del cielo se abrirán!

- ¡Destinos serán escritos!

- ¡La historia será moldeada!

¿Piensas que es algo "demasiado dramático?" Si dices eso, no conoces bien a Dios. O tal vez no crees con la fuerza suficiente de que podemos involucrar al Hacedor de milagros en nuestras oraciones. Sugiero que una de las razones por las cuales no vemos más milagros es porque no esperamos más milagros. Nuestra Biblia —a ambos lados de la Cruz— presenta muchos de ellos. Sin embargo, éstos provienen de Dios y la manera para ver más es involucrándole a Él en más situaciones. El orar en el Espíritu realiza esta tarea.

La unción de la mariposa

En ocasiones cuando estoy orando en el Espíritu me siento de la manera en que se ve una mariposa. ¿Alguna vez has visto volar a una mariposa de un sitio a otro? Van de un lado a otro, hacia arriba y hacia abajo. Parece que no tienen la menor idea de hacia dónde se dirigen. Parece que estuvieran "borrachas". Cuando empiezo a orar en el Espíritu, y no sé lo que digo, algunas veces con mi mente divagando, siento como si estuviera intentando moverme en la "unción de la mariposa".

¿A dónde voy?

¿Qué hago?

¿Me pararé en el lugar correcto o en la persona correcta?

¿Estoy haciendo algo de provecho?

Pero tal y como la mariposa sabe exactamente a donde va, ¡el Espíritu Santo dirige mis oraciones de una manera precisa! VAN a "caer" en el lugar correcto.

Esta verdad es ilustrada de una manera profunda por una historia que escuché a un ministro de Cleveland, Tennessee, la cual relataba lo que sucedió en una de sus reuniones. Se encontraba ministrando en una pequeña iglesia en Canadá. No conocía bien a nadie de la iglesia, ya que era la primera ocasión que se encontraba en ese lugar. Después de 15 minutos de haber comenzado su mensaje, escuchó que el Espíritu Santo le hablaba en su interior: *Detén tu mensaje y empieza a orar en el Espíritu.*

Estoy seguro de que te puedes imaginar lo extraño de tal situación, especialmente porque en realidad él no conocía a estas personas. Sin embargo, la guía del Espíritu Santo fue demasiado fuerte y tuvo que obedecer. "Van a tener que disculparme —dijo—, pero el Señor me acaba de decir que detenga mi mensaje y que ore en el Espíritu". Empezó a caminar por la plataforma orando en el Espíritu de forma audible.

Pasaron cinco minutos. Y nada.

Diez minutos. Y nada.

Quince minutos. Y aún no pasaba nada.

No sé ustedes, pero yo empezaría a sentirme un poco nervioso. ¡Habría estado buscando el botón que en un par de ocasiones he deseado que existiera para poder oprimirlo y desaparecer a través de la puerta secreta! Hablando de debilidad —una inhabilidad para producir resultados *(anaideia)*. Él no tenía ni la menor idea de lo que pasaba.

Hablando de no saber orar como conviene —lo que era necesario, correcto o apropiado *(dei)*:

Hablando de necesitar caer o arremeter por casualidad.

¡Hablando de la unción de la mariposa!

Veinte minutos.

Las personas simplemente estaban sentadas, viendo y escuchando. De pronto una mujer en la parte de atrás empezó a gritar, se puso de pie y corrió hacia el frente de la iglesia.

—¿Qué sucede? —le preguntó el ministro.

—Mi hija es misionera en lo profundo de África —empezó a decir la mujer—. De hecho, está tan adentro que le toma tres semanas llegar hasta donde está. Tiene que viajar en coche, luego en lancha, ir sobre un animal y caminar un total de veintiún días. Mi esposo y yo acabamos de recibir un telegrama de la gente para quien ella trabaja informándonos de que había contraído una enfermedad fatal y que cumple su cometido en tres días. Si estuviera en la civilización podría ser tratada, pero le tomaría demasiado tiempo llegar. Me han dicho: 'Es probable que muera en tres días y lo único que podemos hacer es enviarle el cuerpo tan pronto como sea posible'.

«La última vez que mi hija estuvo en casa —continuó la mujer—, me enseñó un poco del dialecto de las personas con quien ella trabaja. Y usted acaba de decir, en ese dialecto: 'Puede regocijarse, su hija ha sido sanada. Puede regocijarse, su hija ha sido sanada'.

¡Y lo había sido!

¡Guau! ¡Eso es *PAGA*. Eso es caer en la persona correcta en el momento correcto y de la manera adecuada. Esta es la ayuda del Espíritu Santo. Esa es la unción de la mariposa.

¿Por qué tomó 20 minutos? ¡Porque hay mucha distancia desde Canadá hasta África y le tomó un poco de tiempo al Espíritu Santo volar como mariposa para llegar hasta su destino! Bueno, tal vez no sea así. No estoy seguro de por qué tomó 20 minutos. Existen varias razones por las cuales pienso que la perseverancia a menudo es necesaria en la oración, pero eso lo veremos en otro capítulo. (Persevera y lo alcanzarás).

"Tomar con al lado para ayudar"

Otra forma tremenda en la que el Espíritu Santo nos ayuda en nuestra intercesión está escondido en el significado de la palabra "ayuda". "Y de igual manera el Espíritu nos *ayuda* en nuestra debilidad" (Romanos 8:26, las itálicas son mías). La palabra griega es *sunantilambanomai*. Pienso que tienes que hablar en lenguas sólo para decir esta palabra. Debe haber una revelación en algún lugar. Es una palabra compuesta formada de tres palabras. *Sun* significa "junto con", *anti* significa "contra", y *lambano* significa "tomar".[7] Acoplándolas, un significado muy literal de la palabra sería "tomar con al lado para ayudar".

¿Cómo te ayuda esto?

*Si le permitimos [al Espíritu Santo] orar
a través de nosotros, se unirá a nosotros.*

En situaciones donde estamos experimentando una impotencia para obtener resultados, el Espíritu Santo no sólo quiere dirigir nuestras oraciones precisamente, haciendo que caigan correctamente, sino también quiere tomar las situaciones junto con nosotros, añadiendo su fuerza a la nuestra. "... No con ejército, ni con fuerza, sino con mi Espíritu, ha dicho Jehová de los ejércitos" (Zacarías 4:6) la montaña será movida.

Aunque el contexto de 2 Corintios 12:9 no es la oración, orar en el espíritu es quizás el mayor ejemplo de cuando Su fuerza se muestra completa en nuestras debilidades. Cuando nos damos cuenta de nuestras debilidades, nuestra inhabilidad para producir resultados, nos hace que vayamos a Él en busca de ayuda. Si le permitimos que ore a través de nosotros, Él se unirá a nosotros. Sólo tenemos que creer que cuando el Espíritu Santo viene, ¡algo se va a mover!

Por favor, nota que la palabra "ayuda" y su definición literal "tomar con al lado para ayudar" no implica que Él lo esté haciendo *por* nosotros, sino *con* nosotros. En otras palabras, esto no es algo que el Espíritu Santo simplemente esté haciendo en nosotros, con o sin nuestra participación. No, lo involucramos orando en el Espíritu, lo cual de hecho es permitirle que ore a través de nosotros.

Hace varios años mi esposa, Ceci, le empezó un dolor en su abdomen. Comenzó como un dolor pequeño y creció en intensidad a lo largo del año, momento en el cual fue a que la revisaran. Los doctores encontraron un quiste en el ovario del tamaño de un huevo grande. Nos informaron que era necesario una operación para removerlo posiblemente junto con el ovario.

El doctor era creyente y comprendía los principios espirituales, y le pedí que nos diera un poco de tiempo para orar por sanidad.

—Doctor —le dije—, si nos da un poco de tiempo, creo que podemos librarnos del quiste por medio de la oración.

Al estar confiado de que el quiste no era maligno ni amenazaba la vida de mi esposa, el doctor respondió:

—Les doy dos meses. Si no lo quitan a su manera, lo quitaré a la mía.

—Me parece justo —repliqué.

Oramos por Ceci por medio de todos los métodos bíblicos que conocíamos: Imponiendo manos, ancianos ungiéndola con aceite, la oración de acuerdo, recitando las Escrituras, atando, soltando, echando fuera, y, como buenos carismáticos, incluso la tiramos al suelo y la dejamos allí durante un rato —¡algunas veces hay que intentarlo todo! La próxima vez que hables con alguien y te insinúe que siempre saben, de una manera exacta, lo que necesita suceder en la oración y la guerra espiritual, dile que Dutch Sheets no lo cree. (Te preguntarán que quién es Dutch Sheets, pero que no te intimiden por ello).

No ocurrió ningún cambio en su condición y me di cuenta de que tendríamos que obtener esta sanidad a través de la perseverancia y aferrándonos a ella por fe (ver 1 Timoteo 6:12). A propósito, esa es la manera en que vienen la mayoría de las respuestas a la oración —no como milagros instantáneos, sino a través de pelear la lucha de la fe y la paciencia.

Sentí que necesitaba pasarme una hora al día orando por Ceci. Empezaba a orar mencionando mi razón para venir al Padre. Luego hacía referencia a las Escrituras en las que basaba mi petición. Las citaba, le agradecía al Padre por Su Palabra y a Jesús por proveer la sanidad. Esto normalmente no me llevaba más de cinco o seis minutos. Oraba en el espíritu el resto de la hora. Esto continuó así durante un mes.

Algunos creerán que era una cantidad irrazonable de tiempo para orar por algo —una hora al día durante un mes. Otros dirán que Dios no necesita tanto tiempo para sanar a alguien. Yo sólo te estoy contando lo que a mí me dio resultado. Y he descubierto que Él no tiene una sola manera de hacer las cosas, incluso cuando son las mismas. Su creatividad parece no tener fin. La clave para nosotros siempre es la obediencia.

Después de un par de semanas, una tarde el Señor me mostró una imagen mientras oraba en el espíritu. Me vi sosteniendo el quiste en mi mano quitándole la vida. Todavía no sabía que el significado literal de "ayuda" de Romanos 8 estaba "tomar con al lado para ayudar", pero el Espíritu Santo me estaba enseñando una verdad maravillosa.

Por supuesto, sabía que realmente no podía coger el quiste con mis manos, pero Él me estaba mostrando que conforme le permitía orar a través de mí, ÉL estaba "cayendo" y "uniendose a mí en contra" de la cosa. Obviamente, era Su poder el que hacía la diferencia.

Esto me recuerda al ratón y al elefante que eran amigos. Andaban juntos todo el tiempo, el ratón viajaba en el lomo del elefante. Un día cruzaron un puente de madera, haciendo que se doblara y crujiera ante el peso combinado de ambos. Después de cruzar, el ratón, impresionado por su habilidad para causar tal impacto, le dijo al elefante: "Realmente estremecimos ese puente, ¿verdad?".

Eso me recuerda a algunos de nuestros anuncios y testimonios. Y pensamos que Él era el ratón y nosotros el elefante. (Tal vez por ello no estremecemos muchos puentes).

Después de ver mi imagen quitándole la vida al quiste, le pregunté a Ceci si había algún cambio en su condición. —Sí, el dolor se ha reducido —me informó.

La repuesta del doctor fue: —Si el dolor está aminorando, el quiste se debe estar encogiendo. Continúen con lo que han estado haciendo.

Me esforcé para asegurarme de que no estaba conjurando ninguna imagen mental, pero dos veces más el Espíritu Santo me mostró la misma imagen. En cada ocasión el quiste era más pequeño. En la última, la cual fue la tercera, fue cerca de un mes después de empezar el proceso. En la imagen, el quiste era del tamaño de una moneda pequeña y conforme oré se desvanecía en mi mano. Supe que el Señor me estaba diciendo que el trabajo había terminado. Incluso aunque Ceci me decía que aún se sentía un poco incómoda, no podía seguir orando al respecto. Sabía que había acabado.

Tres días después me informó que el dolor y la incomodidad habían desaparecido. El siguiente ultrasonido confirmó lo que ya sabíamos en nuestro corazón —¡no había más quiste!

Ya saben lo que sucedió, ¿no? *¡PAGA!*

- Había sucedido un "uniéndose a mí en contra".

- Había sucedido un "Betel".

- Había sucedido un "caer".

- Había sucedido un "colocar" y un "quitar".

- Había sucedido un "encuentro".

- Había sucedido un "hacer cumplir".

- Había sucedido una "representación".

¡Se dio la intercesión! ¡Y esto puede suceder a través de ti!

La unción de la mariposa combinada con la unción de la osa y una serpiente fue derrotada nuevamente. (Por favor, no le den este libro a ninguna persona super religiosa ni a ningún ministerio llamado "a componer" a los "carismáticos". Pondrán a mi osa a invernar y transformarán mi mariposa otra vez en un gusano).

El punto más importante que quiero comunicarte a través de este libro es que Dios quiere utilizarte a TI. No tienes que ser ni pastor ni profeta. No tienes que ser un Hermano o Hermana Bien Conocido/a. No tienes que saber la diferencia entre griego y swahili. Simplemente tienes que ser un creyente en Jesús —uno de Sus representantes elegidos— uno llamado y autorizado para administrar las bendiciones del nuevo pacto —un cristiano.

Dios el Padre quiere liberar la *obra* de Jesús a través de tus *oraciones*. El Espíritu Santo quiere ayudarte. Hay Beteles esperando ser descubiertos. Hay historias esperando ser escritas, y destinos moldeados.

No seas intimidado por tu ignorancia: "No saber lo que es necesario, correcto o apropiado". No permitas que tu debilidad te paralice y te vuelva inactivo. ¡Levántate! O mejor aún, ¡permítele a tu Ayudador que se levante en ti! ¡Juntos podréis estremecer cualquier puente!

Sólo asegúrate de saber quién es el ratón.

Preguntas para reflexionar

1. ¿Puedes explicar la conexión entre Génesis 28:10-17 y Romanos 8:26-27? Asegúrate de incluir comentarios sobre *paga*, sobre la unción de la mariposa y orar en el espíritu.

2. ¿Qué hace el Espíritu Santo para "ayudarnos" en nuestra debilidades?

3. Piensa en situaciones en las que no sabes orar como se debe. Toma la decisión de pedirle al Espíritu Santo que te ayude. Decide cuándo le vas a dar la oportunidad de que lo haga.

4. Si tuvieras que volver a hacerlo, ¿volverías a escoger a Jesús? (¡Qué pregunta tan tonta!)

Notas

1. Francis Brown, S.R. Driver, y Charles A. Briggs, *The New Brown-Driver, Briggs-Gesenius Hebrew and English Lexicon* (Peabody, Mass.: Hendrickson Publishers, 1979), p. 803.

2. W.E. Vine, *The Expanded Vine's Expository Dictionary of New Testament Words* (Minneapolis: Bethany House Publishers, 1984), p. 200.

3. Spiros Zodhiates, *Hebrew-Greek Key Study Bible—New American Standard* (Chattanooga, Tenn.: AMG Publishers, 1984), edición revisada, 1990), p. 1812.

4. Spiros Zodhiates, *The Complete Word Study Dictionary* (Iowa Falls, Iowa: Word Bible Publishers, 1992), p. 400.

5. La conexión entre Génesis 28:11-22 y Romanos 8:26-28, junto con varios de los pensamientos relatado, incluyendo la ilustración de la mariposa, lo escuché por primera vez en un mensaje de Jack Hayford en Dallas, Texas, en 1976. Desde entonces ha escrito sobre ello en uno de sus libros.

6. Me fue comunicado por un estudiante israelí, Avi Mizrachi, en el instituto de Cristo a las Naciones en Dallas, Texas.

7. James Strong, *The New Strong's Exhaustive Concordance of the Bible* (Nashville: Thomas Nelson Publishers, 1990), ref. núm. 4878.

Capítulo ocho

Nacimiento sobrenatural

(Advertencia: Este capítulo podría alterar drásticamente la
población del reino de las tinieblas e incrementar la necesidad de clases para nuevos convertidos).

El entrenador

Yo asesoré a mi esposa, Ceci, a través de 65 horas de parto
durante los nacimientos de nuestras dos hijas, Sarah y Hannah. Le decía qué era exactamente lo que tenía que hacer y en
qué momento debería de hacerlo —durante los primeros diez
minutos. Luego ella asumía la posición de entrenador, juga-
dor, árbitro y cualquier otra posición que se presentaba.
Siendo la clase de hombre inteligente que soy y por amar a
mi esposa de la manera en que lo hago, no me tomó mucho
tiempo discernir que la única manera de sobrevivir a este
esfuerzo "unido" era la sumisión —rápida y sin objeciones.
   Era toda una educación. No tenía ni idea de que ella fuera
un instructor tan capaz. Lo tenemos todo en video, el cual
puede pedirse a través de Dutch Sheets Ministries, P.O.
Box.... ¡es una broma!

Aprendí todo sobre cómo hacer aquello que hice durante los diez primeros minutos en varias semanas de clases sobre "nacimientos naturales". Después de los primeros diez minutos no necesitaba del entrenamiento. Todo salía de una manera natural.

Este capítulo es sobre "el nacimiento *sobre*natural". Mi tasa de éxito era muy baja al orar por los perdidos, al igual que la de todos aquellos que conocía. Así que decidí ver qué era lo que la Biblia decía al respecto. ¡Y no era mucho! Al menos de una manera directa. En ningún lugar dice que se le pida a Dios que salve a alguien. Esto me intrigaba. ¿Cómo se decía tan poco de algo tan importante? Parecía que los principios generales de la oración tendrían que aplicarse a la intercesión por los perdidos.

Sí, encontré un versículo que decía: "Pídeme, y te daré por herencia las naciones..." (Salmo 2:8). Pero yo sabía que este era un versículo del Antiguo Testamento que se refería a que el Padre le decía a Jesús que le pidiera. Pensaba que Cristo ya había hecho esto y que el Padre probablemente le había dicho que sí.

Encontré que debíamos orar por obreros para que fueran enviados a la mies (ver Mateo 9:38). Pero eso no era pedirle a Dios que salvara a nadie, se estaban pidiendo obreros. También descubrí algunas cosas en lo que se refiere a la batalla espiritual, las cuales las veremos en un capítulo posterior, y encontré algunas Escrituras que hacían referencia a los dolores de parto.

Dolores de parto: ¿Qué son?

Dolores de parto: ¿qué son? ¿Qué es lo que hacen? Yo pensé que sabía lo que eran, pero no estaba satisfecho. *¿Es una forma válida de oración?* Me preguntaba: *¿En realidad hay una oración que da a luz?*

Sí, ahora lo creo, aunque no es fácil explicarlo ni definirlo. Y es controversial. ¿Cómo puede tener parte un humano en el nacimiento de una vida espiritual? ¿Qué tiene que ver con esto los gemidos, los lloros y el arduo trabajo?

Un segmento del Cuerpo de Cristo probablemente cree que ya tienen una comprensión adecuada de lo que estamos hablando. Otra parte es probable que hayan escuchado lo suficiente y no quieren saber nada más al respecto. Y es probable que haya otro grupo que no haya oído nada. Yo apelo a los tres: Continúa leyendo con una mente abierta.

Este capítulo se vuelve bastante teológico y tal vez requiera un pensamiento más profundo que los otros. Pero por favor date cuenta de que la palabra "teología" al contrario de la creencia popular, no es una mala palabra, ni tampoco es algo "aburrido". De hecho significa la ciencia o el estudio de Dios.[1] Y estoy seguro de haber leído en algún lugar de la Biblia: "*Estudia* para que te muestres aprobado delante de Dios". Así que no vaciles en estudiar un poco. "Aquel que estudia este capítulo, de cierto os digo que estará muy asombrado" (Añadidos 1:1).

Esta oración llamada dolores de parto siempre me había interrogado. Crecí en una corriente del Cuerpo de Cristo que creía en ello, aunque no ocurría muy a menudo. Las pocas veces que vi aquello que se me decía era la intercesión con dolores de parto, esto involucraba a una viejecita quien también era una de las pocas guerreras de oración de la iglesia. Me parecía que se le trataba como algo místico que nadie comprendía en realidad (tal y como de donde vienen los bebés), muy pocos lo comprendían (y éstos últimos eran muy raros), pero todos lo reverenciaban.

A mí me sucedió

De hecho a mí me sucedió una vez, aunque no hizo tanto ruido como el que los demás hacían. (Aquellos que había escuchado sonaban muy parecidos a mi esposa cuando estaba dando a luz). Probablemente tenía nueve o diez años y ocurrió cuando estaba orando por una tía que no era salva.

Una noche conforme estaba en la cama, sentí una fuerte carga de orar por su salvación. Recuerdo que me levanté de la cama, me puse sobre mis rodillas y lloraba incontrolablemente, pidiéndole a Dios que la salvará. Era tan chico y fue hace tanto tiempo que no recuerdo el tiempo que duró —probablemente de 30 minutos a una hora—. Finalmente, la carga fue aliviada y me fui a dormir.

Mi tía vivía a una hora y media de nosotros. Sin embargo, por alguna razón "desconocida" ella nos llamó durante la semana y dijo que quería venir a nuestra iglesia ese domingo por la mañana. En ese momento no sabíamos que de hecho ella venía al servicio a entregarle su vida a Cristo, y lo hizo. Me sorprendió. Yo había tenido dolores de parto por ella, y esa misma semana ella condujo toda esa distancia para entregarle su corazón al Señor.

Los dolores de parto eran maravillosos, pero no los comprendía. Y sólo me sucedió una vez. No podía comprender por qué algo que ayudaba a que las personas se salvaran ocurría con tan poca frecuencia.

Pero la verdad era que, esta especie de intensa oración de angustia parecía no venir "sobre" alguien muy a menudo. Como eso definía los dolores de parto para nosotros, ¡sólo teníamos que esperar y tener paciencia! —como cuando se movía el estanque de Betesda en Juan 5.

Yo no cuestionaba el concepto —sabía que sería irreverente. *¡Dios prohibía que alguien dudara de algo tan espiritual!* Las cosas que no podíamos explicar, la tratábamos como cosas demasiado santas como para cuestionarlas. Se esperaba que actuáramos como si la interrogante no estuviese presente —admitirlo sería una falta de respeto. Así que no le permitíamos a Dios, ni a nadie más, saber que teníamos esas interrogantes. (¡De vez en cuando todavía pienso que puedo engañar a Dios!)

La unción de Tomás

Un día descubrí que los discípulos le hicieron a Jesús muchas preguntas cuando no comprendían las cosas. En ocasiones las preguntas parecían un poco irreverentes, implicando que su capacidad para enseñar no era demasiado buena. Le hacían preguntas sobre sus parábolas y le preguntaban sobre algunos de sus dichos difíciles. Ah, escondían sus palabras tras un lenguaje agradable llamándole "Maestro" pero tanto ustedes como yo sabemos que lo que en realidad decían era: "¿De qué estás hablando?

Una vez Él les dijo que comieran Su carne y bebieran Su sangre, un grupo de ellos le llegó a decir que eran cosas "duras de decir". Sabemos lo que en realidad quisieron decir: "Estás diciendo cosas raras". Ese grupo finalmente se apartó.

En otra ocasión, Cristo estaba siendo elocuente en cuanto a que los discípulos no debían turbarse porque había muchas moradas en donde vivía Su Padre. Él se dirigía hacia allá, les prepararía algunas más, y luego volvería para llevárselos. Y por supuesto, ellos conocían el camino hacia ese lugar... (ver Juan 14:1-4). A estas alturas Tomás —gracias a Dios por Tomás— dijo que todos ellos estaban pensando: "Un momento Jesús. No tenemos ni la menor idea de lo que estás diciendo. Ni siquiera sabemos *a dónde* vas, mucho menos *cómo podemos llegar allí*". Estoy seguro de que la respuesta de Jesús realmente les ayudó: "Yo soy el camino, vais a ir a través de Mí". Creo que los discípulos no comprendieron mucho sino hasta después.

Como solían hacerlo los Doce, a menudo hago la misma cosa de forma segura, reverente y espiritual: Actúo como si comprendiese, aunque no sea cierto. Sigo siendo un ignorante pero quedo bien, ¡que es lo que realmente importa! Sin embargo, de vez en cuando la unción de Tomás nos viene y le digo a Dios que ha hecho un mal trabajo al explicarnos algo... tal como lo que se refiere a los dolores de parto.

Conforme pensaba en este tema de los dolores de parto, decidí permitir a algunas de las molestas preguntas que había enterrado salir a la superficie: *Si la intercesión con dolores de parto en realidad ayuda a que las personas se salven, porque cuesta trabajo llevarlo a cabo y porque sucede tan raras veces, ¿por qué lo experimentan tan pocos y por qué tiene que ser tan escandaloso y extraño y por qué no dijiste más sobre lo que era y cómo hacerlo?*

Eso es muy grosero, ¡pero es una gran pregunta!

La experiencia espiritual contra las fachadas físicas

Me gustaría sugerir dos cosas en este momento. Primero, creo que los dolores de parto bíblicos son una parte de la intercesión por los perdidos, sino que es esencial. Segundo, no creo que se pueda definir como gemidos, gritos, lloros y trabajo arduo. Los dolores de parto naturales ciertamente son así, y los dolores de parto espirituales *pueden* incluir estas cosas. Sin embargo, no creo que *deban* estar incluidas, y estoy convencido de que no es definido por ellos. De hecho, creo que una persona puede tener dolores de parto mientras está lavando los trastes, cortando el césped, conduciendo su auto —cualquier cosa que pueda hacer una persona y orar al mismo tiempo.

En la iglesia hemos hecho con este tema lo que hacemos con tantos de los mismos. Por nuestra propia naturaleza tenemos que ver o sentir algo para poder creerlo. Así que, *tendemos incluso a juzgar lo que está sucediendo en el espíritu por medio de aquello que contemplamos naturalmente.*

Por ejemplo, si oramos con alguien por salvación o arrepentimiento, tendemos a creer que la persona que llora, probablemente está recibiendo más que la que no lo hace. Incluso decimos cosas tales como: "En realidad el Espíritu Santo le tocó". Esto se debe a que vemos las reacciones.

Sin embargo, la realidad es que he observado a algunos que no lloraban o que no mostraban ninguna emoción mientras oraban, mas sin embargo eran completamente transformados. Por otro lado, he sido testigo de algunos que suspiraban y lloraban aparentando arrepentimiento, al estilo de Judas (ver Mateo 27:3-5), pero que no experimentaban ningún cambio. Nuevamente, la cuestión es que *no puedes juzgar lo que sucede en el terreno espiritual por lo que sucede en el terreno natural.*

Nosotros los que nos encontramos dentro de los círculos carismáticos y pentecostales tenemos un fenómeno llamado "golpeado en el espíritu". Aunque esto no es un término bíblico y ciertamente se abusa de la práctica, sí creo que las personas pueden, y de hecho se caen, bajo el poder de Dios. Sin embargo, hemos hecho algo similar con esta experiencia. Durante una reunión, en donde se está llevando a cabo este fenómeno, tendemos a creer que aquellos que caen están recibiendo más del Señor que los que no se caen. En ocasiones incluso, juzgamos si algo está sucediendo con respecto si se caen las personas o no.

He estado en reuniones en las cuales he observado que esto sucede hasta el grado en que estoy seguro de que el énfasis y la meta se convierte en tirar a las personas, en vez de que hubiese una fe que le permitiera al Espíritu Santo hacer lo que quisiera, y a Su manera. En otras palabras, *empezamos a juzgar lo que está sucediendo en el terreno espiritual, por lo que vemos en el terreno natural o físico*. Esto es peligroso. Nos lleva a los extremos, a una enseñanza desequilibrada, a expectaciones equivocadas y a ir tras la carne.

En cualquier liberación de poder o unción espiritual, siempre existe la posibilidad de la manifestación física —eso es bíblico. Las personas pueden llorar, en ocasiones pueden caerse bajo el poder de Dios, pueden reírse, tal vez a carcajadas. Incluso pueden parecer borrachas. Algunas veces cuando Dios se mueve, existe una manifestación física; aunque a menudo no las haya. Pero *jamás podemos juzgar lo que está sucediendo en el espíritu por lo que sucede en el exterior*.

Dolores de parto: Un acontecimiento espiritual

Esto también es cierto de los dolores de parto. Cuando eligió dicho término, el Espíritu Santo utilizó un fenómeno *físico* —dar a luz— para describir un suceso *espiritual* de la verdad. Al hacer esto, su énfasis no está en el terreno físico sino en el espiritual, y la comparación no debe tomarse literal o de forma puntual. En otras palabras, el Espíritu Santo no está intentando describir lo que sucede *físicamente*, sino más bien *espiritualmente* cuando utiliza las palabras dolores de parto. No es un nacimiento natural sino espiritual.

El énfasis debe estar en el poder *espiritual* liberado para dar a luz *espiritualmente*, y no al fenómeno *físico* que puede acompañarle (gemidos, lloros, gritos, etcétera). La mayoría de los que hemos estado relacionados con la oración con dolores de parto, hemos hecho que lo que sucede físicamente se convierta en el centro, por lo tanto perdemos el centro espiritual de algo que está naciendo del Espíritu.

Es fácil descubrir si has cometido esa equivocación. Pregúntate y responde honestamente: Cuando escuchas la palabra dolores de parto en el contexto de la oración, ¿piensas primero en lo *que* está sucediendo en el espíritu (un nacimiento), o *como* está sucediendo externamente (en el cuerpo)? La mayoría de ustedes es probable que hayan contestado la segunda —como. El resto —bueno, sospecho de su respuesta. Es muy probable que se apoyen en la teología del pequeño que se encontraba en la escuela dominical y se le preguntó qué era una mentira. "Es una abominación ante Dios —respondió—. Y una ayuda muy oportuna en momentos de prueba".

La mayoría de nosotros hemos definido inconscientemente la obra del Espíritu por las obras del cuerpo. Probablemente sería sabio utilizar diferentes palabras, tal vez "dar a luz a través de la oración" en vez de utilizar la palabra dolores de parto, y así ayudar a cambiar esta situación. Esta frase sería aceptable bíblicamente ya que, como lo veremos más tarde, la palabra hebrea para dolores de parto de hecho significa "dar a luz" o "traer". Los traductores, y no necesariamente el Espíritu Santo, deciden cuándo utilizar el término dolores de parto.

Al definir los dolores de parto externos, no sólo hemos pasado por alto la cuestión real, sino que también hemos aceptado inconscientemente lo que creo que es una mentira de Satanás: Sólo unas pocas personas pueden tener en realidad dolores de parto, y esto en raras ocasiones. No creo que eso sea verdadero. De hecho, creo que todos podemos involucrarnos en los dolores de parto (nacimiento) de la intercesión y hacerlo regularmente. La clave es darnos cuenta de que el énfasis está en que nazca algo espiritual, no en lo que nos sucede conforme lo llevamos a cabo. (Por favor, recuerden que he dicho que la intercesión con dolores de parto puede incluir manifestaciones físicas fuertes, pero no tiene que ser así ni tampoco se puede definir por éstas).

La oración para dar a luz

Para cambiar nuestra manera de pensar, a partir de este momento y de este capítulo, utilizaré las palabras la oración para dar a luz, intercambiándolo con dolores de parto al referirme a esta intercesión.

Nosotros somos el vientre de Dios en la tierra...
No generamos la vida, sino liberamos, a través
de la oración a Aquel que lo hace.

Habiendo dicho esto, permitidme decir clara y enfáticamente: Existe un aspecto de la oración que hace dar a luz en el Espíritu. Nosotros "damos a luz" por Dios. El Espíritu Santo quiere "dar fruto" a través de nosotros. Jesús dijo en Juan 7:38 "...de su *interior* correrán ríos de agua viva" (itálicas del autor). "Interior" es la palabra *koilia*, que significa "vientre".[2] Nosotros somos el vientre de Dios en la tierra. No somos la fuente de vida, sino los portadores de la misma. No generamos la vida, sino liberamos, a través de la oración a Aquél que lo hace.

David y Polly Simchen, miembros de nuestra iglesia en Colorado Springs recientemente recibieron la respuesta a más de cuatro años de oración por la salvación de su hijo, Jonathan. Polly, y algunas de sus amigas, demostraron a través de este período de tiempo uno de los ejemplos más tenaces y completos de la intercesión del que he sido testigo, incluyendo este concepto de dar a luz. A continuación, están algunos extractos del testimonio de Polly. Son un poco largos, pero están llenos de ilustraciones pertinentes de cosas que pretendo discutir en éste y en otros capítulos (itálicas del autor):

Entregamos a Jonathan a Dios antes de que naciera y creció dentro de la iglesia, pero a los 17 años, a través de una combinación de diferentes planes bien hechos del enemigo, empezó a alejarse de Dios. No pasó mucho tiempo antes de empezar a vivir una vida de rebelión total, caracterizada por las drogas y todas las cosas que acompañan a tal estilo de vida. A través de estas cosas, su diabetes se convirtió en un mayor problema, y en ocasiones terminaba en el hospital, sólo para salir y volver corriendo a las drogas.

Por esta época, el pastor Dutch empezó a enseñar en la iglesia acerca de la intercesión. Aunque inicialmente estábamos devastados y en ocasiones llenos de temor, empezamos a aprender más y más. Conforme mis amigas y yo intercedíamos juntas, Dios nos dio instrucciones de cómo orar con promesas y palabras de ánimo.

Realizábamos *paga*, pidiéndole al Espíritu Santo que rondara —alrededor de su cama conforme dormía en su auto, o en cualquier lugar que estuviese— y que le diera vida. Lo hacía diariamente.

En muchas ocasiones, y durante temporadas lo hacíamos diariamente, ungíamos su habitación, sus puertas y ventanas, su cama, su auto, su ropa y cualquier cosa con la que tuviese contacto. Muchas veces, iba a su habitación y cantaba en el Espíritu durante una hora o más. Cantaba cosas como: "El nombre de Jesús es exaltado en este lugar —¡sobre esta cama, en estas cosas, en esta ropa, en todo!", cantaba: "Jonathan tiene un destino que sé que se cumplirá". Mis amigas, Shirley, Patty y yo algunas veces oramos de cuatro a seis horas hasta altas horas de la noche.

En una ocasión el pastor Dutch enseñó sobre "trapos" de oración. De inmediato pensé, ¡eso podemos hacerlo por Jonathan! El pastor Dutch, David y yo colocamos nuestras manos sobre una tela liberando el poder de Dios y la unción del mismo, estando de acuerdo en que la unción rompería el yugo de las drogas, pecado, malas amistades, perversión, y cualquier otra cosa que necesitara romperse. Cortamos la tela en doce trozos y la colocamos debajo de sus sábanas, dentro de su almohada, los escondimos en el forro de su cartera, los cosimos en el dobladillo de sus pantalones, en sus bolsillos, en los hoyos de sus paredes y dentro de la etiqueta de la lengüeta de sus zapatos. Con cada una de ellas declarábamos, "la unción rompe el yugo".

En ocasiones parecían que las cosas empeoraban; era como si Jonathan tuviese la misión de destruir su vida. Pero seguimos firmes en nuestro amor, diciéndole el plan de Dios para su vida, ungiendo y cantando en su habitación y en su automóvil, intercediendo diariamente y declarando Escritura tras Escritura. También declaramos y proclamamos cada palabra y promesa que Dios nos había dado sobre Jonathan. Cuanto más declarábamos las Escrituras más crecía nuestra fe. Después de algunos meses llevábamos nuevos "trapos" de oración al pastor Dutch para que repitiera el proceso.

También nos involucramos en una batalla espiritual por Jonathan. Maldecíamos el poder de las drogas y le pedíamos a Dios que removiera toda mala influencia de su vida —aunque siempre orábamos por la salvación de sus amigos, tres de los cuales también han venido al conocimiento de Cristo. ¡Dios tomó nuestros temores y los convirtió en armas de lucha!

En enero de este año, 1996, recibimos una palabra por parte de un amigo diciendo que Dios estaba a punto de "responder" nuestras oraciones. El pastor Dutch nos había enseñado al respecto, y nos costaba trabajo esperar.

En febrero de 1996, después de más de cuatro años, pudimos ver que Dios estaba tratando con Jonathan. Quería que su vida se corrigiera. Él empezó a leer su Biblia y empezó a preocuparse por la salvación de su novia. Empezó a detestar el poder que las drogas tenían sobre sus amistades. Después, una noche, en una de nuestras reuniones de oración, hizo una oración de reentrega a Cristo. Observamos asombrados cómo las cosas del mundo empezaron a caer de la vida de Jonathan, conforme las cosas del reino de Dios se le aclaraban y le atraían. La semana pasada (mayo de 1996) su novia también entregó su vida a Cristo. ¿Responde Dios la oración? ¡Puedes apostar por ello!

A través de cuatro años de intercesión, el Señor nos enseñó mucho sobre la oración y nos dio mucho ánimo en el transcurso del tiempo —un pastor que se preocupaba y nos enseñaba, amistades que se preocupaban y oraban, palabras proféticas en referencia al llamamiento de Jonathan y la mano de Dios sobre él. Él incluso le permitió a mi esposo, David, ver al ángel que iba en el auto de Jonathan a todos lados con él, incluso en dos ocasiones cuando pasó la noche en la cárcel. Todo el temor desapareció y pudimos confiar plenamente en Dios.

Gracias pastor Dutch, y a Ceci también, por todo lo que han hecho. Estamos muy agradecidos para con Dios por el milagro que se ha llevado a cabo en nuestro precioso hijo. ¡Nadie jamás podrá convencernos de que las oraciones no dan resultado! ¡Dios es fiel y siempre le estaremos agradecidos!

Como lo mencioné antes, examinaré de una manera más plena muchas de las formas en que oró Polly, las cuales están en itálicas, a través del resto del libro. En este momento, sin embargo, examinemos este aspecto asombroso de la oración —dolores de parto. Que el Espíritu Santo nos dé oídos para oír.

¿Podemos quitarle el misterio al tema de los dolores de parto? Creo que podemos. Los siguientes pasajes mencionan directamente la oración con dolores de parto (nacer) o el contexto y las palabras lo implican:

1 Reyes 18:41-45: *"Entonces Elías dijo a Acab: Sube, come y bebe; porque una lluvia grande se oye. Acab subió a comer y a beber. Y Elías subió a la cumbre del Carmelo, y postrándose en tierra, puso su rostro entre las rodillas. Y dijo a su criado: Sube ahora, y mira hacia el mar. Y él subió, y miró, y dijo: No hay nada. Y él le volvió a decir: Vuelve siete veces. A la séptima vez dijo: Yo veo una pequeña nube como la palma de la mano de un hombre, que sube del mar. Y él dijo: Ve, y di a Acab: Unce tu carro y desciende, para que la lluvia no te ataje. Y aconteció, estando en esto, que los cielos se oscurecieron*

con nubes y viento, y hubo una gran lluvia. Y subiendo Acab, vino a Jezreel. (La postura de Elías en este pasaje es la de una mujer en aquellos tiempos mientras estaba dando a luz. Aquí se intenta que veamos a Elías orando con dolores de parto (naciendo). Santiago 5:16 también hace referencia a este acontecimiento y lo llama oración "ferviente").

Salmo 126:5,6: *"Los que sembraron con lágrimas, con regocijo segarán. Irá andando y llorando el que lleva la preciosa semilla; mas volverá a venir con regocijo, trayendo sus gavillas".*

Isaías 66:7,8: *"Antes que estuviese de parto, dio a luz; antes que le viniesen dolores, dio a luz hijo. ¿Quién oyó cosa semejante? ¿quién vio tal cosa? ¿Concebirá la tierra en un día? ¿Nacerá una nación de una vez? Pues en cuanto Sion estuvo de parto, dio a luz sus hijos".*

Juan 11:33,35,38,41-43: *"Jesús entonces, al verla llorando, y a los judíos que la acompañaban, también llorando, se estremeció en espíritu y se conmovió... Jesús lloró... Jesús, profundamente conmovido otra vez, vino al sepulcro. Era una cueva, y tenía una piedra puesta encima. Entonces quitaron la piedra de donde había sido puesto el muerto. Y Jesús, alzando los ojos a lo alto, dijo: Padre, gracias te doy por haberme oído. Yo sabía que siempre me oyes; pero lo dije por causa de la multitud que está alrededor, para que crean que tú me has enviado. Y habiendo dicho esto, clamó a gran voz: ¡Lázaro, ven fuera!"*

Mateo 26:36-39: *"Entonces llegó Jesús con ellos a un lugar que se llama Getsemaní, y dijo a sus discípulos: Sentaos aquí, entre tanto que voy allí y oro. Y tomando a Pedro, y a los dos hijos de Zebedeo, comenzó a entristecerse y a angustiarse en gran manera. Entonces Jesús les dijo: Mi alma está muy triste, hasta la muerte; quedaos aquí, y velad conmigo. Yendo un poco adelante, se postró sobre su rostro, orando y diciendo: Padre mío, si es posible, pase de mí esta copa; pero no sea como yo quiero, sino como tú".*

Romanos 8:26-27: *"Y de igual manera el Espíritu nos ayuda en nuestra debilidad; pues qué hemos de pedir como conviene, no lo sabemos, pero el Espíritu mismo intercede por nosotros con gemidos indecibles. Mas el que escudriña los corazones sabe cuál es la intención del Espíritu, porque conforme a la voluntad de Dios inter-cede por los santos".* (El contexto de este pasaje son los dolores de parto —ver Romanos 8:22-25. El Señor habla que toda la creación y nosotros, gemimos y tenemos dolores de parto, luego habla de que el Espíritu Santo lo hace en nosotros).

Gálatas 4:19: *"Hijitos míos, por quienes vuelvo a sufrir dolores de parto, hasta que Cristo sea formado en vosotros".*

Aunque estos pasajes no explican completamente *qué* es o *cómo* se hace, algunas cosas están claras:

- El Espíritu Santo está involucrado.

- Está asociado con la reproducción espiritual.

- Ayuda en el proceso de maduración de los creyentes.

- Puede ser muy intenso, involucrando fervor, lágrimas e incluso gemidos.

- Suponiendo que Cristo estaba con dolores de parto ante la tumba de Lázaro y que Elías también los tenía al orar en la montaña, están involucrados para producir mila-gros físicos, no sólo el nuevo nacimiento.

El Espíritu Santo: El agente de Dios que da a luz

Ayudará a guardarnos del error y aliviará algunas de tus preocupaciones si lo digo sin vacilar, nosotros no damos a luz a nada, espiritualmente hablando, el que lo hace es el Espíritu Santo. Él es agente de la Trinidad que da a luz (ver Lucas 1:34,35; Juan 3:3-8). Él es la fuente de poder detrás de la Creación, el cual, como veremos, es semejante a un nacimiento (ver Génesis 1). Él es quien suministra de poder a la voluntad de Dios, dándole vida y sustancia. Él hace que la voluntad de Dios se lleve a cabo. Él es quien sopla el aliento de la vida de Dios en las personas, dando vida física y espiritual. (Ver Génesis 2:7; Ezequiel 37:9,10,14; Hechos 2:1-4). En lo que se refiere a la salvación, esto es a lo que llamamos el nuevo nacimiento o la nueva creación.

Por lo tanto, cualquier cosa que podamos lograr a través de la intercesión que dé como resultando un nacimiento tendrá que ser algo que motive o libere al Espíritu Santo para que lo haga.

Por ejemplo, Elías como ser humano no podía producir lluvia. Sin embargo, Santiago nos dice que fueron sus oraciones las que la causaron. Pablo no podía crear el nuevo nacimiento ni la madurez en los gálatas, sin embargo Gálatas 4:19 implica que su intercesión lo hizo. No podemos producir hijos e hijas espirituales a través de nuestro cuerpo humano, sin embargo Isaías 66:7,8 nos dice que nuestros dolores de parto pueden hacerlo. Si no podemos crear o dar a luz éstas y otras cosas a través de nuestro propio poder o habilidades, entonces parece bastante obvio que de alguna manera nuestras oraciones causen o liberen al Espíritu Santo para que lo haga.

Comprendamos, pues, que es el poder del Espíritu Santo el que realiza el trabajo, quiero decir sin equivocarme que *existe una oración que da a luz.*

Si esto es cierto, deberíamos poder encontrar algunas referencias que utilicen las mismas palabras para describir lo que el Espíritu Santo hace al dar a luz una vida de la manera en que se utiliza para describir lo que logran nuestras oraciones.

¿Podemos hallarlas? ¡Sí! Y el contexto deja bien claro lo que hace el Espíritu Santo para liberar este poder que da vida.

Génesis 1:1,2 dice: "En el principio... la tierra estaba desordenada y vacía..." La palabra "desordenada" es la palabra hebrea *tohuw*, la cual significa "una desolación; desperdiciada; un desierto; una cosa sin valor"[3], "confusión",[4] "vacía (estéril); sin forma, una masa sin vida".[5] El concepto básico es que no tiene vida o que es estéril: sin orden, y sin vida. El versículo dos continúa diciéndonos: "Y el Espíritu de Dios se movía sobre la faz de las aguas". ¿Qué significa cuando dice que el Espíritu Santo se movía?

Utilizamos el término en los círculos cristianos cuando hablamos de que el Espíritu Santo se mueve en un servicio. Decimos cosas tales como: "El Señor realmente se movió hoy", o "El Espíritu Santo se estaba moviendo poderosamente". Pero, ¿qué significan estas y otras declaraciones similares? Tenemos un concepto etéreo de lo que significa para nosotros: Estamos implicando que Él estaba haciendo algo; estaba activo. ¿Pero qué estaba haciendo? ¿Se estaba moviendo de un lado a otro? ¿Se estaba moviendo en el corazón de las personas? ¿Qué significa el término "mover" en estos contextos?

De hecho, el uso de esta palabra encuentra su raíz aquí en el Génesis. La palabra hebrea utilizada para "mover", *rachaph*, significa literalmente "cernerse".[6] La traducción *Amplificada* de hecho utiliza las palabras "se estaba moviendo, revoloteando, cerniendo". El margen de la Biblia *New American Standard* también utiliza la palabra "revoloteando". Así que, *rachaph* es revolotear o cernerse sobre algo.

El diccionario de Webster define la palabra cernerse como "camada; progenie" aquello que se procrea o se produce".[7] Las crías de una gallina, por ejemplo, son los pollitos que ella ha producido. Proviene de la palabra raíz "procrear", la cual sabemos que significa dar a luz a algo.

Al utilizar este término para describir la creación, el Espíritu Santo utiliza la analogía de "dar a luz". Estaba "dando" vida. Un erudito hebreo me informó que *rachaph* es, verdaderamente, un término reproductivo en el idioma hebreo que se puede utilizar para describir a un esposo que ronda a su esposa. Muy gráfico, pero confirma que *rachaph* es literalmente un término reproductivo. Un diccionario lo define como "incubar y fertilizar".[8]

Sabemos, por el Nuevo Testamento, que Jesús estaba formando la vida en este panorama de Génesis. Se nos dice que todas las cosas fueron creadas por Su Palabra (ver Juan 1:1-3; Colosenses 1:16). Pero fue el Espíritu Santo el que incubó o cernió la tierra, liberando Su energía creativa o poder con las palabras de Jesús, dando a luz aquello que Cristo hablaba.

El Salmo 90:2 nos confirma esto, de hecho llama nacer a aquello que el Espíritu Santo hizo durante la Creación. El versículo utiliza dos importantes palabras hebreas, *yalad*[9] y *chuwl*.[10] Y dice: "Antes que naciesen (*yalad*) los montes y formases (*chuwl*) la tierra y el mundo, desde el siglo y hasta el siglo, tú eres Dios".

Aunque las palabras no se traducen así en este versículo, son las principales palabras hebreas para dolor de parto. Cada una de ellas se traduce de diferente manera en el Antiguo Testamento: "formar", "nacer", "dar a luz", "dolores de parto", etcétera, (ver Deuteronomio 32:18; Job 15:7; 39:1 para ver algunos ejemplos). A pesar de su traducción, el concepto es el de dar a luz a algo. No siempre se refiere a un nacimiento literal y físico, pero a menudo se utiliza para crear. Nosotros hacemos lo mismo con nuestro vocabulario. Podemos decir que una idea, visión o nación "nació" o fue "concebida". Obviamente no estamos hablando de un nacimiento físico, sino de una cosa nueva que aparece. De la misma manera, el Salmo 90:2 asemeja la creación en el Génesis a un nacimiento.

Revolotear y dar a luz

Ahora, hagamos la conexión con la oración. Estas son las mismas palabras que se utilizan en Isaías 66:8: "... Pues en cuanto Sion estuvo de parto (*chuwl*), dio a luz (*yalad*) sus hijos". ¡Esto es extremadamente importante. *Lo que el Espíritu Santo estaba haciendo en Génesis cuando "dio a luz" o "parió" la tierra y el mundo, eso es exactamente lo que quiere hacer a través de nuestras oraciones dando a luz hijos e hijas.* Él quiere ir y revolotear alrededor de individuos, liberando Su asombroso poder para convencer, romper ataduras, dar revelación y atraerlos hacia Sí mismo para llevar a cabo un nuevo nacimiento o nueva creación en ellos. Sí, *el Espíritu Santo quiere dar a luz a través de nosotros.*

Marlena O'Hern de Maple Valley, Washington, habla de haber hecho esto con su hermano. Compartiremos más sobre esto en el capítulo 10, pero Marlena había estado orando por su hermano Kevin durante 12 años. No habiéndose dado cuenta cómo orar conforme a las Escrituras y de una manera específica, a menudo se frustraba y cometía el error de intentar presionarle para que hiciera lo correcto, lo cual sólo emporaba las cosas.

A principios de 1995 me escuchó hablar sobre la intercesión por los perdidos. Ella, su esposo Patrick, y sus hijos empezaron a orar por Kevin. Una de las cosas por las cuales oraban era que el Espíritu Santo rondara sobre él. En un par de semanas, Kevin había nacido de nuevo y ahora está sirviendo al Señor.

El segundo ejemplo del Espíritu Santo rondando y creando vida de donde no la hay es Deuteronomio 32:10-18. Las cuatro palabras hebreas que se han mencionado antes se utilizan en este pasaje: *tohuw, rachaph, yalad* y *chuwl*. En este pasaje Moisés le está volviendo a contar a los israelitas su historia y habla de Israel como un individuo, obviamente refiriéndose a Abraham, el padre de la nación. En el versículo 10, Moisés dice que Dios le encontró en una situación *tohuw* —en otras palabras, sin vida o estéril.

Abraham se encontraba en la misma situación de esterilidad que la tierra antes de la Creación. Ni él ni Sara tenían la capacidad en este momento para producir vida. Eran estériles, sin vida. Luego se nos dice en el versículo 11 que al igual que una águila revolotea *(rachaphs)* sobre sus polluelos, el Señor revoloteó sobre ellos. El Espíritu Santo se cernió sobre Abraham y Sara, liberando Su vida y poder, ¡dándoles la capacidad de concebir!

Leemos en Hebreos 11:11 que por la fe Sara recibió *dunamis* (el milagroso poder del Espíritu Santo)[11] para concebir. Conforme el Espíritu Santo revoloteó, Dios estaba haciendo nacer de ellos una nación. La renovación que el Espíritu Santo hizo en sus cuerpos, mientras revoloteaba, fue tan real que después de este momento un rey quiso hacer de Sara su esposa porque era muy hermosa. Igualmente, Abraham recibió un cambio permanente y después tuvo más hijos.

Posteriormente en el mismo pasaje (Deuteronomio 32:18) *yalad* y *chuwl*, las principales palabras hebreas para dolores de parto o dar a luz, son utilizadas: "De la Roca que te *creó* te olvidaste; te has olvidado de Dios *tu creador"*, (itálicas del autor). Las palabras idénticas son escogidas en este pasaje para descubrir al Espíritu Santo revoloteando sobre Abraham y Sara para dar a luz vida, de la misma manera que se utiliza en la creación del Génesis y en Isaías 66:8. *El revoloteo que dio a luz al Israel natural también dará a luz al Israel espiritual.*

Nuestro tercer ejemplo del Espíritu Santo dando vida conforme revoloteaba o se cernía se encuentra en Lucas 1:35, la concepción de Cristo en María. El ángel del Señor vino a María diciéndole que tendría un hijo. Ella respondió preguntando, "... ¿Cómo será esto? pues no conozco varón" (v. 34).

La respuesta fue "...El Espíritu Santo vendrá sobre ti, y el poder del Altísimo te cubrirá con su sombra..." Sombra es la palabra griega *episkiazo* que significa echar o poner una sombra sobre; envolver en una niebla de brillantez; investir con una influencia sobrenatural.[12] Es en cierta manera como la palabra hebrea *rachaph*. Thayer dice que se utiliza "del Espíritu Santo ejerciendo una energía creativa sobre el vientre de la virgen María y dejándola embarazada".[13]

La palabra sólo se utiliza tres veces en el Nuevo Testamento. En la transfiguración de Jesús en Mateo 17:5, el pasaje dice que la nube del Señor "los cubrió". También se utiliza en Hechos 5:15 cuando las personas intentaban acercarse a Pedro —a su sombra— para que pudiesen ser sanados. ¿Alguna vez te has preguntado cómo la sombra de Pedro podía sanar a alguien? No sanaba a nadie. Lo que estaba sucediendo era que el Espíritu Santo se estaba "moviendo" y saliendo de Pedro —revoloteando— y cuando los individuos pisaban la nube o la sombra, eran sanados.

Tal vez no hayan visto este fenómeno, yo sí lo he visto. He estado en reuniones en las cuales Dios se estaba moviendo de una manera tan poderosa que antes de que se orara o tocara a una persona ya eran salvas, sanadas o liberadas. Vinieron bajo el *episkiazo* o revoloteo del Espíritu Santo.

Tal vez hayas estado en una reunión en donde el Espíritu del Señor empezó a "revolotear" por todo el salón y se movió de una manera en particular. En ocasiones, Dios ha hecho esto con comunidades enteras. En muchos de los avivamientos clásicos de antaño, se han contado historias sobre algún individuo que iba conduciendo cerca de la iglesia en donde Dios se había estado moviendo poderosamente y esa persona empezó a llorar, fue a la iglesia, entró y dijo: "Algo me trajo hasta aquí y quiero ser salvo".

¿Qué sucedió? El movimiento o el revoloteo del Espíritu Santo se hizo tan grande que se colocó sobre toda un área geográfica para dar vida. Creo que esto incluso sucederá sobre las naciones mientras se genera cada vez más oración por los pueblos no alcanzados de la tierra. Jamás ha existido un tiempo en la historia con la cantidad de oración que actualmente se ofrece por los perdidos. El Espíritu del Señor está siendo liberado a través de la intercesión para que revolotee no sólo sobre ciudades, sino sobre naciones enteras. Veremos avivamientos dramáticos conforme continúa y se intensifica este revoloteo a través de las oraciones de los santos.

¿Puede nacer en un día una nación?

Estaba predicando en Ohio en 1990, poco después de la caída del Muro de Berlín y de algunas de las naciones comunistas de Europa. Este fue el tiempo, recordarán, cuando los gobiernos estaban cayendo como dominós y estaban sucediendo acontecimientos semanales, los cuales normalmente habrían pasado décadas para que ocurrieran. Fue verdaderamente extraordinario.

Mientras predicaba bajo una fuerte unción, el Espíritu Santo vino sobre mí y empecé a profetizar. En el transcurso de mi mensaje dije: "Así como habéis visto caer a las naciones políticamente en aquel día, así veréis caer a las naciones delante de Mí espiritualmente y nacer de nuevo en aquel día". Incluso a la vez que lo decía, me preguntaba yo mismo si realmente podría ocurrir. Después de esa reunión fui al Señor en oración diciéndole: "Padre, no quiero hablar en Tu nombre cuando no eres Tú el que habla. Ni tampoco quiero emocionar a Tu pueblo con declaraciones sensacionalistas. Necesito saber si eras Tú el que hablaba a través de mí".

La respuesta que el Señor me dio fue sorprendente. Me dio la referencia de Isaías 66:7,8, en la cual yo sabía que el versículo 8 decía: "...Pues en cuanto Sion estuvo de parto, dio a luz sus hijos". De lo que no me di cuenta hasta que vi la referencia fue que las palabras anteriores eran una pregunta: "...¿Concebirá la tierra en un día? ¿Nacerá una nación de una vez?..." La respuesta a las preguntas es "...Pues en cuanto Sion estuvo de parto, dio a luz sus hijos".

Supe que el Señor me estaba dando la seguridad de que Él estaba, verdaderamente, declarando a través de mí que las naciones un día nacerían de nuevo. Vendría tal movimiento del Espíritu, tal revoloteo y se liberaría tal poder del Espíritu de Dios sobre diferentes áreas, que naciones enteras vendrían a Cristo de la noche a la mañana. No sé si eso "de la noche a la mañana" es literal o figurativo, pero a mí me da igual cualquiera de los dos ¿a ti no?

El pasaje en el versículo 8 nos informa que esto sucederá a través del parto de Sion. Si Sion incluye a la Iglesia, lo cual ciertamente es verdad (ver Salmo 87; Hebreos 12:12; 1 Pedro 2:4-10), y aquellos que nacen son hijos e hijas de Sion, esta es una promesa que no sólo le atañe a Israel, sino también a todos nosotros, el Cuerpo de Cristo. *Podemos hacer que nazcan hijos e hijas a través del parto.*

Un sentimiento de nacimiento

Carol Millspaugh, también de nuestra congregación en Colorado Springs, habla de la experiencia que tuvo en Alemania hace varios años. En aquella época trabajaba en consejería, primero como psicoterapeuta, después a tiempo completo en el ministerio como consejera cristiana. Carol se pasaba tiempo intercediendo por las situaciones de sus pacientes y por su salvación.

Una pareja en particular a la que ella le daba consejería tenía muchos problemas: adicciones, desórdenes en la comida, problemas familiares y otras cosas. Tampoco eran creyentes, de hecho la esposa era atea. Carol dijo que se sentía como si estuviera embarazada de ellos, y que ella los llevaba en su espíritu. Intercedía por ellos diariamente, a menudo llorando durante horas. Esto sucedió durante varios meses.

Durante su tiempo de intercesión, el Señor le revelaba cosas acerca de ellos a Carol y ella compartía esta información con ellos de manera individual. Carol al principio no estaba consciente, pero el Señor los estaba preparando para la salvación.

Entonces, un día, el Espíritu revoloteó poderosamente sobre ellos durante las sesiones, capacitándolos para escuchar y comprender conforme Carol compartía las Escrituras con ellos. La próxima vez que se reunió con ellos, ambos recibieron al Señor conjuntamente. Carol comentó que tuvo una fuerte sensación de que estaba dando a luz. Luego empezó el período de crecimiento y madurez conforme Carol los alimentaba y les ayudaba a encontrar enseñanzas bíblicas sólidas y relaciones cristianas.

Basándome en estos ejemplos de las Escrituras —Creación, el nacimiento de Israel y la concepción de Cristo— me gustaría ofrecer la siguiente definición del parto espiritual: "Liberar el poder creativo o la energía del Espíritu Santo en una situación para producir, crear o dar a luz algo". La intercesión con dolores de parto simplemente sería una oración que causa esto. Ante el riesgo de la redundancia, quiero volver a decir la frase, utilizándola para ofrecer una definición formal de la intercesión con dolores de parto: *"Una forma de intercesión que libera el poder creativo o la energía del Espíritu Santo en una situación para producir, crear o dar a luz a algo"*.

Utilizo las palabras "producir" y "crear" porque el parto no sólo se menciona en las Escrituras bajo el contexto de alguien que nace de nuevo, sino de hacer que nazcan cosas. Por ejemplo, cuando el Espíritu Santo estaba revoloteando a través de Pedro, él estaba produciendo sanidad (ver Hechos 5:15). A través de Elías vino la lluvia (ver 1 Reyes 18:45), a través de Pablo incluía la madurez (ver Gálatas 4:19).

Los dolores de parto de Cristo

Veamos los dos ejemplos previamente mencionados del ministerio de Cristo cuando Él estuvo involucrado en la oración con dolores de parto o para dar a luz. El primero es Juan 11:33-44, la resurrección de Lázaro. Justo antes de ir a la tumba, el versículo 33 dice: "...se estremeció en espíritu y se conmovió". Una traducción más literal de esta frase es que Jesús "se conmovió con indignación en Su espíritu y se turbó profundamente".[14]

La palabra "turbó" es *tarasso*. Significa "agitar o mover", como un agitador en una lavadora. Jesús estaba moviendo la unción dentro de Sí mismo. El versículo 38 dice literalmente que Él fue movido nuevamente por la indignación.

Según estos versículos, las lágrimas derramadas por Cristo no fueron simplemente lágrimas de simpatía, sino de indignación y por el movimiento de Su espíritu. También sabemos que ocurren bajo el contexto de la oración porque el versículo 41 nos informa que antes de resucitar a Lázaro de la muerte, Jesús le dijo al Padre: "Te doy gracias por haberme escuchado". Luego dio la orden: "Lázaro, ven fuera".

Aunque no se puede probar de una forma concluyente, creo que Cristo tuvo fuertes dolores de parto, al liberar el poder vivificador del Espíritu Santo, antes de dar la orden: "Lázaro, ven fuera". Como ya lo he mencionado anteriormente no creo que sea *necesario* llorar o gemir, etcétera, para liberar el poder del Espíritu Santo (dolores de parto). Sin embargo, *puede* y *sucederá* cuando pasemos a la intercesión profunda, como pasó en las circunstancias con Jesús.

Esto fue lo que sucedió cuando intercedí por mi tía. Estaba involucrado en una especie de parto. Auque no gemía, estaba llorando mucho. Obviamente no era la emoción causada por su salvación, sino mi respuesta al impulso del Espíritu Santo, y por permitirle que se moviera a través de mí. Esto le liberó para ir y revolotear sobre mi tía, dándole Su poder y vida, redarguyéndola de su pecado y posiblemente rompiendo algunas fortalezas.

No siempre sucede tan rápido. Existen ocasiones cuando pasamos un tiempo de intercesión y casi de inmediato vemos los resultados, como fue el caso de mi tía. Sin embargo, como con Polly y su hijo, un tiempo de oración generalmente es necesario cuando, regularmente, le permitimos al Espíritu de Dios que interceda a través de nosotros. Esto le libera para ir y revolotear sobre un individuo con Su poder que imparte vida, haciendo lo necesario para que esa persona nazca de nuevo.

Otra ocasión cuando Jesús estuvo involucrado en los dolores de parto fue en el jardín de Getsemaní. Sin lugar a dudas la redención de la humanidad por parte de Cristo —la obra de intercesión— empezó con sus dolores de parto en el jardín. Isaías profetizó de Él: "Verá el fruto de la *aflicción* de su alma, y quedará satisfecho..." (Isaías 53:11, itálicas del autor).

Como cumplimiento de esto, Jesús clamó en Getsemaní diciendo: "...Mi alma está muy triste, hasta la muerte..." (Mateo 26:38). Fue en el jardín de Getsemaní donde empezó el triunfo y donde se ganó la victoria de toda la prueba.

Sabemos que la redención estaba empezando con estos dolores de parto por un par de razones. Lucas nos dice que Jesús empezó a sudar gruesas gotas de sangre. Jesús no estaba simplemente sudando de una manera profusa que se pareciera a una persona que se estaba desangrando. Literalmente estaba sangrando por los poros de Su piel, una condición médica conocida como hematidrosis. Debemos comprender que cuando empezó a fluir la sangre de Cristo, estaba empezando la redención, porque es a través del derramamiento de Su sangre que hemos sido limpiados de nuestro pecado (ver Hebreos 9:22).

También sabemos que la redención se inició en el Jardín porque Jesús dijo: "Mi alma está muy triste, hasta la muerte", la palabra utilizada para muerte es *thanatos*. Esta palabra a menudo se utiliza para la muerte como resultado y castigo del pecado.[15] Esta es la clase de muerte que Adán experimentó en la Caída.

Otras dos palabras se podrían haber utilizado y que simplemente significan la muerte física. Sin embargo, cuando se utiliza *thanatos* frecuentemente implica la muerte como resultado del pecado. Para que Cristo utilizara esta palabra es muy posible que se refiriera a que el pecado del mundo ya estaba siendo colocado sobre Él.

A través de estos dos ejemplos, vemos que la redención que terminó en la Cruz es muy probable que haya empezado con los dolores de parto del Jardín. Creo que el término dolores de parto fue utilizado, no tanto porque Él estuviera trabajando tanto, sino porque estaba dando a luz una nueva vida. También parece lógico que debido a que nuestra intercesión libera el fruto del nacimiento, también se le llame dolores de parto.

Dando a luz al fruto del Calvario

En resumen, el Espíritu Santo desesperadamente quiere liberar Sus poderes creativos y dar a luz a través de nosotros, dando a luz el fruto del Calvario. Quiere utilizarnos en situaciones *tohuw* (sin vida, sin fruto, desoladas, estériles) liberando Su vida en ellas.

- Como lo hizo en la Creación. Pero a través de nuestra intercesión, Él quiere dar a luz "nuevas creaciones" en Cristo Jesús.

- Como con Israel cuando revoloteó sobre los cuerpos estériles de Abraham y Sara dando a luz una nación, Él quiere dar a luz a un "Israel espiritual" a través de nosotros.

- Como con María cuando fue cubierta, concibiendo a Cristo, Él desea poner a Cristo en las personas a través de nuestra intercesión.

- Como sucedió en la resurrección de Lázaro, a través de nuestra intercesión Él quiere dar vida espiritual desde la muerte.

- Como en Getsemaní cuando el fruto de la redención fue prensado en el viñedo, Cristo Jesús, Él quiere que el fruto de esa obra sea prensado a través de nuestra intercesión.

- Como a través de Pedro las personas fueron sanadas, Él quiere sanar a personas a través de nuestra intercesión. Quiere revolotear sobre ellas, liberando Su vida.

Él no quiere hacer esto únicamente por nuestra salvación y sanidad, sino que los dolores de parto también son por la madurez y el desarrollo del creyente. Pablo dijo en Gálatas 4:19: "Hijitos míos, por quienes vuelvo a sufrir dolores de parto, hasta que Cristo sea formado en vosotros". Él los llama sus hijos porque había tenido dolores de parto una vez, hasta que nacieron. Luego dice que "nuevamente" tiene dolores de parto hasta que Cristo sea formado en ellos. Estas personas ya habían vuelto a nacer. Pablo obviamente se estaba refiriendo a su proceso de maduración. Este es un aspecto de la intercesión en el que nos podemos involucrar para ayudar a que maduren los creyentes.

Los hospitales tienen unidades de cuidado intensivo, en las cuales el personal puede mantener vigilados de cerca a los pacientes que han pasado por un trasplante de órganos. Incluso aunque las operaciones sean exitosas, es un procedimiento de rutina catalogar a estos pacientes como "críticos, pero en condición estable" y mantenerlos en la UCI hasta que recuperan fuerzas.

Los trasplantes de órganos espirituales ocurren cuando las personas se vuelven cristianas y reciben un nuevo corazón. Para fortalecerse en el Señor, deben recibir un cuidado intensivo. Es emocionante ser parte del proceso de nacimiento —orar para que entren al reino de Dios. Sin embargo, también es necesario interceder por ellos a través de su etapa crítica, pero en condiciones estables.[16]

Cuando el Señor me enseñó por primera vez esta verdad, estaba dando consejería a cuatro o cinco personas que se encontraban en situaciones muy difíciles. Tres de ellos eran suicidas extremos. Pasaba horas cada día con estas personas intentando ayudarles a pasar por su situación. Había ocasiones en que me llamaban diciéndome que se iban a quitar la vida en ese momento. Recuerdo que una de estas personas llamó a las 2 de la mañana diciendo: "Tengo una pistola en mi cabeza en este momento y me voy a volar los sesos". Era una situación tensa, por decir poco.

Fue en esa ocasión que el Señor me reveló este concepto de liberar al Espíritu Santo a través de nuestras oraciones para que revoloteara sobre individuos, dándoles vida. Habló claramente estas palabras a mi corazón: *Si pasas una fracción de este tiempo liberando mi Espíritu Santo para que vaya y revolotee alrededor de ellos impartiendo vida como lo haces cuando hablas con ellos, verás el resultado muchas veces.*

¡Sé cuando me ofrecen un buen trato! Empecé a pasar un par de horas diarias orando por ellos. La mayoría de mis oraciones eran en el Espíritu. Simplemente decía: "Padre, te traigo a fulanito de tal delante de Ti en este momento, pidiendo que conforme oro el Espíritu Santo sea liberado para ir a revolotear alrededor de fulanito de tal, para que pueda llevar a Cristo". Luego solía empezar a orar en el Espíritu. Vi resultados inmediatos. La madurez vino rápidamente. Casi de la noche a la mañana las ataduras empezaron a caer. Ocurrieron victorias en sus vidas. Era algo notable.

¿Qué estaba sucediendo? El Espíritu Santo estaba siendo liberado a través de mis oraciones para revolotear —*rachaph, episkiazo*— alrededor de estos individuos, liberando el poder y la vida.

Liberando la lluvia del Espíritu

La Biblia también habla de otros dolores de parto. En 1 de Reyes 18, Elías oró fervientemente siete veces por lluvia. Se nos dice en este pasaje que la postura que tenía mientras oraba era la posición de una mujer, en aquella época, mientras daba a luz.

El simbolismo está claro. Elías tenía dolores de parto. Estaba dando a luz a algo. Sin lugar a dudas, la postura de Elías es un simbolismo de ello. ¿Por qué otra cosa nos daría Dios la posición en la que está orando? Y por favor no pierdan de vista la implicación de este pasaje. *Incluso cuando era la voluntad de Dios traer la lluvia y también era el tiempo de Dios el que lloviera, alguien en la tierra tenía que traerla a través de la oración.*

En este ejemplo, los dolores de parto liberaron lluvia literal. Podemos llevar la historia a su plena imagen simbólica y decir que nuestros dolores de parto liberarán la lluvia del Espíritu. Estoy seguro de que eso sería válido debido a la sequía ilustrada de la sequedad espiritual de Israel, y la lluvia ilustró la capacidad de Dios para bendecir nuevamente después de purgar la idolatría en la parte anterior del mismo capítulo.

Nuestras oraciones pueden y harán que el Espíritu Santo se mueva en situaciones donde posteriormente Él libera Su poder para dar vida. Nosotros tenemos parte en producir el revolotear del Espíritu Santo. El poder que creó el universo a través de Su "*rachaph-ing*" ha sido depositado en la Iglesia —mientras millones de personas, que no lo saben, esperan su nacimiento en el reino de Dios.

Al igual que Elías, debemos tomar nuestra posición creyendo que las oraciones de meros hombres pueden logar mucho. Debemos liberar el poder del Espíritu Santo a través de la intercesión para que éste revolotee y dé a luz el fruto de lo que Cristo ya ha hecho. Somos una parte integral del proceso de nacimiento del Padre en el reino de Dios.

Como dije cuando asesoraba a mi esposa, "¡Vamos Iglesia, *empuja!*".

Preguntas para reflexionar

1. ¿De qué manera hemos definido inadecuadamente los dolores de parto y cómo ha dañado esto nuestra intercesión?

2. Explica la conexión entre Génesis 1:1,2; Deuteronomio 32:10-18; Lucas 1:35 y los dolores de parto.

3. ¿Qué queremos decir cuando hablamos de "mover" el Espíritu Santo?

4. ¿Dónde y cuándo puede uno tener dolores de parto? ¿Por cuáles cosas puede uno tener dolores de parto? ¿Puedes pensar en una situación en la que Dios pudiera querer dar a luz a través de tus oraciones?

5. ¿Responde Dios a las oraciones?

Notas

1. *The Consolidated Webster Encyclopedic Dictionary* (Chicago: Consolidated Book Publishers, 1954), p. 749.
2. W.E. Vine, *The Expanded Vine's Expository Dictionary of New Testament Words* (Minneapolis: Bethany House Publishers, 1984), p. 110.

3. James Strong, *The New Strong's Exhaustive Concordance of the Bible* (Nashville: Thomas Nelson Publishers, 1990), ref. núm. 8414.

4. Spiros Zodhiates, *Hebrew-Greek Key Study Bible—New American Standard* (Chattanooga, Tenn.: AMG Publishers, 1984; edición revisada, 1990), p. 1790.

5. C.F. Keil y F. Delitzsch, *Commentary on the Old Testament, Volumen 1* (Grand Rapids; William B. Eerdmans Publishing, Co., reimpreso 1991), p. 48.

6. William Wilson, *Old Testament Word Studies* (Grand Rapids: (Kregel Publications, 1978), p. 175.

7. The Consolidated Webster Encyclopedic Dictionary (Chicago: Consolidated Book Publishers, 1954), p. 89.

8. Francis Brown, S.R. Driver, y Charles A. Briggs, *The New Brown-Driver, Briggs-Gesenius Hebrew and English Lexicon* (Peabody, Mass.: Hendrickson Publishers, 1979), p. 934.

9. Strong, *The New Strong's Exhaustive Concordance*, ref. Nú, 3205.

10. Idem., ref. núm 2342.

11. Idem., ref. núm. 1411.

12. Idem., ref. núm. 1982.

13. Joseph Henry Thayer, *A Greek-English Lexicon of the New Testament* (Grand Rapids: Baker Book House, 1977), p. 242.

14. Spiros Zodhiates, *The Complete Word Study Dictionary* (Iowa Falls, Iowa: Word Bible Publishers, 1992), p. 1366.

15. Vine, *The Expanded Vine's Expository Dictionary*, p. 268.

16. Craig Brian Larson, *Illustrations for Preaching and Teaching* (Grand Rapids: Baker Book, 1993), p. 165. Adaptado.

Capítulo nueve

Pro luchadores

El hermano maravilloso y su intérprete

¡Resistid al diablo y huirá de vosotros! ¿Cuántos de ustedes le hablan al reino de la tiniebla de vez en cuando? —pregunté con la voz de predicación más ungida que tenía.

Estaba en mi papel. Predicando como un huracán, como lo decimos en Ohio donde crecí. Acababa de salir de la escuela bíblica y me sentía como la última edición de Dios de la "Fraternidad del hermano maravilloso de los transformadores del mundo internacional". Tenía a las personas justo donde las quería —siguiendo cada una de mis palabras. ¡Si mamá me pudiese haber visto en ese momento! Ella y Dios probablemente me podrían haber hallado un lugar a la diestra del Señor —junto a Juan y Santiago.

El único problema era que estaba en Guatemala predicando a través de un intérprete.

—¿Y cuál es el problema? —podrías preguntar.

Que mi intérprete no parecía compartir mi teología, y sus convicciones eran muy profundas. Me miró con indignación y me dijo sin titubear:

—¡Eso no lo voy a decir!

Sus palabras interrumpieron el flujo elocuente de mi predicación. —¿Qué? —le respondí.

—Que eso no lo diré.

—¿Qué quieres decir con que no lo dirás? Se supone que debes decir lo que yo diga.

—Pues no lo diré...

—¿Por qué no quieres decirlo?

—Porque no creo en ello.

—Pues la Biblia dice que lo hagas.

—¿En dónde?

—En Santiago 4:7

Ahora, recuerda que estamos frente a una iglesia llena de personas quienes están contemplando un intercambio verbal obviamente desagradable entre el "Hermano maravilloso" y su intérprete.

No me habían preparado para esto en la escuela bíblica. Conforme permanecía de pie y me preguntaba qué haría a continuación, ella empezó a buscar Santiago 4:7... Le tomó una eternidad encontrar el versículo. Luego lo leyó a la audiencia, al menos eso es lo que creo. Tal vez les estaba diciendo lo estúpido que era.

Intentamos continuar. Aunque no me permitió volver a citar ningún otro versículo. Si mencionaba alguno, se tomaba su tiempo para encontrarlo y leerlo, creo... Sin embargo, no me tomó mucho tiempo darme cuenta de que no conocía bien su Biblia así que empecé a parafrasear los versículos para que no los reconociera como parte de las Escrituras. Después de decir un versículo sin darse cuenta, la veía, sonreía y continuaba: "Eso se encuentra en...." En ese momento me veía con unos ojos muy poco espirituales.

Pero jamás volvimos a recuperar el flujo que habíamos tenido al principio.

Asiéndose de la victoria

La intercesión, según nuestra definición, involucra dos actividades muy diferentes. Una de ella es la *reconciliación*, y la otra es la *separación*. Una es *raer* —una desunión, la otra es *juntar algo* —una unión. Esto es lo que Jesucristo hizo a través de Su obra de intercesión, y es lo que nosotros hacemos conforme la continuamos. A la luz de esto, es importante que nos demos cuenta de que gran parte de nuestra intercesión debe ser una combinación de las dos cosas.

A menudo no es suficiente pedirle simplemente al Padre que haga algo, aunque este sea el concepto total que tienen de la oración la mayoría de los cristianos. Muchas veces es necesario acompañar nuestras peticiones de una "guerra" o "lucha" espiritual, haciendo que se cumpla la victoria del Calvario. Como dijo Arthur Mathews: "La victoria es un hecho culminado, pero se precisa de un hombre que se acoja a tal victoria y precipite una confrontación con el enemigo, y que le resista".[1]

Jack Hayford, en su libro *Prayers is Invading Impossible* (La oración está invadiendo lo imposible), dice:

> Ver ambas caras de Jesús es ver ambas caras de la oración. Es ver la necesidad de la compasión, cuidado, preocupación, de llorar con los que lloran, de simpatía, de gemir, por dolerse en lo profundo al sentir lo que transpira de las vidas humanas. Y es aprender cuál es el lugar y el momento de la ira, cuando vemos los engaños de Satanás destruyendo de una manera eficaz; de la indignación, cuando el programa del adversario viola el territorio que por derecho le pertenece a Cristo; del valor, cuando las huestes demoníacas anuncian su presencia; de ataque, cuando el Espíritu Santo estimula a avanzar.[2]

Como sucedió con mi intérprete en Guatemala, muchos no creen en la guerra espiritual. Estas personas creen que Jesús ya se hizo cargo del diablo y que nosotros no necesitamos preocuparnos al respecto. Otros creen que nuestras acciones, nuestra santa manera de vivir, la obediencia y supongo que otras cosas, atan al diablo, pero no nos dirigimos a él ni a sus demonios. Incluso otros creen que podemos dirigirnos a los espíritus malignos, pero sólo en las personas. Tales personas dicen, no podemos reprender a los demonios en un lugar o en una situación determinada.

Este libro no tienen como intención ofender a aquellos que no están de acuerdo, ni tampoco es para defender mi posición sobre el tema. Se necesitaría todo un libro —o tal vez varios— para probar de una manera adecuada la validez y los cómo de la guerra espiritual. Varios libros maravillosos se encuentran a nuestra disposición, los cuales defienden plenamente y explican este tema. He hecho un listado de varios de ellos en la bibliografía al final de este libro. Mi intención en él, es establecer una conexión absoluta entre la guerra espiritual y la intercesión —en especial, pero no limitándome— con la batalla por aquellos que no son salvos.

Paga involucra guerra

Para estar seguros de que existen los extremos. Recientemente escuché a alguien describir una caricatura. Ilustraba al diablo con 40 ó 50 piezas de cuerda alrededor de él y varios individuos próximos a él discutiendo la situación.

—¿Y ahora qué hacemos? —preguntó uno.

—¡Yo diría que lo volvamos a atar! —fue la respuesta de otro.

Aunque puede ocurrir un desequilibrio, es imposible separar la palabra intercesión, *paga*, de guerra. Se utiliza quince veces con este contexto.[3] Te digo enfáticamente, *la violencia y la guerra son la raíz del significado de esta palabra.* Se traduce de diferentes formas cuando se habla de guerra: "ataque", "caer sobre", "tirar", "golpear" e igualmente de otras formas (ver Jueces 8:21; 1 Samuel 22:11-19; 2 Samuel 1:11-16: La escena es la misma en todos los pasajes —el pueblo en batalla atacándose unos a otros). Escúchenme claramente: ¡*Paga* involucra una batalla!

Nuevamente, Jack Hayford dice: "Existe una manera de enfrentar lo imposible. *¡Invadiéndolo!* No con una plática suave dando grandes esperanzas. No con ira. No con resignación. No a través de un autocontrol estoico. Sino con violencia. Y la oración provee el vehículo para esta clase de violencia".[4]

Cuando intentamos separar la batalla de la intercesión, lo hacemos para nuestro propio daño. Se pierde mucho tiempo y energía tratando con los síntomas, cuando en muchas situaciones la causa real de los problemas es algo espiritual o demoníaco: "Porque no tenemos lucha contra sangre y carne, sino contra principados, contra potestades, contra los gobernadores de las tinieblas de este siglo, contra huestes espirituales de maldad en las regiones celestes" (Efesios 6:12). Debemos cuidar de no enfatizar demasiado a Satanás y a los demonios, pero aquí en los Estados Unidos erramos yéndonos al lado contrario. La mayoría de las personas se detienen en Efesios 6:12 después de las palabras: "porque no tenemos lucha".

La ignorancia cobra un gran precio

Nuestra ignorancia sobre Satanás y sus tácticas, al igual de cómo tratar contra esto, nos cuesta un gran precio. Segunda de Corintios 2:11 nos dice: "Para que Satanás no gane ventaja alguna sobre nosotros; pues no ignoramos sus maquinaciones". El contexto es el perdón, pero en este versículo también se revela un principio general.

La palabra "ignorancia" es la palabra griega *agnoeo*. Significa sin conocimiento o sin comprensión de.[5] La palabra "agnóstico" se deriva de la misma. Técnicamente, un agnóstico no es una persona que está insegura con respecto a su creencia de Dios. Actualmente utilizamos la palabra de esta manera; pero de hecho, un agnóstico es una persona que no sabe o que no comprende, sin importar de que se esté hablando. También obtenemos de la misma raíz la palabra "ignorar". En este versículo se nos ruega que no ignoremos o que no seamos agnósticos —sin comprensión— en lo que se refiere al diablo.

"Maquinaciones" es la palabra *noema*. Literalmente significa "pensamiento".[6] Lo que este versículo dice esencialmente es: "No ignoréis la manera de pensar de Satanás". *Noema* también ha llegado a significar "planes, maquinaciones, complots, artificios" debido a que estas cosas nacen en los pensamientos de la mente. Para tener una idea más amplia, insertemos todas estas palabras en el versículo: "No estéis sin comprensión con respecto a la manera en que vuestro enemigo piensa u opera —ni sus planes, complots, maquinaciones y artificios". ¿No hay también una promesa sutil en todo esto? Si Dios sugiere que no seamos ignorantes de las maquinaciones de Satanás, Él debe estar dispuesto a revelárnoslas.

¿Y si no somos conscientes de sus maquinaciones? Él ganará "ventaja" sobre nosotros. La palabra es *pleonekteo*, la cual es una palabra compuesta que significa literalmente "tener o sostener la porción mayor" (*pleon* —"la porción mayor"; *echo* —"tener o sostener").[7] Es sencillo ver por qué esta es una de las palabras para "deseo". También significa "llegar más allá".[8]

En boxeo, la persona que tiene un alcance mayor lleva la "ventaja" y generalmente acierta más golpes. La palabra también se traduce como "obtener una ganancia"; Satanás obtiene muchas ganancias de aquellos que no están conscientes de su manera de actuar. Bullinger dice que significa "hacer una presa de, o engañar".[9]

Unamos estas definiciones: "En el grado en que seamos ignorantes de la manera en que piensa u opera el adversario —sus planes, complots, maquinaciones y artificios— en ese mismo grado sacará ganancia de nosotros, nos hará su presa, nos engañará con respecto a lo que nos pertenece y tendrá o sostendrá una posición mayor".

¿Una mayor porción de qué? ¡De lo que sea! De nuestro hogar, matrimonio, familia, comunidad, dinero, gobierno, nación, etcétera.

Hace veinticinco años la iglesia de los Estados Unidos no tenía comprensión de lo que Satanás estaba planeando, y obtuvo una mayor porción de nuestras escuelas. Lo mismo se podría decir de nuestro gobierno.

¿Alguna vez se han aprovechado de ti? ¿Alguna vez te ha tocado la porción más pequeña? Cuando estudiaba en la escuela bíblica nos ideamos una manera de "iluminar" a los superespirituales que pensaban que era necesario interceder por el mundo mientras se daban las gracias por la comida. Ellos ignoraban nuestras maquinaciones cuando les pedimos orar por la comida. Mientras ellos iban por el mundo, ¡nosotros gozábamos de una porción mayor de su comida! Fue una verdadera prueba de su espiritualidad. (Estoy profundamente avergonzado de esta práctica abominable en mi pasado y jamás lo haría en la actualidad. Pero para aquellos que piensan que deben interceder mientras se ora por la comida, ¡guárdense la intercesión para cuando estén a solas!).

En primera de Tesalonicenses 2:18 se aprovecharon de Pablo. Satanás ganó sobre él *(pleonekteo)* en la guerra por la expansión del evangelio: "Por lo cual quisimos ir a vosotros, yo Pablo ciertamente una y otra vez; pero Satanás nos estorbó". Sabemos que Pablo ganó más batallas de las que peleó. Pero era humano y en ocasiones Satanás tenía éxito al estorbar sus planes. Por favor fíjense que no dice que Dios cambiara de opinión con respecto al lugar al que Pablo tenía que ir. Claramente dice que Satanás le estorbó. Aquellas personas que quieren que pensemos que Satanás no pude hacer nada excepto aquello que Dios permite, y que deberíamos de ignorarlo, deberían releer estos dos versículos. Dios no ignora al diablo ni tampoco deberíamos de hacerlo nosotros. Y ciertamente Satanás hace muchas cosas que Dios no le "permite" hacer.

El único sentido en el que se puede decir que Dios permite todo lo que sucede en la tierra es en el sentido de que Él creó las leyes y los principios —sembrar y cosechar, causa y efecto y la voluntad libre de los humanos— las cuales gobiernan la tierra. Sin embargo, nosotros implementamos estos principios y determinamos mucho de lo que cosechamos y experimentamos. Satanás, también, comprende estas leyes y las utiliza para su provecho cuando le es posible.

Prevalecen las maquinaciones
ocultas de Satanás

Escuché a un ministro en Tulsa, Oklahoma, contar sobre la liberación de una persona por quien él había orado durante mucho tiempo. Parecía que esta persona jamás podría alcanzar una estabilidad en su vida o en su andar con el Señor. Encontraba un trabajo, y rápidamente lo perdía, andaba con el Señor durante un tiempo, y luego se alejaba. Este círculo se repetía una y otra vez sin que ninguna cantidad de oración pareciera hacer una diferencia.

Un día, conforme el ministro oraba por este joven, el Señor le mostró una imagen de tres demonios que le seguían a donde quiera que iba. No estaban dentro de él, pero siempre estaban presentes para influenciarle. El ministro vio los nombres sobre cada demonio, describiendo sus actividades. Uno por uno fue atándolos en el nombre de Jesús y ordenándoles que dejaran en paz a este joven.

A partir de ese momento, todo cambió. Llegó la estabilidad. Le siguió el éxito. Finalmente el joven se convirtió en un hombre de negocios rico al igual que en ministro. Y sigue andando con el Señor en la actualidad. Siempre es bueno y correcto pedirle al Padre que fortalezca y haga madurar a individuos, pero este hombre necesitaba algo más: alguien que ejerciera la autoridad y llevara a cabo la liberación. Su inestabilidad eran los síntomas de la influencia demoníaca contra la cual no era lo suficientemente fuerte para vencerla por él mismo. Satanás llevaba la ventaja y mientras sus maquinaciones permanecieron ocultas, él prevaleció.

Aunque algunas cuestiones sobre la batalla espiritual están abiertas al debate —ciertamente es un área subjetiva— otras de ellas son seguras:

- Nos encontramos en una guerra real (ver 2 Corintios 10:4; 1 Timoteo 1:18).

- Somos soldados en esta guerra (ver Salmo 110:2,3; 2 Timoteo 2:3,4).

- Debemos luchar contra todos los niveles del reino de las tinieblas (ver Efesios 6:12).

- Debemos resistir al diablo (quien en la mayoría de las ocasiones serán los demonios) y él huirá de nosotros (ver Santiago 4:7; 1 Pedro 5:9).

- Tenemos que aplastar a Satanás y a sus demonios (por ejemplo: ejercitar autoridad sobre ellos —ver Lucas 10:19; Romanos 16:20).

- Tenemos que echar fuera a los demonios (ver Marcos 16:17).

- Tenemos la autoridad para atar (prohibir) y desatar (permitir) cuando tratamos con los agentes y las puertas del infierno (ver Mateo 16:19).

- Tenemos armas poderosas diseñadas para vencer al reino de las tinieblas (ver 2 Corintios 10:4; Efesios 6:10-20).

Esto de ninguna manera es una amplia lista de las Escrituras sobre la batalla. Para estar más seguros, Dios no nos da fórmulas detalladas para realizar los actos de batalla previamente mencionados. Dios no tiene fórmulas en ninguna área de las verdades bíblicas. A Él le interesan las relaciones y nos da principios que deben ser aplicados conforme el Espíritu Santo nos guía.

Por ejemplo, el Señor no nos da una fórmula en particular para una reunión de adoración. No es importante que adoremos exactamente de la misma manera, sino que adoremos. No nos da fórmulas exactas para el gobierno de la iglesia o para colocar pastores. Cada rama del Cuerpo de Cristo parece hacerlo de una manera diferente. Lo que importa no es que nos gobernemos de igual manera, sino que tengamos un gobierno piadoso.

No estoy implicando que los absolutos no existan en las Escrituras; simplemente estoy diciendo que aparecen rara vez en el área de los métodos. No hay nada sagrado o profano en los métodos. Lo importante es que andemos según la revelación de las Escrituras que se nos han dado, y que hagamos esto por medio de la dirección del Espíritu Santo. Él es el único que sabe exactamente lo que se necesita en cada situación.

Sé un luchador profesional

De la misma manera, en la batalla espiritual la cuestión no es tanto como luchamos, sino que luchemos. Ninguna de estas declaraciones sobre la guerra son defensivas en su naturaleza. Todas ellas son ofensivas. Debemos tratar agresivamente con las fuerzas de las tinieblas cuando surja la oportunidad o el desafío. Se utiliza cinco veces la palabra "contra" en Efesios 6. La palabra griega es *pros*, la cual es una forma fuerte de *pro*.

Pro significa "en frente de",[10] ya sea literal o figurativamente (en el sentido de superior a). Actualmente en el mundo utilizamos el concepto "profesional", o en su forma abreviada "pro". Un atleta profesional es alguien que se encuentra "en frente de" o es "superior a" los demás. *Pros* también tiene la connotación de dar un paso hacia adelante y hacerle frente a algo o a alguien.[11] El simbolismo en este pasaje de Efesios es el de un luchador que va hacia adelante y está encarando a su oponente. Dios nos está diciendo: "Da un paso hacia adelante y enfrenta a los poderes de las tinieblas. Sé un luchador profesional".

No seas como el fisiculturista que fue de visita a África, a quien el jefe de una aldea preguntó qué era lo que hacía con sus músculos. El fisiculturista pensó que una exhibición sería la mejor forma de explicarlo, así que empezó a flexionar sus pectorales, muslos, bíceps y tríceps, demostrando cómo actuaba en una competencia. Después de admirar a este sorprendente espécimen por algunos momentos, el jefe preguntó:
—¿Para qué otra cosa los utilizas?

—Únicamente para esto —respondió el musculoso hombre.

—¿Sólo para esto utilizas los músculos? —reiteró el jefe.

—Sí.

—Qué desperdicio —murmuró el jefe con disgusto—. Qué desperdicio.

Muchos de nosotros somos como este fisiculturista. Somos fuertes en el Señor, estamos bien equipados para tratar con nuestro adversario, pero jamás utilizamos nuestras fuerzas ni nuestras armas. ¡Súbete al cuadrilátero!

Conforme esperamos en el Señor, Él nos mostrará cuál es la estrategia o método de guerra que debemos utilizar. Dios es un Dios de relaciones. Él es un Padre que está enamorado apasionadamente de Su familia y hace una prioridad del amor sobre el trabajo. Es el aspecto de la relación en nuestro andar con Cristo lo que nos prepara para el aspecto de la guerra.

La devoción a Cristo: El trampolín para todo

Es interesante, incluso paradójico, pero cierto, que la guerra a menudo nace en la adoración. *De nuestra espera surge la guerra.* Es la sencillez y la pureza de la devoción a Cristo lo que debe ser el trampolín de todo lo que hacemos. "Pero temo que como la serpiente con su astucia engañó a Eva, vuestros sentidos sean de alguna manera extraviados de la sincera fidelidad a Cristo" (2 Corintios 11:3).

Por profunda que sea nuestra revelación en cualquier otra área de la verdad no disminuye la necesidad de tener una sencilla y pura devoción hacia Cristo. De hecho, eso hace que tal revelación aumente. Cuanto más grande sea un árbol, sus raíces deben ser más profundas. De la misma manera, entre más nos expandamos hacia arriba y hacia afuera a los aspectos multi-dimensionales del Reino, más debemos permitir que el efecto de descomposición de nuestra relación con Cristo profundice.

El contexto de 2 Corintios 11:3 es engañoso. En el grado en que Satanás pueda distraernos de nuestra relación con

Cristo, va a ser el grado de engaño en el que estemos, sin importar las demás revelaciones en las que andemos.

Quiero mencionar tres palabras del Antiguo Testamento que se utilizan para "esperar" en el Señor, cada una de las cuales tiene un matiz diferente. La primera es *dumiyah*, la cual significa esperar silenciosamente con una confianza acallada.[12] El pensamiento transmitido es una confianza fuerte, tranquila y callada en el Señor. David dijo en el Salmo 62:1,2: "En Dios solamente está acallada mi alma; De Él viene mi salvación. Él solamente es mi roca y mi salvación; es mi refugio, no resbalaré mucho".

La segunda palabra, *chakah* significa "adherirse a" o "desear".[13] "Nuestra alma espera a Jehová; Nuestra ayuda y nuestro escudo es él" (Salmo 33:20). Esto es lo que David sitió cuando dijo: "Mi alma tiene sed de ti" (ver Salmo 42:2; 63:1). Él tenía *chakah* —deseaba la compañía de Dios.

La tercera palabra *qavah* significa "esperar... con ansiosa expectación".[14] También significa "atar algo doblándolo" o trenzándolo.[15] El pensamiento principal, entonces, de *qavah* es "ansiosa expectación y unidad; una unión, entrelazar". Los siguientes versículos son un ejemplo de esto:

Aguarda a Jehová; esfuérzate, y aliéntese tu corazón; sí, espera a Jehová.

Salmo 27:14

Pero los que esperan a Jehová tendrán nuevas fuerzas; levantarán alas como las águilas; correrán, y no se cansarán; caminarán, y no se fatigarán.

Isaías 40:31

Resumamos los tres significados colocándolos juntos. "Esperando acalladamente con una confianza fuerte y tranquila, deseando Su presencia y esperándole ansiosamente —porque sabes que se mostrará— anticipando y experimentando la unidad resultante conforme el corazón de los dos se entrelaza" ¡Aleluya!

El Salmo 37:7,9,34 demuestra como el esperar en el Señor se puede relacionar con la guerra:

> *Guarda silencio ante Jehová, y espera en él. No te alteres con motivo del que prospera en su camino, por el hombre que hace maldades... Porque los malignos serán destruidos, pero los que esperan en Jehová, ellos heredarán la tierra... Espera en Jehová, y guarda su camino, y él te exaltará para heredar la tierra; cuando sean destruidos los pecadores, lo verás.*

Esperar en el Señor acarrea la habilidad de poseer nuestra herencia. "Heredar" es la palabra *yaresh*, que también se traduce "poseer" y significa "un heredero legal: una invasión militar para capturar".[16] Aquellos que esperan en el Señor heredan y poseen —¡la adoración y la guerra! Es como cuando David esperaba en el Señor, anhelándole, adorándole, escribiéndole canciones ¡y al momento siguiente se levantaba, cogía a un león por la melena y le cortaba la cabeza! Hacer la guerra y ganar nacían en la adoración y en la espera.

Viéndose bien. Careciendo de unción

Cuando María estaba sentada a los pies del Señor y Marta estaba atareada en la cocina (ver Lucas 10:40), el pasaje dice que Marta estaba preocupada con los quehaceres. La palabra "preocupada" es la palabra *perispao*. Literalmente significa "arrastrar en círculo".[17] La palabra "quehaceres" es la palabra del Nuevo Testamento para "ministerio" —utilizaríamos la misma palabra para una persona en el ministerio. Incluso el ministerio por Jesús se puede convertir en un peso que arrastramos.

La guerra espiritual y la oración en general pueden llegar a ser un peso que andamos arrastrando. A menudo pierden su vida, se convierten en un legalismo y en una rutina —algo que se requiere y se soporta. Estamos tan ocupados *por* Él, que no tenemos tiempo para estar *con* Él. Estamos arrastrando en círculo nuestro ministerio, no vamos a ningún lado y no logramos nada por el Reino de Dios.

Hace varios años estaba pasando por una etapa difícil de mi vida. Al Straarup, un querido amigo, me llamó y me dijo:

—Esta mañana estaba orando por ti junto con un amigo y Dios le dio una visión.

Yo pensé: *Gracias, Jesús. Aquí viene mi respuesta...*

Él continuó: —Había un círculo en la tierra. (Estaba listo para recibir una gran revelación —¡el círculo en medio de otro círculo o algo parecido!) —Y tú caminabas dentro de dicho círculo.

—¿Sí?... ¿Sí? —respondí.

—Eso es todo. Únicamente caminabas en círculo —me dijo.

—¿Esas son las palabras para mí de parte de Dios? —le pregunté.

—Sí, eso es todo. Lo siento —me respondió."

Colgué el teléfono y dije: —Creo que es cierto. Eso es lo que estoy haciendo, Señor —caminar en círculo... ocupado, pero sin ir a ningún lado.

Me salí de ese remolino y pasé a la presencia del Señor. Dejé de caminar y empecé a esperar.

Jesús miró a Marta y le dijo: "...María ha escogido la buena parte, la cual no le será quitada" (ver Lucas 10:42). La "buena parte" es la palabra *agathos*. Es contrastada con otra palabra en griego para "bueno" —*kalos*, la cual significa que algo es "constitucionalmente bueno"[18] o, en otras palabras, está hecho bien. Pero *kalos* no implica necesariamente una utilidad o beneficio práctico. Puede verse simplemente bien. No hay nada de malo en ello, pero puede no tener ningún propósito práctico.

*Debemos esperar en Su presencia y permitir que
todo ministerio, incluyendo nuestra guerra,
nazca de nuestra relación con Él.*

Por otro lado, *agathos* —la palabra para la "buena parte"
que escogió María— es una palabra que significa "bueno y
con ganancia; útil; beneficioso".[19] A menudo se traduce como
"buenas obras". El Señor está diciendo: "Si te pasas el tiempo
esperando en Mí, y sentado a Mis pies, esto pondrá algo en ti.
No sólo te verás bien, sino que también servirás para algo". A
menudo nos vemos bien, pero carecemos de unción. Debemos
esperar en Su presencia y permitir que todo ministerio, incluyendo nuestra guerra, nazca de nuestra relación con Él.

El tiempo, las condiciones y los métodos de Dios

Esperar en el Señor evitará que favorezcamos al mal. Nuestra
respuesta no es para el diablo. No hacemos nada mediante sus
condiciones, ni hacemos nada con respecto a su tiempo. Dios
elige el momento y las condiciones de la batalla. Él le dijo a
Josué en Jericó (ver Josué 6), conforme estaba postrado en
adoración: "Siete días, Josué. Ni un momento antes. No hagas
nada hasta que Yo te lo diga". Dios estaba diciendo: "Yo elijo
el momento de la batalla".

Dios también eligió las condiciones. "No tomes prisioneros, sólo Rahab se salvará. Lo demás me lo darás a Mí. Yo
elijo las condiciones —tú no las eliges, Satanás tampoco, ni
ningún otro—. Si haces las cosas a Mi manera, siempre
ganarás. Haz las cosas a la manera del diablo y te encontrarás
caminando en círculos". Dios eligió el tiempo, las condiciones y el método. La guerra no es una reacción de respuesta
sino una acción responsable. Debe nacer de la obediencia y
no de la necesidad. Seguimos a nuestro Capitán y no a nuestro
enemigo.

El Señor le dijo a David que saliera a la batalla cuando el viento soplara en las copas de los árboles, y que no lo hiciera sino hasta ese momento (ver 2 Samuel 5:24). Dios le dijo a Saúl que esperara siete días para que viniera Samuel y ofreciera los sacrificios (ver 1 Samuel 13:8-14). El enemigo había acampado cerca de ellos y el pueblo se estaba poniendo nervioso, así que finalmente Saúl dijo: "Tendré que ofrecer este sacrificio yo mismo —hacerlo a mi manera— porque tenemos que continuar con la batalla". Samuel vino inmediatamente después del sacrificio y le dio la perspectiva de Dios: "Lo echaste a perder, Saúl, y el reino te será quitado y le será dado a alguien que sea conforme a mi corazón. No puedo tener un guerrero o líder que sea reaccionario —que dirija a las personas según su propia sabiduría e ideas. Tiene que hacerse a Mi manera. ¡Tienes que esperar en Mí!".

En ocasiones, Dios puede decir que la adoración es la clave, como lo fue para Josafat en el campo de batalla (ver 2 Crónicas 20:1-30) y para Pablo y Silas en la cárcel (ver Hechos 16:16-36). Conforme ministrábamos en las calles de Mardi Gras hace varios años, el Señor nos dirigió en una ocasión, a doscientas personas fuertes, para que marcháramos silenciosamente por las calles. Un sorprendente temor del Señor y la presencia de Dios empezó a sentirse por toda el área. El Señor había establecido Su asombrosa presencia y había silenciado a sus enemigos. Un silencio literal llenó las calles.

Sin embargo, en otra ocasión nos dirigió para que marcháramos por la calle Bourbon cantando la conmovedora canción de adoración "Emmanuel" de Bob McGee. En esta ocasión un espíritu de convicción empezó a moverse por las calles conforme cantábamos esta poderosa canción que habla del verdadero destino de la humanidad. Al igual que anteriormente, se hizo un silencio. Parecía como si el Señor se hubiese puesto completamente al mando. En una intersección, que estaba cerrada para ser utilizada únicamente por peatones, nos reunimos en círculo poniéndonos de rodillas y continuamos cantando. Conforme nos arrodillamos para seguir adorando, un hombre literalmente corrió hacia nuestro círculo, clamando que quería conocer a Dios.

¡Esa es la guerra por medio de la alabanza! También es intercesión *(paga)* —atacar al enemigo. Conforme Cristo es colocado en Su trono a través de la adoración, Satanás es destronado en los lugares celestes (ver Salmo 22:3; 149:5-9). Conforme exaltamos al Hijo, bajamos a la serpiente.

La estrategia del Espíritu Santo en otras ocasiones puede ser el amor —actos de amabilidad, dar, perdonar. Yo formé parte de una ceremonia de reconciliación en Confluence Park en Denver, Colorado, el 12 de noviembre de 1992, entre nativos americanos y varios europeos americanos. De hecho, fui el maestro de ceremonias de la reunión auspiciada por la Coalición de Reconciliación, un ministerio dirigido por Jean Stephenson.

La estrategia en realidad fue muy sencilla: arrepentirse y pedir perdón por robarles sus tierras, romper los pactos y asesinar a sus ancestros. Cuando uno de ellos, de parte de su pueblo, nos extendió el perdón y nos dio la bienvenida a esta tierra, *algo se rompió en el terreno espiritual*. Era un día frío y triste, pero en el momento en que pronunció esas palabras el sol irrumpió a través de las nubes y brilló sobre nosotros. Ese día marcó el inició de una gran obra de reconciliación entre estos dos grupos étnicos. ¿Por qué? Nuestro acto de humildad y amor, junto con el suyo, también era un acto de guerra que derribó fortalezas en el terreno espiritual... La guerra a través de la humildad... Amor violento. Paradójico, ¿no creen?

En otras ocasiones el Espíritu Santo puede dirigir a una persona a que se una a otras y estar de acuerdo en romper la columna del enemigo. John G. Lake, un misionero a Sudáfrica durante la primera mitad de este siglo, cuenta la historia de una epidemia de fiebre que en una sola noche azotó una porción de Sudáfrica. La devastación fue tal que en un mes murió la cuarta parte de la población de esa región. No había suficientes ataúdes para suplir las necesidades y las personas eran enterradas en cobijas, tan grande era la devastación.

Lake cuenta sobre un poderoso intercesor que empezó a orar. Durante algún tiempo —de día y de noche— se colocó debajo de un árbol y oró en contra de la plaga. En varias ocasiones Lake le preguntó al hombre: —¿Está teniendo éxito?

Él le respondía: —Aún no. Pero un día le dijo a Lake: —Hoy siento que si tan sólo tuviera un poco de ayuda en mi fe, mi espíritu penetraría.

Lake se puso de rodillas y se unió al hombre en oración. Lo que sucedió a continuación es asombroso. Está grabado con las mismas palabras de Lake:

> Conforme oramos, el Espíritu del Señor llenó nuestras almas y en el momento me encontré, no de rodillas debajo del árbol, sino alejándome gradualmente del mismo... Mis ojos se abrieron poco a poco, y fui testigo de una escena que jamás había visto —¡una multitud de demonios como un rebaño de ovejas! El Espíritu también había venido sobre el hombre, y él corrió delante de mí, maldiciendo al ejército de demonios, conforme eran llevados de vuelta al infierno, o al lugar de donde vinieron. Amados, a la mañana siguiente cuando nos despertamos, la epidemia de fiebre se había acabado.[20]

Un tiempo para gritar

Es verdad, hay un tiempo para la guerra espiritual agresiva y violenta dentro de la intercesión. Comprendo que muchos se retractarán de tal extremo de acción en la oración —correr y gritarle al enemigo. Sin embargo, existe tal momento para esa intensidad espiritual. Más de una vez me he encontrado gritándole a las potestades espirituales o a las montañas de adversidad mientras he estado intercediendo. No soy lo suficientemente ignorante, espiritualmente hablando, para creer que se requiere de cierto nivel de volumen para reprender a las fuerzas demoníacas, pero las Escrituras dan cabida a esto e incluso sugieren que, en ocasiones, desatan algo en el Espíritu:

- Zorobabel le gritó gracia a un monte (ver Zacarías 4:7).

- Israel le gritó a Jericó (ver Josué 6:16).

- El ejército de Gedeón gritó antes de la batalla (ver Jueces 7:20).

- Jesús gritó en la cruz (ver Mateo 27:50).

- Israel gritó cuando el Acta del Pacto los dirigía a un nuevo lugar: Levántate, oh Jehová, y sean dispersados tus enemigos (ver Números 10:35; Salmo 68:1).

No estoy intentando empezar la "Primera Iglesia de los Guerreros Gritones", pero sí estoy intentando demostrar que la guerra, incluso la guerra intensa y algunas veces fuerte, es válida. Joás, el rey de Israel, fue reprendido y sufrió la derrota por la escasez de intensidad espiritual al atacar con las flechas (ver 2 Reyes 13:14-19).

En otras ocasiones, la estrategia del Señor puede ser simplemente hablar la Palabra como si fuese una espada o hacer declaraciones con bases bíblicas en una situación. Cuando es dirigida por el Espíritu Santo, esta estrategia es devastadora para el enemigo.

En una ocasión estaba intentando mediar paz entre tres partes. La circunstancia había llegado a un punto potencialmente violento, y una de las partes me había asegurado que a la mañana siguiente iba a llegar a la violencia física. Sabía que lo haría y que alguien saldría lastimado y otros terminarían en la cárcel. Estuve despierto orando hasta tarde, rogándole a Dios que detuviera esto cuando, alrededor de las 2 de la mañana, el Señor me sorprendió con estas palabras: *¿Por qué me estás pidiendo que haga esto? Ya sabes cual es Mi voluntad en esta situación. Y el problema está siendo causado por un espíritu de ira y violencia. ¡Átalo! Declara Mi Palabra y voluntad en esta situación.*

Lo hice y me fui a la cama. A la mañana siguiente, por una razón "inexplicable", sin ninguna discusión, todos tuvieron un cambio de actitud. La paz y la armonía gobernaban aquello que la noche anterior había estado marcado por la violencia y la ira. ¿Qué había sucedido?

Sucedió *paga*.

Sucedió el calvario.

Sucedió el Salmo 110:2: "Jehová enviará desde Sion la vara de tu poder; domina en medio de tus enemigos".

Tomando y asegurando nuestra heredad

Es necesaria una palabra de advertencia en este momento. Conforme nos involucramos en la guerra espiritual, es imperativo que recordemos que no estamos intentando derrotar al diablo. Ya está derrotado. No lo volvemos a derrotar, nosotros representamos la victoria de la Cruz. Todo lo que hacemos en nuestras oraciones de intercesión debe ser una extensión de lo que Cristo hizo a través de Su obra intercesora.

Cristo *paga* al diablo. Él le atacó y aplastó su señorío sobre la tierra (ver Génesis 3:15). La palabra hebrea que se utiliza para "cabeza" en este versículo, *rosh*, está hablando de señorío o autoridad.[21]

El Salmo 2:9, hablando proféticamente de Cristo, dice: "Los quebrantarás con vara de hierro; como vasija de alfarero los desmenuzarás". La herida de Génesis 3:15, y el quebrantamiento y desmenuzado del Salmo 2:9 tienen esencialmente el mismo significado: Romper algo en pedazos y esparcirlo. Cristo rompió y desmenuzó el señorío de la serpiente como un cristal roto. Fue una derrota total.

Pero lo que hizo Cristo, nosotros debemos liberarlo y hacer que se cumpla. Lo que Él nos ha provisto, debemos tomarlo por fe con las armas espirituales. A Timoteo se le dijo en 1 Timoteo 6:12: "Pelea la buena batalla de la fe, echa mano de la vida eterna, a la cual asimismo fuiste llamado, habiendo hecho la buena profesión delante de muchos testigos". Timoteo ya tenía la vida eterna, sin embargo se le dice que "eche mano" de ella.

¿No te parece interesante? Puedes tenerla y no tenerla al mismo tiempo. Puede ser tuya sin que la poseas. La palabra es *epilambanomai* y significa "tomar"[22] algo. Como Israel en el Antiguo Testamento, a quien Dios le había dado su herencia, sin embargo no la había tomado, sucede lo mismo con nosotros. Su herencia no era necesariamente lo que poseía. La nuestra tampoco caerá automáticamente en nuestro regazo, de la misma forma que no le sucedió a ellos.

Moffat traduce el versículo: "Pelea la buena batalla de la fe, *asegura* esa vida eterna a la que fuiste llamado" (itálicas del autor). La traducción de *Wuest* dice: "Toma posesión de la vida eterna en la participación a la que has sido llamado".

De la manera en que uno toma y asegura un territorio durante la guerra, así debemos tomar y asegurar nuestra herencia en Cristo. ¿De quién la debemos tomar? ¡Ciertamente no de Dios! Debemos tomarla del mundo, la carne y el diablo.

Jack Hayford da una ampliación iluminadora de Mateo 16:18,19, basándose en lo que dice literalmente el texto griego:

> Cualquier cosa con la que te encuentres (de los consejos del infierno sobre los cuales he declarado que mi iglesia prevalecerá), tendrás que enfrentar la decisión de atarla o no atarla. Lo que transpire condicionará tu respuesta. Si de una manera personal y consciente te involucras en el acto de atar la cuestión en la tierra, descubrirás en ese momento futuro en que lo hagas, ¡que ya ha sido atado en el cielo![23]

¡Asombroso! Mucho depende de nuestra obediencia y acciones responsables. Nuestra heredad en Cristo no está garantizada ni es automática.

Ella dio un paso hacia adelante

Sue Doty compartió el siguiente testimonio con respecto a la guerra espiritual en su ciudad. ¡Ella dio un paso hacia adelante!

> Sentí que el Señor quería que yo, junto con un grupo de intercesores, fuera en una caminata de oración por una ruta específica, pero que eran necesarios algunos preparativos. Primero, hablé con mi pastor al respecto y luego manejé

por la ruta que yo sabía que debíamos hacer la caminata de oración. Conforme me acercaba a un teatro (una tienda de películas para adultos, tienda de videos y librería) el Espíritu Santo me empezó a dar instrucciones específicas. Me dijo que echara fuera los espíritus de pornografía y deseo, y así lo hice. También me dijo que orara en el Espíritu. Después de un tiempo breve fui liberada de la oración, y continué por el resto de la ruta antes de irme a casa.

Ese viernes el Señor me reveló lo que realmente había sucedido. Puse las noticias locales para escuchar que este teatro en particular había recibido la orden, por parte de la ciudad, de cerrar sus puertas. Al día siguiente de haber estado allí para orar, la ciudad realizó una inspección sorpresa. El teatro fue culpable de varias violaciones y sus puertas fueron cerradas de inmediato.

Lo que fue notable es que la ciudad ya había inspeccionado el edificio poco tiempo antes y había pasado la inspección. Pero sin advertencia, y aparentemente sin ninguna razón, estaba siendo inspeccionado nuevamente. ¡Dios ya se había movido! El teatro reunía violaciones a los códigos y lo abrieron una vez más por un corto período antes de que un juez ordenara que lo cerraran durante un año. Ahora la propiedad se encuentra en venta.

Había tomado el curso de "Oración intercesora: La iluminación de Dios" por Dutch Sheets y sabía que se habían colocado muchos cargas en el muro, pero este era el tiempo *kairos* y el muro cayó bajo el poder de Dios.

Por "cargas" ella se refiere a la *dunamis* —dinamita— del Espíritu Santo sobre la cual enseño en el curso previamente mencionado.

Un quebrantamiento legal del señorío

"Pero, ¿por qué es necesaria la guerra si Cristo derrotó a Satanás y a los demonios? —pregunta mucha gente—. ¿No le quitó Cristo el poder, lo desarmó y destruyó sus obras? ¿No nos ha librado Él del poder de Satanás?"

La respuesta a estas preguntas yace en una comprensión exacta de lo que Cristo hizo realmente cuando derrotó a Satanás. La destrucción de Satanás no fue literal, sino mas bien un quebrantamiento legal de su señorío y autoridad. En ningún lugar de la Biblia dice que Cristo nos haya librado del poder de Satanás. Nos dice que nos liberó de su *exousia* —autoridad— o en otras palabras, el derecho de utilizar su poder sobre nosotros:

El cual nos ha librado de la potestad [exousia] de las tinieblas, y trasladado al reino de su amado Hijo.

Colosenses 1:13

He aquí os doy potestad [exousia] de hollar serpientes y escorpiones, y sobre toda fuerza [dunamis] del enemigo, y nada os dañará.

Lucas 10:19

Y despojando a los principados y a las potestades, los exhibió públicamente, triunfando sobre ellos en la cruz.

Colosenses 2:15

La palabra "despojando" es la palabra griega *apekduomai* y significa que Cristo se deshizo de los gobernantes y autoridades.[24] Ese es el modismo teológico para decir, "¡Barrió con ellos!"

El poder jamás será el tema a tratar entre Dios y Satanás. La autoridad fue la cuestión —la autoridad que Satanás obtuvo a través de Adán. Jesús no volvió a recuperar ningún poder, ni para remover el poder de Satanás. Vino para ganar nuevamente la autoridad que Adán había perdido con la serpiente y para quebrantar su señorío de la tierra. Satanás aún tiene todos los poderes inherentes y la capacidad que siempre ha tenido. Él "anda como león rugiente" (1 Pedro 5:8). Y, contrariamente a lo que algunos enseñan, aún conserva los dientes. Aún tiene "dardos de fuego" (Efesios 6:16). Si no crees esto, intenta andar sin tu armadura. Lo que él perdió fue el derecho (autoridad) de utilizar su poder en aquellos que hacen de Jesús su Señor. Sin embargo, Satanás es un ladrón y alguien a quien le gusta romper las leyes y utilizará su poder o habilidades sobre nosotros de cualquier manera si no comprendemos que a través de Cristo ahora tenemos la autoridad sobre él y su poder. *La autoridad es la cuestión*. El poder realiza el trabajo, pero la autoridad controla el poder.

Esta verdad está bien ilustrada en la batalla entre Israel y Amalec en Éxodo 17:8-13. En este famoso pasaje Moisés subió a lo alto de un collado con la vara de Dios en su mano mientras que Josué dirigía al ejército en la batalla. Mientras Moisés mantenía en alto la vara de Dios, Israel prevalecía; cuando la bajaba, Amalec prevalecía.

La victoria no se decidió por la fuerza o el poder del ejército de Israel. Si ese hubiera sido el caso, no hubieran perdido cuando la vara era bajada. Ni tampoco era una cuestión de actitud emocional —¡no veían a Moisés para inspirarse mientras estaban en un conflicto de cuerpo a cuerpo! Una batalla invisible en los lugares celestes de hecho fue la que decidió los resultados en el campo de batalla. Y cuando la vara, que representaba el gobierno o autoridad de Dios, era levantada por el líder autorizado de Israel, Josué y su ejército prevalecían. En otras palabras, no era el poder en el campo de batalla —aunque era algo necesario— lo que fue el factor decisivo, sino la autoridad sobre el collado. *La autoridad es la cuestión; el poder jamás lo ha sido*.

Acercándose al Padre

Un pensamiento final al presentar este tema de la guerra: Es importante saber que en nuestra lucha no debemos pelear contra Dios. No sé a ti, ¡pero a mí el sólo pensarlo me aterroriza! Los versículos que se utilizan más a menudo para enseñar que deberíamos de hacerlo, son Génesis 32:22-32 en donde Jacob lucha toda la noche con el ángel del Señor.

Muchos mensajes dinámicos se han predicado utilizando las palabras de Jacob como ejemplo de lo que deberíamos hacer en nuestras oraciones: "No te dejaré, si no me bendices" (ver vs. 26). Yo mismo lo he hecho.

Sin embargo, las Escrituras no presentan esta lucha como un ejemplo de la manera en que debemos orar. La razón por la cual duró tanto es (1) porque Dios lo permitió —el ángel podría haber colocado a Jacob en órbita si así lo hubiese querido. Una vez envió un ángel a destruir a un ejército (ver 2 Crónicas 32:21). (2) Dios y Jacob andaban tras cosas diferentes. Jacob quería protección contra Esaú; Dios deseaba un cambio en la naturaleza de Jacob.

Noten lo que, por encima, parece una pregunta ridícula que el ángel le hace a Jacob: "¿Cómo te llamas?" ¿No te parece extraño que en medio de la lucha empezaran a tener una conversación agradable intentando familiarizarse? Eso no era realmente lo que estaba sucediendo. Dios intentaba que Jacob reconociera la verdad sobre su naturaleza, la cual era descrita por medio de su mismo nombre. La traducción *Amplificada* demuestra esto claramente: "[El Hombre] le preguntó, ¿cómo te llamas? Y [sorprendido al darse cuenta, susurrando] dijo, ¡Jacob [suplantador, maquinador, tramposo, timador]!" (Génesis 32:27).

Eso era todo lo que el Señor necesitaba: revelación y confesión. De inmediato la gracia fue liberada y ocurrió un cambio en su naturaleza. Su nombre fue cambiado a Israel. Un estudio de Jacob a partir de este momento muestra la gran diferencia en su naturaleza.

"Pero Jacob prevaleció", podrían decir algunos.

Sólo perdiendo. La única manera de ganar una lucha con Dios es perdiendo. Si ganas, pierdes: si pierdes, ganas. La única manera de hallar nuestra vida es perdiéndola (ver Mateo 16:24-26; Lucas 9:23-25). Jacob perdió a Jacob y halló a Israel. ¡Qué derrota tan dulce!

Sin embargo, el punto de nuestro estudio es revelar que esta historia no es un ejemplo de cómo debemos pedirle a nuestro Padre celestial. Debemos acercarnos a Él con una confianza valiente (ver Hebreos 4:16), sabiendo que Él es nuestro Amigo y Padre. Debemos pedir "según Su voluntad" (1 Juan 5:14), y no intentar luchar con Él por algo que no quiere darnos. Somos colaboradores de Él (ver 2 Corintios 6:1), y no luchamos en Su contra. Vamos contra las puertas del infierno (ver Isaías 28:6; Mateo 16:18), no contra las puertas del cielo.

La persistencia en la oración es necesaria, pero no es para vencer la renuencia de Dios. Es vital saberlo y recordarlo. Es imposible pedir con fe, lo cual es un requisito, si una persona no cree que es la voluntad de Dios hacer lo que ella pide. Entonces, ¿por qué es necesaria la persistencia? Eso es para otro capítulo. ¡El que persevera, halla!

Sin embargo, el propósito de este capítulo es decir: *En ocasiones es necesaria una guerra o lucha en nuestra intercesión. Paga* incluye tal concepto y las Escrituras lo enseñan. Debemos hacerlo con equilibrio y comprensión, ¡pero *debemos hacerlo!* Ignorar a Satanás es abdicar por Satanás.

En el próximo capítulo aplicaremos este concepto de guerra en relación con los perdidos. Tenemos un papel vital que jugar en la liberación de los cautivos. ¡Ganemos algo del reino de las tinieblas!

Preguntas para reflexionar

1. ¿Cuáles son las actividades opuestas que generalmente se necesitan en la intercesión? ¿Por qué ambas son necesarias? ¿Refuerza esto el significado y uso de *paga*?

2. Explica 2 Corintios 2:11. ¿Cómo refuerza esto el hecho de que no debemos ignorar a Satanás?

3. ¿Puedes explicar la conexión entre adoración, esperar y guerra? ¿Cómo ilustra esto Josué? Similarmente, ¿qué ideas se pueden observar en María y Marta en referencia a esto?

4. ¿Por qué es necesaria la guerra espiritual si Cristo derrotó y destruyó los poderes de las tinieblas? Incluye comentarios sobre la diferencia entre autoridad y poder.

5. ¿Se supone que debemos luchar contra Dios en la oración? Explícalo.

6. Define la palabra *pro* en Efesios 6, comentando su conexión con la guerra espiritual.

7. ¿Por qué es importante elegir con cuidado a los intérpretes de predicaciones? (Pista: "Eso no lo digo")

Notas

1. R. Arthur Mathews, *Born for Battle* (Robesonia, Pa.: OMF Books, 1978), p. 113.
2. Jack W. Hayford, *Prayer Is Invading the Impossible* (South Plainfield, N.J.: Logos International, 1977; edición revisada, Bridge Publishing, 1995), p. 45, edición de 1977.
3. R. Laird Harris, Gleason L. Archer Jr., y Bruce K. Waltke, *Theological Wordbook of the Old Testament* (Chicago: Moody Press, 1980; Grand Rapids: William B. Eerdmans Publishing Co., edición revisada 1991), p. 715.
4. Hayford, *Prayer Is Invading the Impossible*, p. 5.

5. Ethelbert W. Bullinger, *A Critical Lexicon and Concordance to the English and Greek New Testament* (Grand Rapids: Zondervan Publishing House, 1975), p. 400.

6. Spiros Zodhiates, *Hebrew-Greek Key Study Bible —New American Standard* (Chattanooga, Tenn.: AMG Publishers, 1984; edición revisada, 1990), p. 1797.

7. Spiros Zodhiates, *The Complete Word Study Dictionary* (Iowa Falls, Iowa.: Word Bible Publishers, 1992), p. 1173.

8. James Strong, *The New Strong's Exhaustive Concordance of the Bible* (Nashvile: Thomas Nelson Publishers, 1990), ref. núm. 4122.

9. Bullinger, *A Critical Lexicon and Concordance*, p. 28.

10. Geoffrey W. Bromiley, *Theological Dictionary of the New Testament Abridged* (Grand Rapids: William B. Eerdmans Publishing Co., 1985), p. 935.

11. Strong, *The New Strong's Exhaustive Concordance*, ref. núm. 4314.

12. Idem. ref. núm. 1747.

13. Idem. ref. núm. 2442.

14. Harris, Archer, Waltke, *Theological Wordbook*, p. 791.

15. Strong, *The New Strong's Exhaustive Concordance*, ref. núm 6960.

16. Zodhiates, *Hebrew-Greek Key Study Bible*, p. 1733.

17. Strong, *The New Strong's Exhaustive Concordance*, ref. núm. 4049.

18. Zodhiates, *Hebrew -Greek Key Study Bible*, p. 1796.

19. Idem.

20. Gordon Lindsay, *The New John G. Lake Sermons* (Dallas: Christ for the Nations, Inc., 1979) pp. 29-30.

21. Strong, *The New Strong's Exhaustive Concordance*, ref. núm. 7218.

22. Joseph Henry Thayer, *A Greek-English Lexicon of the New Testament* (Grand Rapids: Baker Book House, 1977), p. 240.

23. Hayford, *Prayer Is Invading the Impossible*, p. 140.

24. Bullinger, *A Critical Lexicon and Concordance*, p. 731.

Capítulo diez

El hombre altivo

Quitando los velos

Una vez vi en la televisión un parto por cesárea. Era uno de esos canales educativos que nos muestran algunas de las cosas que necesitamos saber para sobrevivir en la vida. ¡Gracias a Dios por la televisión por cable!

También vi una cirugía plástica de la cara en el mismo canal. ¡Le pelaban la piel del rostro! Luego aspiraron un montón de celulitis. No sé qué clase de células serán esas, pero también aspiraron algo de grasa —eso sí sabía lo que era—. A mí me parecía que deberían haber dejado las células "ligeras" y aspirar las células de grasa, pero supongo que tenían una razón para hacer lo que hicieron. Las cosas que hacemos para vernos mejor. Créanme, ahora sé por qué se dice que la belleza sólo está en la piel.

El nacimiento del bebé fue lo que más me fascinó. Siempre supuse que cortaban la piel y brotaba el bebé. ¡No es así! Casi ponían fuera todo el interior de la pobre mujer. Tiraban y señalaban cosas que ni siquiera sabía que yo mismo tenía (!) —ovarios y cosas por el estilo. Cuando llegaron finalmente al bebé, era todo lo que podían hacer para sacarlo. No sé por qué se quedaba allí. Si hubiese visto lo que yo estaba viendo, hubiera querido salir de allí lo más rápido posible.

En fin, todos necesitamos educarnos en los puntos buenos de las cesáreas y de las cirugías plásticas. Y si vas a leer un libro de alguna persona, probablemente querrás saber que la persona está bastante versada en muchas áreas de la vida. ¡No necesitamos más autores tontos!

Espero que a estas alturas sepas que existe un método para mi locura y que de alguna manera —tal vez mínimamente— pero de alguna manera, esto se relaciona con la intercesión.

La Biblia dice que existe un velo que evita que los incrédulos vean claramente el evangelio:

> *Pero si nuestro evangelio está aún encubierto, entre los que se pierden está encubierto; en los cuales el dios de este siglo cegó el entendimiento de los incrédulos, para que no les resplandezca la luz del evangelio de la gloria de Cristo, el cual es la imagen de Dios.*

2 Corintios 4:3,4

Mis diccionarios me dijeron que "velo" significa "esconder, cubrir, envolver".[1] La palabra griega es *kalupsis*. Dicen que el interior de un árbol está velado o encubierto por la corteza, el interior de un cuerpo humano está velado o encubierto por la piel. ¡Lo comprendí de inmediato!

La palabra del Nuevo Testamento para "revelación" simplemente es *kalupsis* con el prefijo *apo* añadido —*apokalusis*. *Apo* significa "fuera o lejos",[2] así que literalmente una revelación es desvelar o descubrir. Conforme observaba aquellas operaciones, recibí una revelación del interior del cuerpo humano —al menos de una parte de éste.

El velo en el incrédulo

Este capítulo trata por completo de la guerra espiritual por los perdidos. Tal vez sea el capítulo más importante del libro. El propósito primario del capítulo anterior fue prepararnos para éste. Tenemos un papel que jugar en el levantamiento del velo de la mente de los incrédulos. Segunda de Corintios 10:4, el cual ampliaremos posteriormente, habla de fortalezas que forman parte de este velo, nosotros participamos en la destrucción de estas fortalezas. Las fortalezas no son demonios, son lugares desde los cuales gobiernan los demonios.

Veremos de cerca varias palabras de estos dos pasajes para obtener una mejor comprensión de lo que se está diciendo. El pasaje en 2 de Corintios 4:3,4 nos dice que existe un velo o cubierta sobre la mente de los creyentes que evita que vean con claridad la luz del evangelio. Es importante saber que *no ven el evangelio porque no pueden verlo. No lo entienden porque no pueden entenderlo.* Se les debe desvelar —deben tener una revelación.

Recientemente, estaba de visita con un hermano en Alaska, quien me contaba sobre un amigo a quien él le estaba testificando. Me dijo: —Es tal y como lo enseñas, Dutch. El hombre me dijo: 'Sé que hay algo de cierto en lo que me dices porque es obvio lo que ha hecho por ti. *Pero aún no puedo verlo por completo*' (itálicas del autor).

En el pasado siempre se me dificultaba comprender cómo algunas personas podían escuchar y rechazar unas presentaciones poderosas del evangelio. Ahora sé el porqué. Cuando lo "escuchan", no escuchan lo que yo dije, no ven lo que yo vi ni comprenden lo que yo entendí. Lo que los incrédulos escucharon fue filtrado a través de un sistema de creencias —un velo— que les hizo escuchar algo completamente diferente. El cuarto versículo de 2 de Corintios 4 afirma claramente esto: "...para que no les *resplandezca* la luz del evangelio de la gloria de Cristo, el cual es la *imagen* de Dios" (itálicas del autor). Sencillamente ellos no ven la misma "imagen" de Cristo que nosotros vemos. Verlo claramente es amarle y desearle. Describiremos algunos de los componentes de esta "fortaleza" con más detalle en este mismo capítulo. En este momento es imperativo establecer que realmente existe.

Una perspectiva distorsionada

Esta percepción distorsionada del incrédulo está muy bien ilustrada por la historia de una mujer, que iba conduciendo a solas hacia su casa una noche cuando vio a un hombre en una camioneta que la seguía. Llenándose de temor aumentó la velocidad, intentando perder a quien la perseguía, pero fue inútil. Luego se salió de la autopista y entró a una calle principal, pero la camioneta seguía detrás de ella, incluso pasándose los semáforos en rojo para no perderla.

Llena de pánico, la mujer entró a una gasolinera, salió del auto y entró gritando en la tienda. El conductor de la camioneta corrió hacia el auto, abrió la puerta trasera y levantó del suelo, detrás del asiento del conductor, a un hombre que estaba escondido allí.[3]

La mujer estaba huyendo de la persona equivocada. *¡Estaba huyendo de su salvador!* El conductor de la camioneta, estaba a la suficiente altura para ver detrás del asiento de ella y había sospechado que podía ser un violador y la estaba persiguiendo para salvarla, incluso poniendo en peligro su propia vida.

Al igual que esta mujer, la perspectiva de los incrédulos está distorsionada. Las personas huyen de la persecución de Dios quien intenta salvarlos de la destrucción. Aquellos que le conocemos nos damos cuenta de que amamos a Dios porque Él nos amó primero. Sin embargo, cuando los pecadores escuchan sobre un Dios de amor que sólo quiere su bien y que murió por dárselo, a menudo lo que ven es la promesa de las pérdidas y la carencia de realización.

Dejando que la luz penetre

La palabra "luz" en 2 de Corintios 4:4 es *photismos*, que significa "iluminación".[4] Es similar a otra palabra en Efesios 1:18, "alumbrado", la cual es la palabra *photizo* "dejar que la luz penetre".[5] Casi podemos ver las palabras "foto" o "fotografía" en estas palabras griegas; de hecho, se derivan de las mismas. ¿Qué es lo que sucede cuando tomamos una fotografía? La lente de la cámara se abre, deja entrar la luz, la cual trae una imagen. Si la lente de la cámara no se abre, no habrá ninguna imagen, sin importar lo bello que pueda ser el escenario o lo elaborado de la vista que contemplamos.

Lo mismo ocurre con las almas de los seres humanos. Y esto es exactamente lo que se dice en estos dos versículos de 2 de Corintios 4. Suena a lenguaje de fotografía. No importa lo glorioso que sea nuestro Jesús o lo maravilloso que sea nuestro mensaje, si el velo (lente) no es removido, no habrá una figura real (imagen) de Cristo.

Ah, algunas veces hacemos que las personas hagan la oración de salvación sin una verdadera revelación (desvelar), y generalmente no hay un verdadero cambio. Por ello es que menos del diez por ciento —he escuchado incluso cifras tan bajas como tres por ciento— de las personas que "se salvan" en los Estados Unidos se convierten en verdaderos seguidores de Cristo. La razón es que no existe un verdadero arrepentimiento bíblico, el cual sólo viene por medio de una revelación bíblica.

El arrepentimiento no significa "dar la vuelta e ir en otra dirección" —un cambio de dirección. Esa es la palabra griega *epistrepho*, a menudo traducida "convertido" o "dar la vuelta" y es el *resultado* del arrepentimiento. El arrepentimiento —*metanoia*— significa tener "un nuevo conocimiento o comprensión" —un cambio de mentalidad.

En el contexto bíblico el arrepentimiento es una nueva comprensión que proviene de Dios a través de un desvelamiento (revelación). Es revertir los efectos de la Caída a través de Adán. La humanidad eligió su propia sabiduría, su propia comprensión del bien y del mal, de lo correcto e incorrecto. La humanidad ahora necesita un nuevo conocimiento —de parte de Dios. Pablo dijo en Hechos 26:18 que él había sido llamado a "abrir los ojos" —alumbrar, desvelar, revelar, arrepentirse— *"para* que se conviertan *(epistrepho)*[6] de las tinieblas a la luz".

Información vs. revelación

Necesitamos entender —y me temo que la mayoría no lo hacen— la diferencia entre *información* y *revelación*. La información es algo de la mente; la revelación bíblica, sin embargo, involucra y afecta la mente, pero se origina en el corazón. El poder espiritual sólo se libera a través del conocimiento por revelación. La palabra escrita *(graphe)*[7] se debe convertir en la palabra viva *(logos)*.[8] Por ello incluso nosotros los creyentes no debemos leer únicamente sino que debemos meditar y habitar en la Palabra, orando como el salmista: "Abre mis ojos, y miraré las maravillas de tu ley" (Salmo 119:18). La palabra "abre", *galah*, también significa "desvelar o descubrir" —revelación.

La información puede llegar de una manera inmediata, pero la revelación normalmente es un proceso. Como lo demuestra la parábola del sembrador, todas las verdades bíblicas vienen en forma de semilla. Al principio de mi andar con el Señor, me frustraba porque las maravillosas verdades que había escuchado de grandes maestros no daban resultado en mí. Cuando escuché las enseñanzas, me habían parecido poderosas. Salía de la reunión diciendo: "¡Jamás volveré a ser el mismo!". Pero semanas o meses más tarde, era el mismo.

Conforme me quejaba delante de Dios y cuestionaba la veracidad de lo que había escuchado, el Señor me habló palabras que han cambiado radicalmente mi vida: *Hijo, todas las verdades vienen a ti en forma de semilla. Pueden ser un fruto en la persona que las comparte, pero para ti es una semilla. El que lleve o deje de llevar fruto depende de lo que hagas con ellas.* Las semillas de información espiritual deben crecer y convertirse en una revelación que produzca fruto.

El conocimiento o la información por sí mismos, que son las cosas que glorifican los humanos y en donde han empezado su búsqueda de significado desde la Caída, no producen salvación. No necesariamente conducen a un verdadero conocimiento de Dios. Jesús le dijo a los fariseos: "Escudriñad las Escrituras; porque a vosotros os parece que en ellas tenéis la vida eterna; y ellas son las que dan testimonio de mí" (Juan 5:39).

Probablemente los fariseos conocían las Escrituras *(graphe)* mejor que tú y que yo, pero no conocían a Dios. Muchos teólogos de la actualidad conocen perfectamente las Escrituras, pero no conocen bien a Dios. Algunos, tal vez, no le conocen en lo absoluto. No podrían sentarse tranquilos ante Su presencia durante dos horas sin aburrirse. Tienen demasiada información, pero muy poca o ninguna revelación. La revelación hace de las Escrituras "espíritu y vida" (Juan 6:63). Hace que cobren vida.

¿Por qué es esto tan importante? Porque siempre estamos causando un corto circuito en el proceso de Dios y al hacer esto causamos otro cortocircuito en los resultados. Es la revelación la que nos lleva a la fe bíblica y al cambio verdadero. Sin ella sólo estamos apelando a una mente caída, egoísta y humanista que siempre está preguntando: "¿Qué hay para mí?" Cuando apelamos únicamente a esta mentalidad a través de la sabiduría humana y del intelecto humano, a menudo predicamos un evangelio humanista que dice: "Lo que hay en éste es para ellos", y producimos —en el mejor de los casos— convertidos humanistas y egocéntricos.

Si, por otro lado, predicamos un evangelio puro, incluyendo arrepentimiento y que una persona se despoje de su propia vida (señorío de Cristo), es seguro que los incrédulos lo van a rechazar a menos que reciban una revelación bíblica. De hecho, nuestro evangelio a menudo es algo ridículo o estúpido para ellos: "Pero el hombre natural no percibe las cosas que son del Espíritu de Dios, porque para él son locura, y no las puede entender, porque se han de discernir espiritualmente" (1 Corintios 2:14), La palabra "locura" es *moria*, de la cual obtenemos la palabra "morón" (débil mental).

Dando a luz al verdadero arrepentimiento

¿Cuál es la solución? Debemos darle tiempo al Espíritu Santo para que dé a luz el verdadero arrepentimiento en ellos a través de la revelación dada por Dios. Esto produce cristianos centrados en Dios, y no centrados en sí mismos. Dios sabe que nos vendrían bien unos cuantos de ésos, especialmente en los Estados Unidos.

Hace dos o tres años una mujer, a la que llamaremos Sarah, me contó un testimonio sobre cómo oró por su hermana y su cuñado.

Aunque normalmente eran personas agradables, "eran anticristianas, y fueron los perseguidores espirituales más grandes, tanto míos como de mi marido; y se burlaban de nosotros".

Sarah había estado orando por ellos *durante 20 años*, pero no habían mostrado ningún interés por el evangelio". Sarah admite: "Debido a su actitud hacia Dios y hacia el evangelio había desarrollado un corazón endurecido contra ellos. Estaba religiosamente orgullosa en su contra y oraba con la motivación incorrecta".

*Tal vez tengas que perdonar a tu pareja,
hijos o seres amados antes de que Dios
te utilice para liberarles.*

Después de escucharme enseñar sobre la intercesión, la esperanza de Sarah fue renovada y el Espíritu Santo hizo que le surgiera la pregunta: *¿Cuándo vas a hacer esto por tu familia?* Sarah se arrepintió de su actitud, enderezó su corazón y les perdonó por su actitud hacia Dios. Luego empezó a orar de la manera que le había enseñado.

La necesidad que Sarah tenía de arrepentirse personalmente y cambiar su propia actitud es una lección valiosa para nosotros. La actitud en nuestro propio corazón a menudo evita que Dios pueda responder nuestras oraciones. ¿No es irónico y trágico que nuestros propios pecados puedan estorbar nuestras oraciones por otro pecador? Jesús dijo: "...saca primero la viga de tu propio ojo, y entonces verás bien para sacar la paja del ojo de tu hermano" (Mateo 7:5). Tal vez tengas que perdonar a tu pareja, hijos o seres amados antes de que Dios te utilice para liberarles.

Sarah oró por diferentes cosas y recuerda haber orado específicamente: "porque el velo fuese quitado de sus ojos para que pudieran comprender la verdad del evangelio". Ella también oró: "que ambos vinieran a Cristo al mismo tiempo para que uno no persiguiera al otro".

Un par de meses más tarde —recuerda, antes de aplicar estos principios y tratar con su propio corazón, había orado *durante veinte años*— Sarah llamó por teléfono para hablar con su hermana. Y escuchó este informe sorprendente: ese mismo día su cuñado al despertarse sintió que debían ir a la iglesia. *(Jamás* asistían a la iglesia). Así que encontraron una iglesia pequeña y durante el llamamiento, *ambos le entregaron su vida a Cristo.* Ella se disculpó con Sarah por la manera que la habían tratado —y su actitud cambió por completo. Ambos siguen caminando con el Señor. Unos nueve meses después, el padre de Sarah también conoció al Señor.

¡Esto también te puede dar resultado a ti!

Cegado por el odio

¿Cómo ciega Satanás la mente de los incrédulos? ¿Qué le da lugar a tal velo? Creo que el Señor me ha dado una valiosa pista. La palabra "cegar" en 2 de Corintios 4:4 es *tuphloo*, la cual significa "nublar el intelecto; cegar".[10] La palabra raíz, *tupho*, tiene el significado de hacer humo,[11] y la ceguera en este pasaje es como una cortina de humo que cubre u oscurece el aire de tal manera que evita que una persona vea. Esto tenía sentido para mí, pero parecía no responder plenamente cómo lo hacía. Luego realicé un descubrimiento fascinante.

De esta misma raíz proviene la palabra *(tuphoo)* que se utiliza para decir que se tiene una mente alta, orgullosa o inflada con presunción.[12] La imagen es de alguien que está "inflado" al igual que el humo se infla o se abulta. Cuando vi la conexión entre la palabra ceguera y orgullo, obtuve un eslabón clave que me hacía falta. De inmediato me di cuenta de que era el pecado del orgullo, pasado de Lucifer a la humanidad en el Jardín del Edén, lo que Satanás utilizaba para cegar a los incrédulos. Me di cuenta de que la causa por la cual la mayoría rechaza a Cristo, ya sea la motivación de las obras de la mayoría de las religiones falsas o el simple hecho de que la mayoría de las personas no quieren entregarle a otra persona el señorío de sus vidas, se debe al orgullo. El orgullo es el enemigo principal de Cristo y será tratado por completo cuando toda rodilla se doble y toda lengua confiese que Cristo es el Señor. ¡El orgullo recibirá entonces el golpe final!

El capitán de un barco en una noche oscura vio unas luces débiles a la distancia. Le dijo al hombre de las señales que enviase un mensaje: "Cambie su curso 10 grados al sur".

De inmediato recibió la respuesta: "Cambie su dirección 10 grados al norte".

El orgulloso capitán se enojó por el desafío, así que envió otro mensaje: "Cambie su curso 10 grados al sur. ¡Les habla el capitán!".

Recibió la siguiente respuesta: "Cambie su dirección 10 grados al norte. Soy el marinero Jones de tercera clase".

El capitán, pensando que aterrorizaría al marinero insubordinado, envió un tercer mensaje: "Cambie su dirección 10 grados al sur. Soy un barco de guerra".

Y llegó la respuesta final: "Cambie su curso 10 grados al norte. Soy un faro".[13]

El factor del orgullo del hombre

Dios, la luz del mundo, siempre está intentando que la humanidad caída altere su curso. Los humanos arrogantes, que han elegido ser el capitán de sus propias vidas, a menudo continúan hacia su propia destrucción.

Este factor de orgullo también respondió mi pregunta al porqué, sin importar a qué parte del mundo fuese, encontraba más mujeres salvas que hombres. ¡Sabía que no podía deberse a que fueran más inteligentes! La razón se debe a que esta raíz de orgullo es más fuerte en los hombres que en las mujeres. Al menos la mayoría de los hombres son así; algunos de nosotros que ya nos encontramos en la clase ultrahumilde no tenemos más problema con eso.

La razón por la cual el orgullo es más fuerte en los hombres *es porque aquello que era más fuerte en nosotros en forma de pureza antes de la Caída se convirtió en una forma más fuerte de perversión después de la misma.* La motivación del hombre que encontraba su máxima realización en cubrir, proveer, proteger y cuidar —lo cual surgía a partir de una motivación de siervo— se volvió hacia sí mismo en el momento de la Caída.

El deseo de dirigir se convirtió en el deseo de dominar o de enseñorearse, la naturaleza de dar se convirtió en una naturaleza de obtener, y una humildad segura se convirtió en un orgullo inseguro. Para ver cómo nosotros los hombres deberíamos cubrir y guiar, sólo necesitamos ver a Jesús, quien dirigió y anduvo con una sorprendente autoridad y poder, mas sin embargo a partir de una motivación pura de servicio.

Los consejeros tratan a más mujeres que a hombres, porque es muy difícil que un hombre diga: "Necesito ayuda". Las mujeres generalmente son las primeras en decir: "Lo siento" o "Estaba equivocada". Los hombres normalmente son más competitivos. Las mujeres se dan más y no son tan egoístas. ¿Por qué son ciertas estas cosas? Por el factor de orgullo en el hombre.

Orando por los perdidos

Esta comprensión del orgullo para cegar con habilidad es una tremenda pista de cómo debemos de orar por los perdidos. Se menciona nuevamente, junto con otras ideas importantes, en 2 de Corintios 10:3-5:

> *Pues aunque andamos en la carne, no militamos según la carne; porque las armas de nuestra milicia*

no son carnales, sino poderosas en Dios para la
destrucción de fortalezas, derribando argumentos y
toda altivez que se levanta contra el conocimiento de
Dios, y llevando cautivo todo pensamiento a la obe-
diencia a Cristo.

La mayoría de los creyentes han interpretado estos versículos, en especial el versículo quinto, como algo que debemos hacer por nosotros mismos. Aunque no tengo ningún problema en que lo hagamos por nosotros mismos, el contexto
ciertamente es que hagamos la guerra espiritual por los demás. La versión de la Biblia *The Living Bible* (La Biblia al
Día) lo deja muy claro. Conforme leas la siguiente paráfrasis,
nota también las referencias e interferencias de la raíz del
orgullo que vimos en 2 de Corintios 4:4.

Sí, es cierto que soy un hombre ordinario con sus
correspondientes debilidades, pero nunca me valgo
de planes ni métodos humanos para ganar mis bata-
llas. Para destruir las fortalezas del mal, no empleo
armas humanas, sino las invencibles armas del todo-
poderoso Dios. Con armas tan poderosas puedo apre-
sar a los rebeldes, conducirlos de nuevo ante Dios y
convertirlos en seres que deseen de corazón obedecer
a Cristo.

Conforme observamos más de cerca estos versículos, veremos que el Señor no sólo nos da una solución para el problema del orgullo, sino que también identifica y ofrece el reme-
dio de Dios para otros aspectos de la fortaleza. Este pasaje es
tanto asombroso como iluminador.

Nota que primero Dios nos dice lo que debería de ser obvio:
Las armas de nuestra guerra no son carnales. Esto simplemente significa que no son humanas. Dios sabe que con frecuencia pasamos por alto lo que es obvio, así que lo declara de una
forma clara. Jamás ganaremos a personas con una base inte-
lectual, ni tampoco lo haremos a través de técnicas innovado-

ras ni a través de métodos. Ciertamente no los ganaremos importunándolos, colocando notas en sus emparedados o reprendiéndolos con declaraciones tales como: "¿Cuándo te vas a poner bien con Dios?".

Cuando nos acercamos a las personas con una base humana, especialmente si piensan que los estamos presionando, generalmente empeoramos las cosas. Esto se debe a la raíz de orgullo en ellos, la cual dice: *No quiero que ninguna otra persona me controle o me diga lo que tengo que hacer*, se levanta y se defiende por sí misma. Si atacamos este orgullo a nivel humano, sólo lo vamos a fortalecer.

Los santos detonadores de Dios

Por otro lado, si nos diésemos cuenta, tenemos armas que son "poderosamente divinas" para derribar fortalezas. Dios dice: "En vez de utilizar las suyas, dejaré que utilicen las Mías las de ustedes no darán resultado, las Mías sí". La palabra "poderosas" es *dunatos*[14] y de hecho es una de las palabras del Nuevo Testamento para milagro. Estas armas con el poder de Dios harán milagros. La palabra también se traduce como "posible". Esa palabra me gusta. ¿Tienes alguna persona que parezca imposible? ¿Se necesitaría un milagro? Con este poder, esto se hace posible. Y, por supuesto, esta es la palabra griega de donde obtenemos la palabra dinamita. ¡Esto es explosivo!

La dinamita es explosiva para la "destrucción de fortalezas" como lo dice la versión de Reina Valera, o es capaz de "derribar fortalezas". "Destrucción" y "derribar" ambas son la palabra *kathairesis*. La palabra importante y poderosa tiene un par de significados pertinentes. Una de ellas es "tirar con violencia o demoler" algo.[15] Con esta milagrosa y poderosa dinamita trabajando detrás de nuestras armas, podemos convertirnos en agentes de demolición derribando violentamente las fortalezas de Satanás.

Recuerdo, cuando pequeño, una ocasión cuando observaba la destrucción de una antigua escuela de ladrillos. Estaba fascinado conforme la enorme bola de cemento, atada a una gigantesca grúa, era balanceada una y otra vez sobre el edificio, pasando a través de paredes y techos, causando una destrucción increíble, supongo que esto sería, en cierto sentido, una ilustración viable de nuestra guerra conforme sistemáticamente —un golpe divino a la vez— trabajamos en la destrucción de las fortalezas de las tinieblas. Verdaderamente sucede de esta manera —una guerra sistemática y continua contra las fortalezas de Satanás dando un golpe a la vez.

Sin embargo, vi otro gran edificio en Dallas, Texas, que querían demolerlo desde hacía varios años. Este edificio era mucho más grande que la escuela que había visto ser destruida cuando era pequeño. Este edificio casi cubría una manzana entera de la ciudad, o al menos eso fue lo que a mí me pareció. Los trabajadores no utilizaron una bola en esta ocasión. Y no se tomaron días —sino segundos. Utilizaron dinamita, colocada estratégicamente por los expertos para demoler esta gran estructura en menos de 10 segundos.

Quiero pensar que esto de alguna manera también puede ser una ilustración de nuestra intercesión. A diferencia del edificio físico, generalmente no vemos la respuesta en segundos —es posible que estemos colocando estratégicamente la dinamita del Espíritu durante días, semanas o meses. Pero en cada ocasión que tomamos nuestras armas espirituales y las utilizamos en contra de las fortalezas del enemigo, estamos colocando cargas explosivas en lugares estratégicos. Y tarde o temprano el Santo Detonador del Cielo va a decir: "¡Suficiente!" Habrá una poderosa explosión en el espíritu, una fortaleza se desmoronará al suelo y una persona caerá sobre sus rodillas.

El *Paga* de Mary

Eva Popham de Ohio compartió el siguiente testimonio conmigo de lo que le sucedió a una mujer a quien ella le ministraba:

Cuando Sandra Sims y yo vimos a Mary por primera vez en el hospital, estaba poseída por el demonio. Cuando veníamos por el pasillo hacia ella, empezaba a temblar, a hacer ruidos violentos y a decir cosas tales como: "Sé quienes son. Sé a quien representan. No las quiero aquí". Utilizaba muchas palabras feas y profanas, un lenguaje vil. Todos en el hospital le temían a Mary. Nadie, desde las limpiadoras hasta las enfermeras, entraban a solas en su habitación y nadie quería cuidar de ella debido a su naturaleza violenta. Así que no recibía un cuidado muy bueno. Cuando era absolutamente necesario entrar en su habitación, varias personas entraban juntas. Mary no permitía que nadie le tocara o se le acercase.

Oramos y ayunamos por Mary consistente y regularmente. Pasaron un par de meses antes de que Mary siquiera nos dejara entrar en su habitación. Oramos para que Dios removiera todas las callosidades y dolor de su corazón *(logismos)* para que los demonios no tuvieran a que aferrarse.

Dios nos mostró que Mary había sufrido de severos abusos en la niñez. Atábamos a Satanás para que no ejerciera poder sobre Mary y declaramos que no le pudiera hablar *(noema)*. Pedimos protección para poder estar a su alrededor y para que Dios le diera sueños y visiones al igual que ángeles que le ministraran. Atamos las fuerzas malignas que ya se encontraban en su interior para que dejaran de operar en ella.

Aproximadamente durante ocho meses después de que pudimos entrar en su habitación, oramos y ayunamos consistentemente por ella al mismo tiempo que le ministrábamos. En esta época di un testimonio en nuestra iglesia, "Love and Faith Christian Fellowship" de Cincinnati, Ohio, sobre alcanzar a Mary. Le pedí a todos que orasen por ella. Nos unimos en oración por Mary durante el servicio, y muchos continuaron orando por ella. Al pastor Mike Murray se le dio una fotografía para que orara por ella y continuamos orando porque la perfecta voluntad de Dios se llevara a cabo en su vida. Atamos a Satanás y oramos porque todas las puertas en la vida de Mary se cerraran.

Sandra y yo ministramos a las heridas de Mary y finalmente soltó su ira por medio de un acto de fe (otro *logismos*). Deseó que su vida cambiara. Y no quedaba nada para que el enemigo tuviese una fortaleza en ella.

¡Unas dos semanas más tarde Mary entregó su vida al Señor! En la actualidad es completamente diferente: Deja que las personas la amen y la toquen; su voz se está volviendo cada vez más amable y suave; incluso existe una marcada diferencia en sus fotografías de antes y después de su liberación. Es como si la verdadera Mary finalmente estuviera apareciendo. Ahora la presencia de Dios está en ella. La jefe de enfermeras del hospital nos llamó a Sandra y a mí a su despacho para darnos un presente como agradecimiento de lo que habíamos hecho con Mary. Nos dijo que todo el personal preguntaba: "¿Qué han estado haciendo con Mary? ¡Es tan diferente!" Porque ya no es violenta, el personal ya no le tiene miedo y están empezando a cuidar correctamente de ella.

¡Aleluya! ¡Eso es *paga*! Eso es una demolición.

Explicaré las palabras con itálicas *logismos* y *noema* conforme avancemos —son componentes específicos de las fortalezas. Pero primero... junto con demolición, existe otro significado interesante de *kathairesis*. Se utilizaba de forma figurada como "remover de un puesto".[16] ¡Vaya! ¡Eso era lo que buscábamos!... Un nuevo Señorío... Un gobernante diferente. Nuestras armas, cargadas con la autoridad de Dios, pueden hacer que se cumpla el rompimiento del señorío de la serpiente. Jesús lo rompió legalmente; nosotros podemos ver que se convierte en algo literal a través de nuestras oraciones. ¡Aleluya!

La fortaleza: Una prisión interna de Satanás

¿Pero qué significa esta palabra "fortaleza" que mencionamos y está tan esparcida por el Cuerpo de Cristo? La palabra es *ochuroma*, viene de la palabra raíz *echo* que significa "tener o sostener".[17] Esta palabra para "fortaleza" o "fuerte" es literalmente un lugar desde el cual se *sostiene* algo *con fuerza*. También puede ser un castillo o una prisión.

He visto fotografías de trincheras que se han cavado en tiempos de guerra para mantener una posición. Eso es algo para sostener. Por otro lado, hace varios años visité un enorme castillo en lo alto de una montaña en Salzburgo, Austria. Desde este fuerte aparentemente inexpugnable sobre una montaña, alguien había gobernado este territorio. ¡Esto es una fortaleza!

En esencia, Satanás tiene un lugar para fortalecerse *dentro* de los incrédulos desde donde puede sostenerlos fuertemente. Son prisioneros, cautivos, esclavos. Cristo fue enviado a "proclamar libertad a los cautivos" (Lucas 4:18). Puedo garantizarte, sin embargo, que la forma en que esa proclamación se va a esparcir, ¡va a ser a través de la boca de la iglesia!

Ahora llegamos al versículo quinto de 2 de Corintios 10, un versículo extremadamente importante. Leámoslo una vez más: "Derribando argumentos y toda altivez que se levanta contra el conocimiento de Dios, y llevando cautivo todo pensamiento a la obediencia a Cristo". Es importante saber que la palabra "destrucción" del versículo cuatro y "derribando" en este versículo son las mismas palabras.

La versión Reina Valera hace algo muy desafortunado al utilizar dos palabras totalmente diferentes, "derribando" y "llevando cautivo". Es necesario que sepamos que ambas son las mismas palabras para que nos demos cuenta de que el Espíritu Santo está transmitiendo el mismo pensamiento. El versículo cuatro nos dice que nuestras armas poderosamente divinas pueden demoler fortalezas, y el versículo cinco lo va a elaborar de una manera más completa lo que es una fortaleza y que nosotros vamos a demolerlas. En otras palabras. *¡Él nos describe exactamente lo que conforma una fortaleza o prisión!* Esta es una información clave conforme empezamos a luchar por los perdidos.

El Espíritu Santo comparte específicamente tres componentes claves de la fortaleza. Estas son las cosas que debemos empezar a mencionar y a demoler mientras luchamos por individuos con nuestras armas poderosamente divinas. Creo que esto también se puede llevar a cabo sobre grupos étnicos, pero el contexto aquí parece indicar que está hablando primeramente de individuos.

Formas de pensar

El primer aspecto de la fortaleza que Él menciona son los "argumentos" —*logismos*. Esta palabra no habla de los pensamientos dispersos de los humanos, sino de su razonamiento calculador, de su sabiduría o lógica.[18] Nuestra palabra "lógica" de hecho se deriva de esta raíz griega. *Logismos* es la suma total de sabiduría acumulada e información que se ha aprendido con el tiempo. Se convierte en lo *que uno realmente cree* —la forma de pensar de la persona. Moffat las llama "teorías". La humanidad, antes de la Caída, tomaba su sabiduría y lógica —sus creencias— de Dios. Ahora, Santiago 3:15 nos dice que estas cosas provienen de la tierra, el alma o intelecto, y de los demonios.

Estos *logismos* incluirían las filosofías (ya sea que estén formalmente identificadas o aquellas que son personales y no tienen un nombre), religiones, humanismo, ateísmo, hinduismo, budismo, islamismo, racismo, intelectualismo, judaísmo, materialismo, raíces de rechazo, perversiones —cualquier cosa que haga que una persona piense de una cierta manera.

¿Cómo ciegan estos *logismos* a las personas? ¿Cómo velan la verdad? La manera en que funciona la mente humana dicta que cuando las personas escuchan el evangelio; *incluso antes de que tengan tiempo para pensarlo o razonarlo,* es filtrado a través del subconsciente en donde toda la información —incluyendo estos *logismos*— es almacenada. Eso significa que los incrédulos no escuchan lo que estamos diciendo, escuchan lo que decimos *además* de lo que ellos ya creen.

Por ejemplo, estaba compartiendo el evangelio con una chica de la cual habían abusado horriblemente. Le dije: "Dios es amor. Él te ama tanto que envió a Su Hijo a morir por ti".

Ella no sólo escuchó lo que yo le dije, sino que también escuchó en su mente —lo sé porque ella me lo contó—. "Ah, y si es amor, ¿por qué permitió que abusaran tanto de mí? A mí no me parece que sea un Dios de amor". Esto es un *logismos* —una creencia, una filosofía, su sabiduría, su lógica. Alguien necesita interceder por ella y ayudarla a que la derribe.

En otra ocasión estaba compartiendo el evangelio con un chico que tenía un *logismos*. Era un chico tan bueno como para pensar que necesitaba salvarse. "Soy un tipo bastante bueno —me dijo—. No engaño a mi esposa, no golpeo a mis hijos, no miento, maldigo ni robo. No creo que Dios me enviase al infierno".

¿Cómo puede avanzar el evangelio a través de estos argumentos?

Ciertamente el evangelio de la verdad por sí mismo tiene poder para derribar algunas de estas cosas cuando está ungido del Espíritu Santo. Pero normalmente toma mucho tiempo —*si* es que puedes lograr que te escuchen. Es mucho mejor "preparar la tierra" antes de tiempo, prepararla para la recepción de la semilla derribando algunas de estas fortalezas.

Tal vez ya sepas cuáles son los *logismos* de la persona por la que estás orando. Si no lo sabes, pídele al Espíritu Santo que te los revele y Él lo hará. Y cuando lo haga, dilos por nombre, citando 2 de Corintios 10:3-5. Di: "En el nombre del Señor Jesucristo te destruyo, fortaleza de..." Hazlo diariamente hasta que la persona venga a Cristo.

Un orgullo que se eleva

La segunda parte de la fortaleza que debemos demoler es "toda *altivez* que se levanta contra el conocimiento de Dios" (vs. 5). Me gusta utilizar la versión inglesa en este versículo porque utiliza la palabra "cosa alta" para traducir la palabra griega *hupsoma*, la cual de hecho es la misma palabra raíz de "Altísimo Dios". Significa "cualquier lugar o cosa elevada". Esto se refiere a la misma raíz de orgullo que descubrimos oculta en la palabra "cegado" en 2 de Corintios 4:3,4. Fue esta "altivez" la que vino a la humanidad en la Caída cuando Adán y Eva se creyeron la mentira: "Serás como Dios" (ver Génesis 3:5).

La humanidad, al igual que Satanás, intenta exaltarse a un nivel de igualdad con el Altísimo. No nos convertimos en el Altísimo, sino en personas altivas, llenas de orgullo. Uno de los principales diccionarios incluso define *hupsoma* como "todo el orgullo que se levanta".[20] La palabra cubre todas las formas de pensar que se exaltan a sí mismas y contra el conocimiento de Dios.

Las buenas nuevas son que también nosotros podemos derribar esas fortalezas en las personas a través de la guerra espiritual para que se puedan humillar y para que doblen sus rodillas ante Cristo. Escuchen nuevamente este versículo en la versión de *La Biblia al Día:*

> *Con armas tan poderosas puedo destruir la altivez de cualquier argumento y cualquier muralla que pretenda interponerse para que el hombre no encuentre a Dios. Con armas tan poderosas puedo apresar a los rebeldes, conducirlos de nuevo ante Dios y convertirlos en seres que deseen de corazón obedecer a Cristo.*

Me gustan las palabras "puedo" y "cualquier" en este versículo. El Señor no nos desea buena suerte ni nos dice que ganaremos de vez en cuando. Él nos dice que *podemos* derribar *todo* argumento orgulloso y *todo* muro; ¡*podemos* capturar a los rebeldes! ¡Y debemos hacerlo!

Pensamientos y tentaciones

Considerando el tercer aspecto de las fortalezas, el Señor nos dice que podemos "llevar cautivo todo pensamiento a la obediencia a Cristo". La palabra "pensamiento" es *noema*, la cual también significa planes, maquinaciones, artificios y conspiración. Se refiere a los pensamientos espontáneos y a las tentaciones que Satanás utiliza para asaltar a los incrédulos, al igual que las maquinaciones y planes que utiliza para mantenerlos en las tinieblas. Por medio de la intercesión debemos declarar con valor que ningún arma de Satanás va a prosperar. Debemos atar sus planes y oponernos a ellos a través de la oración. Podemos y deberíamos orar para que el incrédulo esté protegido de los pensamientos y tentaciones de Satanás.

Marlena O'Hern de Maple Valley, Washington, había estado orando por la salvación de su hermano Kevin, aproximadamente durante doce años sin ver ningún resultado. Ella básicamente oraba cosas tales como: "Señor, ven a su vida", o "Señor, revélate a él". Como nos sucede a muchos, ella tampoco se daba cuenta de que había más maneras bíblicas y específicas para orar.

Igualmente, como la mayoría de nosotros, algunas veces se frustraba y trataba de hacer las cosas por sí misma diciendo cosas tales como: "Sólo necesitas entregarle tu vida al Señor"; o "Tienes que dejar de hacer las cosas que estás haciendo". Como era de predecir, esto sólo tenía el resultado de ver cómo el orgullo y la rebelión de Kevin aumentaban, y de hecho se empeoraban las cosas. "Luego me sentía como si realmente hubiera estropeado las cosas", me dijo.

Marlena nos cuenta: "Kevin se dirigía por un camino rocoso. Tenía grandes problemas, incluyendo drogas, depresión y una gran ira".

En 1995 ella había estado en una de mis clases en la que enseñaba sobre los principios de orar por los perdidos. Marlena los compartió con su marido, Patrick; y con sus hijos. Empezaron a orar esos principios por Kevin. Oraron específicamente lo siguiente (todos los comentarios entre paréntesis son del autor):

- Que Dios levantara el velo de él (revelación y alumbramiento).

- Que el Espíritu Santo estuviera alrededor de él y lo protegiera.

- Porque personas piadosas estuvieran en su camino todos los días.

- Echar fuera cualquier cosa que se exaltase a sí misma y en contra del conocimiento de Dios, específicamente el orgullo y la rebelión (Esto incluía el aspecto *hupsoma* de la fortaleza.)

- Derribar todas las fortalezas conocidas —patrones de pensamientos, opiniones sobre la religión, materialismo, temor. (Esta es la dimensión de logismos de la fortaleza.)

- Atar a Satanás para que no tuviera cautivo a Kevin; Atar todos los pensamientos malignos y mentiras que Satanás intentaría colocar en la mente de Kevin. (Esto sería el aspecto *noema* de la fortaleza.)

- Que la armadura de Dios fuera colocada sobre él.

Después de dos semanas orando de esta manera, Kevin tuvo una sobredosis de drogas y en su tiempo de necesidad clamó a Dios. "El Señor se reunió con él de una forma poderosa. El velo fue levantado definitivamente y tuvo una revelación de Dios. Ahora tiene una comprensión de la palabra y responde a la misma. ¡La confusión lo ha dejado! Kevin se separó del mundo y de sus antiguas amistades. Ahora está buscando a Dios y relaciones cristianas. Se centra en complacer a Dios y en conocerle cada vez más. Incluso está considerando el hecho de entrar en misiones".

"Sabemos que somos de Dios, y el mundo entero está bajo el maligno" (1 Juan 5:19). ¡Sin embargo se nos ha dado autoridad! Podemos hacer que los incrédulos "se conviertan de las tinieblas a la luz, y de la potestad de Satanás a Dios" (Hechos 26:18). Hemos sido llamados para hacer que se cumpla y se lleve a cabo la libertad que Cristo obtuvo.

El incrédulo no puede pelear por sí mismo. No puede y no vencerá a las fortalezas de las tinieblas, y no comprenderá el evangelio hasta que el velo sea levantado. Debemos tomar nuestras armas divinas y dinámicas y luchar. Las potestades de las tinieblas se nos resistirán, pero: "No temáis delante de ellos; acordaos del Señor, grande y temible, y pelead por vuestros hermanos, por vuestros hijos y por vuestras hijas, por vuestras mujeres y por vuestras casas" (Nehemías 4:14).

Preguntas para reflexionar

1. ¿Cuál es el significado de la palabra "velo" en 2 de Corintios 4:3? ¿Cómo se aplica esto a las personas que aún no son salvas? ¿Puedes explicar cómo se relaciona esto con la revelación bíblica?

2. ¿Qué se quiere decir con que Satanás "ciega" la mente de los incrédulos? ¿Cómo está esto conectado con la Caída de la humanidad? ¿Cuál es la importancia en lo que se refiere a los hombres (comparado con las mujeres)?

3. Explica el significado de alumbramiento. ¿Puedes describir la analogía de esto y la fotografía?

4. ¿Cuál es el verdadero significado de arrepentimiento? ¿Cómo se conecta esto con la revelación bíblica?

5. Define lo que es una fortaleza. Ahora describe los tres aspectos de las fortalezas en los incrédulos y cómo se puede aplicar la intercesión a cada uno de ellos.

6. ¿Por quién vas a hacer esto? ¿Les va a dar resultado? ¡Aleluya!

Notas

1. Spiros Zodhiates, *The Complete Word Study Dictionary* (Iowa Falls, Iowa.: Word Bible Publishers, 1992), p. 816.

2. James Strong, *The New Strong's Exhaustive Concordance of the Bible* (Nashvile: Thomas Nelson Publishers, 1990), ref. núm. 575.

3. Craig Brian Larson, *Illustrations for Preaching and Teaching* (Grand Rapids: Baker Books, 1993), p. 98.

4. Zodhiates, *The Complete Word Study Dictionary*, p. 1464.

5. Idem., p. 1463.

6. Strong, *The New Strong's Exhaustive Concordance*, ref. núm. 1994.

7. Idem., ref. núm. 1124.

8. Idem., ref. núm. 3056.

9. Spiros Zodhiates, *Hebrew-Greek Key Study Bible —New American Standard* (Chattanooga, Tenn.: AMG Publishers, 1984; edición revisada, 1990), p. 1718.

10. W. E. Vine, *The Expanded Vine's Expository Dictionary of New Testament Words* (Minneapolis: Bethany House Publishers, 1984), p. 125.

11. Strong, *The New Strong's Exhaustive Concordance*, ref. núm. 5188.

12. Idem., ref. núm. 5187.

13. Larson, *Illustrations for Preaching, p. 134.*

14. Strong, *The New Strong's Exhaustive Concordance*, ref. núm. 1415.

15. Idem., ref. núm. 2507.

16. Walter Bauer, *A Greek-English Lexicon of the New Testament* (Chicago: The University of Chicago Press, 1979), p. 386.

17. Strong, *The New Strong's Exhaustive Concordance*, ref. núm. 2192.

18. Zodhiates, *The Complete Word Study Dictionary*, p. 923.

19. Strong, *The New Strong's Exhaustive Concordance*, ref. núm. 5313.

20. Bauer, *A Greek-English Lexicon*, p. 851.

Capítulo once

La iluminación de Dios

Dar en el blanco

Esta fue una de las cosas mejores que he descubierto después del béisbol. Me encontraba en quinto año de primaria, en esa etapa de la vida en que uno es intratable, no de mala manera, y cuando decimos: "no puedo soportar los baños", "todas las niñas tienen piojos", vaya etapa. Hacía poco que había conseguido mi primer lente de aumento.

No estoy seguro cómo descubrí que podía sostener un lente de aumento justo en el ángulo correcto con el sol y hacer que se quemara un trozo de papel. No hice ninguna cosa extremadamente mala, como la ocasión en que casi incendié el salón de ciencias con mi exhibición volcánica. Nunca supe por qué ese profesor me reprobó sólo por haber tenido que correr hacia la ventana con un volcán en llamas y tirarlo hacia afuera. A mí me pareció algo muy real. Tampoco fue como la ocasión en la que quemé los muebles de la cocina al haberme olvidado del aceite de las patatas fritas. No obtuve ninguna calificación en ese proyecto, aunque la respuesta de mi madre fue muy educativa.

Esto no fue como ninguno de esos incidentes. Sólo quemé un trozo de papel en el patio. Luego esta brillante idea brotó de mi psiquis adámica caída. Llamé a mis amigos, asegurándoles que tenía una demostración muy buena que quería mostrarles. Mirando a Duncan, uno de los chicos malos de la clase, le dije con mi mejor tono de voz insinuándole "eres el chico afortunado": "Duncan, estira tu mano. Quiero mostrarte algo".

Duncan no dejó su mano estirada por mucho tiempo. ¡Me persiguió por todo el patio! Hay chicos que no saben aguantar una broma.

¿Existe una ilustración de la intercesión en todo esto? Sí. Una de las maneras en que se traduce *paga* es "dar en el blanco". La referencia es Job 36:32,[1]dice: "Cubre Sus manos con los relámpagos y los manda que *den en el blanco*" (itálicas del autor). Cuando Dios libera su luz, haciendo que resplandezca desde Su presencia como si fuese un relámpago, está golpeando los blancos deseados que están relacionados con la intercesión.

Aunque no se utiliza la palabra *paga,* Habacuc 3:4 también habla de que se despide una luz de la mano del Señor: "Y el resplandor fue como la luz; rayos brillantes salían de su mano, y allí estaba escondido su poder". La versión *Ampliada* (en inglés) también es muy descriptiva: "Y su brillo era como la luz del sol; rayos salían de Su mano, y allí [en el esplendor parecido al sol] se encontraba escondido Su poder".

En cierto sentido nosotros somos como un lente de aumento —no, no añadimos ni aumentamos el poder de Dios— sino más bien permitimos que el "Hijo" brille a través de nosotros, dirigiendo Su luz a las situaciones que Él desea, permitiendo que "den en el blanco".

¿Alguna vez has visto a un árbol que ha sido alcanzado por un rayo? Si lo has visto, has visto una ilustración de la

---

1. Nota del traductor: en su versión *RSV Revised Standard Version* y traducida literalmente en este caso para que se apegue al texto del autor.

intercesión. Yo oro mucho en los bosques de mi alrededor. En ocasiones me cruzo con árboles que han sido alcanzados por algún rayo. El rayo es tan caliente que literalmente cambia la estructura molecular de los árboles y los retuerce hasta que parecen las franjas de un pirulí.

La temperatura de un relámpago puede alcanzar los 30.000 grados Celsius (45.000 grados Farenheit), siendo más caliente que la superficie del sol. ¡Eso sí que es algo caliente! ¡Y Dios ilustra esto para ilustrar sus juicios!

Si mi teología es correcta, el Creador debe ser mayor que la creación. Eso significa que el poder o energía de Dios es mayor que un relámpago. No hay duda del porqué las Escrituras dicen: "...Como se derrite la cera delante del fuego, así perecerán los impíos delante de Dios". Los montes se derritieron como cera delante de Jehová... Dio él su voz, se derritió la tierra" (Salmos 68:2; 97:5; 46:6).

"Porque nuestro Dios es fuego consumidor" (Hebreos 12:29).

Para explicar adecuadamente este capítulo, necesito colocar unos buenos cimientos. Por lo tanto, quiero que veamos bastantes pasajes que asocian a Dios con la luz o el relámpago. Uno de los propósitos para ver tantos pasajes es para demostrar la consistencia y continuidad de este tema. Espero que no te aburra la Biblia. De ser así, tal vez deberías saltarte este capítulo. O mejor aún, ¡arrepiéntete y continúa leyendo!

Dios es luz

Los siguientes versículos asocian a Dios con la luz o relámpagos, y se podrían dar muchos más. He puesto con itálicas varias palabras o frases para llamar la atención sobre el tema de la luz:

Este es el mensaje que hemos oído de él, y os anunciamos: *Dios es luz*, y no hay ningunas tinieblas en él.

1 Juan 1:5

El cual, siendo el *resplandor* de su gloria, y la imagen misma de su sustancia, y quien sustenta todas las cosas con la palabra de su poder, habiendo efectuado la purificación de nuestros pecados por medio de sí mismo, se sentó a la diestra de la Majestad en las alturas.

Hebreos 1:3

El único que tiene inmortalidad, *que habita en luz inaccesible;* a quien ninguno de los hombres ha visto ni puede ver, al cual sea la honra y el imperio sempiterno. Amén.

1 Timoteo 6:16

(Ver también Santiago 1:17; Éxodo 19:16; Ezequiel 1:14; Apocalipsis 4:5).

En ocasiones Su luz, o la liberación de la misma, está asociada con Su gloria. Los siguientes versículos son un ejemplo de esto:

Y he aquí, se les presentó un ángel del Señor, *y la gloria del Señor los rodeó de resplandor;* y tuvieron gran temor.

Lucas 2:9

Y entretanto que oraba, la apariencia de su rostro se hizo otra, y *su vestido blanco y resplandeciente...* Y Pedro y los que estaban con él estaban rendidos de sueño; mas permaneciendo despiertos, *vieron la gloria* de Jesús, y a los dos varones que estaban con él.

Lucas 9:29,32

(En el margen de la versión inglesa *NASB* leemos que la palabra "fulgor" significa literalmente, *"resplandeciendo como relámpago".* Wuest también traduce el pasaje de la misma forma. ¡No hay duda de por qué Pedro quería edificar allí mismo un tabernáculo!

La ciudad no tiene necesidad de sol ni de luna que brillen en ella; *porque la gloria de Dios la ilumina, y el Cordero es su lumbrera.*

Apocalipsis 21:23

(Ver también Hebreos 4:12).

Algunas veces esta luz, resplandor o la gloria de Dios sale de Su boca y con frecuencia es llamada una espada. Los primeros cuatro versículos identifican las palabras de Dios o Su boca, como Su espada. Los versículos restantes hacen la conexión a la luz o el resplandor.

Y tomad el yelmo de la salvación, y la *espada* del Espíritu, que es la *palabra* de Dios.

Efesios 6:17

Por tanto, arrepiéntete; pues si no, vendré a ti pronto, y pelearé contra ellos con la *espada de mi boca.*

Apocalipsis 2:16

De su boca sale una espada aguda, para herir con ella a las naciones, y él las regirá con vara de hierro; y él pisa el lagar del vino del furor y de la ira del Dios Todopoderoso.

Apocalipsis 19:15

(Ver también Hebreos 4:12).

Voz de Jehová que derrama llamas de fuego.

Salmo 29:7

Hijo de hombre, profetiza, y di: Así ha dicho Jehová el Señor: Di: *La espada, la espada* está afilada, y también pulida... Para degollar víctimas está afilada, *pulida está para que relumbre...* ¡Ah! *dispuesta está para que relumbre...* Y tú, hijo de hombre, profetiza, y di: Así ha dicho Jehová el Señor acerca de los hijos de Amón, y de su oprobio. Dirás, pues: *La espada, la espada* está desenvainada para degollar; para consumir está *pulida con resplandor.*

Ezequiel 21:9,10,15,28

Si afilare mi *reluciente espada*, y echare mano del juicio, Yo tomaré venganza de mis enemigos, y daré la retribución a los que me aborrecen.

Deuteronomio 32:41

(Algunas veces las películas pueden tener paralelos interesantes con las Escrituras. Luke Skywalker de *Guerra de las Galaxias* no es el único que vence el mal con una espalda de luz. ¡Dios tiene la espada verdadera!).
(Ver también Salmo 18:13,14; Oseas 6:5).

Hasta ahora, hemos asociado a Dios con la luz o el relámpago, que algunas veces brilla como Su gloria. Algunas veces son despedidos de Su boca, convirtiéndose en un arma poderosa. Los siguientes pasajes hablan de Dios como luz en el contexto de que Él trata con sus enemigos:

Fuego irá delante de él, y abrasará a sus enemigos alrededor. Sus *relámpagos alumbraron el mundo*; la tierra vio y se estremeció.

Salmo 97:3,4

Y el ángel tomó el incensario, y lo llenó del fuego del altar, y lo arrojó a la tierra; y hubo truenos, y voces, y *relámpagos*, y un terremoto.

Apocalipsis 8:5

Entonces hubo *relámpagos* y voces y truenos, y un gran temblor de tierra, un terremoto tan grande, cual no lo hubo jamás desde que los hombres han estado sobre la tierra.

Apocalipsis 16:18

(Ver también Salmo 78:48; Apocalipsis 11:19).

Estos últimos pasajes asocian la liberación de la luz de Dios en el contexto de la liberación de Su pueblo:

Envió sus saetas, y los dispersó; lanzó *relámpagos*, y los destruyó".

Salmo 18:14

Las nubes echaron inundaciones de aguas; tronaron los cielos, y discurrieron tus rayos. La voz de tu trueno estaba en el torbellino; tus *relámpagos* alumbraron el mundo; se estremeció y tembló la tierra.

Salmo 77:17,18

Despide relámpagos y disípalos, envía tus saetas y túrbalos".

Salmo 144:6

(Ver también Salmo 27:1).

Según estos y otros fascinantes pasajes, Dios es luz y en ocasiones esta luz o gloria es despedida por Él como relámpagos. En muchas ocasiones la Biblia dice que para tratar con Sus enemigos —ya sea por Sí mismo o por medio de Su pueblo— Dios sencillamente libera Su gloria o luz en tal situación. Sale como un relámpago ¡Y *SUCEDE PAGA!* El poder de Dios "da en el blanco".

Esto sucedió una vez hace miles de años cuando hubo un intento de rebelión en el cielo. Lucifer, lleno de orgullo, decidió que se exaltaría por encima de la posición de Dios, "¡No!" como dirían mis hijos.

Mala idea, Satanás.

Esta guerra no duró mucho —duró lo mismo que dura un relámpago en desplegar su brillante luz a través del firmamento. Jesús lo dijo de esta manera en Lucas 10:18-20 (paráfrasis de Sheet): "No os animéis, chicos, por el hecho de que los demonios estén sujetos a ustedes en Mi nombre. No es algo tan grande. Yo vi como Satanás fue echado de los cielos. No se necesitó de mucho tiempo —resplandeció un rayo y se había marchado. Emocionado porque tienes una relación con Dios".

La luz se sobrepone a la oscuridad

No sabemos si literalmente un relámpago resplandeció cuando Satanás fue echado del cielo, pero por alguna razón Jesús utilizó esta ilustración. Él dice que fue "como un rayo" (v.18). Yo creo que realmente fue así. Sin embargo, ya que si sucedió literalmente de esa manera o no, la analogía que sin lugar a dudas se da es que la luz se sobrepone a la oscuridad.

_____

La Cruz fue una guerra
—la luz venciendo a las tinieblas.

_____

De hecho, no creo necesariamente que en todas las referencias previamente mencionadas los rayos fueran relámpagos observables en el campo natural de la vista. En ocasiones ciertamente los hubo, como cuando la ropa de Cristo brillaba y resplandecía en la transfiguración o cuando Su gloria ilumina la habitación del trono del cielo.

Sin embargo, la cuestión no es lo que podemos ver con los ojos humanos, sino lo que sucede en el terreno espiritual: la luz se sobrepone a la oscuridad. Y la luz es más que una representación simbólica de la bondad y la pureza de Dios, la luz representa Su poder o energía. Así que ya sea que el relámpago sea literal o simbólico, los resultados son los mismos: El poder de Dios sobreponiéndose al reino de las tinieblas.

Esta analogía de las tinieblas y la luz prevalece a través de las Escrituras. Otro poderoso ejemplo de que la luz de Dios prevalece sobre las tinieblas de Satanás es la Cruz. Juan 1:4,5 dice: "En él estaba la vida, y la vida era la luz de los hombres. La luz en las tinieblas resplandece, y las tinieblas no prevalecieron contra ella". La palabra "prevalecieron" es la palabra griega *katalambano*, la cual puede significar "comprender" o "aprehender".[1] Muchos eruditos creen que se debería utilizar la segunda palabra en este pasaje porque los poderes de las tinieblas no intentaban comprender o entender a Cristo. Sino que intentaban aprehenderlo o vencerlo, de la misma manera que un policía aprehende a un criminal. Esto tiene mucho más sentido para mí.

Wuest traduce el versículo 5 de la misma manera: "Y la luz en las tinieblas está brillando constantemente. Y las tinieblas no la pueden encubrir". Moffatt lo dice de la siguiente forma: "En medio de las tinieblas brilló la luz, pero las tinieblas no pudieron enseñorearse". La Cruz fue una guerra —la luz venciendo a las tinieblas. Dios se levantó y Sus enemigos fueron esparcidos.

Bob Woods, en *Pulpit Digest*, cuenta la historia de una pareja que llevaron a su hijo, de 11 años, y a su hija, de 7, a las Cavernas de Carlsbad. Como siempre, cuando la visita alcanzó el punto más profundo de la caverna, se apagó la luz para dramatizar lo oscuro y silencioso que es debajo de la superficie de la tierra. La pequeña, al verse rodeada repentinamente de una completa oscuridad, se asustó y empezó a llorar. De inmediato se escuchó la voz de su hermano: "No llores. Aquí hay alguien que sabe encender las luces".[2]

Toda la creación se aterrorizó, insegura en las tinieblas del pecado. Hace dos mil años, Dios anunció a los humanos inseguros y asustados: "No lloren. Aquí hay alguien que sabe encender las luces".

Creo que Satanás tiene pesadillas que se repiten continuamente. Una de ella es cuando la luz —rayo— brilló en el cielo y le sacó fuera. Es probable que él odie las tormentas. ¿Por qué? ¡Porque incluso ellas suenan como la majestuosa voz de Dios!

"*Tronó* en los cielos Jehová, y el Altísimo dio su *voz*; granizo y carbones de fuego. Envió sus saetas, y los dispersó; *lanzó relámpagos*, y los destruyó" (Salmo 18:13,14, itálicas del autor).

"*Voz* de Jehová sobre las aguas; *truena* el Dios de gloria, Jehová sobre las muchas aguas" (Salmo 29:3, itálicas del autor).

Imagínense el terror de Satanás cuando la luz de Dios brilló en la Cruz, la misma luz que le había echado del cielo. Puedo escucharlo gritar; "Ah, no. ¡Aquí viene otra vez! No me dejó que me quedara con el cielo y tampoco dejará que me quede con la tierra".

La unción del relámpago

Sí, en la Cruz el falso "ángel de luz" conoció al mismo señor Luz ¡y desde entonces nada ha sido igual! El gran ser de "luz" incluso se reprodujo a Sí mismo en un montón de lucecitas pequeñas —"Porque en otro tiempo erais tinieblas, mas ahora sois luz en el Señor; andad como hijos de luz" (Efesios 5:8)— ¡llenándolas con Su misma gloria!

Por primera vez Satanás comprendió Isaías 60:1-3:

> *Levántate, resplandece; porque ha venido tu luz, y la gloria de Jehová ha nacido sobre ti. Porque he aquí que tinieblas cubrirán la tierra, y oscuridad las naciones; mas sobre ti amanecerá Jehová, y sobre ti será vista su gloria. Y andarán las naciones a tu luz, y los reyes al resplandor de tu nacimiento*

¡Qué desagradable!, debió haber pensado.

Por primera vez comprendió que el templo del Antiguo Testamento era una figura de nosotros, esta nueva raza de personas llamadas cristianas ("pequeños Cristos"), y que la gloria de Dios estaba en cada uno de ellos. "¡Aun más desagradable!".

Lo cual nos trae de vuelta a nosotros. Por favor lee las siguientes declaraciones con cuidado, realizando cada conexión. Si la intercesión es ilustrada por medio de la luz de Dios dando en el blanco... y si la obra intercesora de Cristo cuando se encontró con Satanás, rompiendo su señorío, fue la luz venciendo a las tinieblas... y si nuestras oraciones de intercesión simplemente libran o representan la obra de Cristo... entonces creo que se puede decir con seguridad que nuestra intercesión libera los relámpagos de Dios para que brillen en las situaciones, trayendo devastación sobre las potestades de las tinieblas:

- El Calvario brillando nuevamente.

- La luz del mundo brillando nuevamente.

- El real sacerdocio proclamando las virtudes de Aquel que los llamó de las tinieblas a Su luz admirable (ver 1 Pedro 2:9).

- El láser de la oración brillando con intensidad.

- La espada brillante del Espíritu resplandeciendo con fulgor.

- ¡Jesús y el Padre son glorificados en la Iglesia (ver Efesios 3:21)!

Hemos visto la "unción del oso" y la "unción de la mariposa" —¡tal vez esta sea la "unción del relámpago"!

En Juan 1:5, que ya hemos citado anteriormente, la frase "la luz brilla en la oscuridad" podría leerse con exactitud "la luz brilla constantemente" debido al tiempo en que se encuentra el verbo. Algunas traducciones de hecho la traducen de esa forma. La luz que venció a las tinieblas aún continúa brillando —la victoria sigue con vida—. ¡Sin embargo debe ser liberada a través de la Iglesia!

En su primer juego de estrellas, Roger Clemens, el gran "lanzador" de los Medias Rojas de Boston, llegó a batear por primera vez en años, debido a la regla del bateador designado en la Liga Americana. Después de ver cómo le pasaba la ráfaga de una "bola rápida" lanzada por Dwight Gooden, Clemens se volvió y le preguntó al "receptor", Gary Carter:

—¿Así se ven mis lanzamientos?

—¡Puedes estar seguro de ello! —le respondió Carter.

A partir de entonces Clemens "lanzó" con mucho más valor, al haber recordado cómo una "bola rápida" puede ser tan turbadora para un bateador.[3]

A menudo nos olvidamos de lo poderoso que es el Espíritu Santo dentro de nosotros... de lo destructiva que es para las tinieblas Su espada brillante. Tiene un poder sobrenatural para vencer las obras de las tinieblas —cuando lo liberamos con confianza.

Dutch se enfrenta con Goliat en la calle Bourbon

Dirigí a un grupo de 200 estudiantes, del Instituto de Cristo para las Naciones, a Mardi Gras en 1979. Enfocamos la mayor parte de nuestro ministerio a la calle Bourbon, donde se lleva a cabo la mayor porción de las fiestas. He visto pocos lugares en donde las tinieblas gobiernen con tanto dominio como sucede en este lugar donde continuamente celebran el mal.

Tuvimos muchas horas de oración y preparación antes de salir en este esfuerzo evangelístico, y se nos dio la seguridad en nuestros corazones de que habíamos establecido la victoria en el Espíritu. La luz nos había precedido. Sentíamos que sólo íbamos a cosechar físicamente los frutos. Vimos a docenas de personas venir a Cristo y experimentamos muchos acontecimientos dramáticos conforme la luz venció una y otra vez sobre las tinieblas. Sin embargo, esto no sucedió sin pruebas. Uno de los acontecimientos que me impactó en gran manera fue un encuentro que tuvimos con un hombre endemoniado que intentó hacernos daño físicamente —intentó matarnos.

Me pasé la mayor parte del tiempo caminando a lo largo de la calle Bourbon intercediendo por las "tropas" conforme éstos testificaban y oraban con la gente. Una noche mi compañero y yo cruzamos la calle para hablar con dos de nuestros estudiantes, quienes llevaban un cartel que decía: "¡Dios te ama!".

Conforme hablábamos, un hombre gigantesco, a quien llamaremos Goliat, salió de la nada dirigiéndose hacia nosotros. Medía cerca de 3 metros de altura (al menos 1.98), pesaba unos 230 kilos (al menos unos 120). Estaba vestido de soldado romano de la cabeza a los pies —o tal vez de soldado filisteo— y traía un largo látigo que hacía tronar conforme se nos acercaba. Sus labios estaban cubiertos de una espuma roja y había unos hilillos de sangre en las esquinas de su boca.

Se aproximó a nosotros tronando el látigo y rugiendo como un perro enojado. A nuestro alrededor la gente se hacía a un lado y observaban. Entonces Goliat empezó a gritar con una voz profunda y rasposa: "Dios es amor, ¿no? ¡Los voy a matar!"

Con lo astuto que soy rápidamente me di cuenta de la situación y me dije: *Esto no es bueno.* Quise hablar un pasaje poderoso y utilizarlo como espada, pero el único versículo que venía a mi mente era: *El vivir es Cristo y el morir es ganancia.* ¡Por alguna razón parecía que no era el versículo que yo quería en ese momento!

Conforme permanecía de pie preguntándome por qué ninguno de los otros tres miembros del equipo no hacían nada, de pronto se me ocurrió una razón —¡Yo era el líder! Y por ser un líder tan sabio grité: "Sálvese quien pueda". Y me añadí a mí mismo: *¡Piernas, no me vayan a fallar ahora!* Me sentí más con la unción de la mariposa que con la unción del relámpago.

Por supuesto, realmente ni dije ni hice ninguna de estas cosas, pero un fuerte temor intentó levantarse en mi interior. ¿Qué hice realmente? Hice *PAGA* —¡una gran *paga!* Y cuando miré a los otros tres, sus labios se movían silenciosamente. ¡Ellos también estaban haciendo *paga!*

Era *paga* cuadríplicado. ¡Lente de aumento no me falles ahora!

Conforme resistimos y atamos los poderes de las tinieblas en este hombre en el nombre de Jesús, su voz comenzó a cambiar en segundos, al igual que su actitud. Los demonios que le controlaban habían sido vencidos. La luz había prevalecido. El hombre de hecho parecía confuso. Nos miró con una extraña expresión, murmuró algo con respecto a que continuáramos con lo que estábamos haciendo y se marchó lentamente mientras la multitud observaba sorprendida.

La luz venció a las tinieblas. El poder de Dios "dio en el blanco", *(paga)* acallando los espíritus malignos y salvándonos de la vergüenza y probablemente de heridas.

Esa noche conforme más tarde nos reunimos y compartimos nuestras historias de guerra del día, todos se asombraron conforme relatábamos cómo nos habíamos encontrado con temor, con confianza y en control de la situación conforme "Goliat" nos confrontaba. "Jamás dudamos", le aseguramos al grupo. "Jamás dudamos". ¡Que Dios nos perdone!

Templos vivientes que acarrean la gloria

Mi padre, Dean Sheets, quien es pastor en Ohio, vio que la luz vencía a las tinieblas mientras se encontraba en un viaje misionero hacia Haití. Estaba predicando el evangelio y orando por los enfermos según Marcos 16:15-18. Como tal vez ya lo sepan, la religión nacional de Haití es el vudú; consecuentemente, la actividad demoníaca es fuerte y prominente. A los poderes de las tinieblas se les ha dado un gobierno libre.

Papá sintió, dirigido por el Espíritu Santo, que tenía que orar por los individuos ciegos, así que los invitó a pasar al frente. Veinte personas respondieron al llamado. Conforme se colocó enfrente de ellos, uno a la vez, esperando la dirección del Espíritu Santo, se le dio la instrucción para 19 de los 20 presentes: "Echa al espíritu que causa la ceguera". Cada vez que lo hizo fueron sanados instantáneamente, veían perfectamente.

¡Paga! La luz dando en el blanco, penetrando los ojos oscurecidos, trayendo la vista.

De lo que muchos creyentes no están conscientes es de que estamos llenos de la gloria y la luz de Dios. Cuando el apóstol Pablo, inspirado por el Espíritu Santo, dijo: "¿No sabéis que sois templo de Dios, y que el Espíritu de Dios mora en vosotros?" (1 Corintios 3:16), él utilizó la palabra griega *naos* para "templo",[4] la cual siempre se utiliza para referirse al lugar santísimo. Pablo estaba diciendo literalmente: "¿No sabéis que vosotros sois el lugar santísimo?".

La palabra "mora" se toma de la palabra del Antiguo Testamento *shakam,* la cual significa "vivir o habitar"[5] La "gloria *shekinah"* era la gloria que habitaba o moraba en el lugar santísimo. Pablo estaba diciendo que en la gloria *shekinah* de Dios ahora *shakans* en nosotros (ver 1 Samuel 4:4; 2 Samuel 6:12-19). Nosotros somos el nuevo lugar santísimo, un templo de piedras vivas no hecho con manos, sino por Dios mismo. Segunda de Corintios 4:6,7 lo dice de la siguiente manera:

> *Porque Dios, que mandó que de las tinieblas resplandeciese la luz, es el que resplandeció en nuestros corazones, para iluminación del conocimiento de la gloria de Dios en la faz de Jesucristo. Pero tenemos este tesoro en vasos de barro, para que la excelencia del poder sea de Dios, y no de nosotros.*

Israel llevó el Arca del Pacto que representaba la gloria y la presencia de Dios en la batalla (ver Josué 6:6). Cuando el Arca se movía, se gritaba: "Levántate, oh Jehová, y sean dispersados tus enemigos, y huyan de tu presencia los que te aborrecen". (Números 10:35). El Salmo 68:1, un versículo de guerra, cita a este versículo de Números. Esa misma gloria y presencia habita ahora en nosotros. El mensaje que debemos comprender es que la clave para la victoria es llevar con nosotros la presencia de Dios a la batalla. ¡Él se levanta y dispersa a sus enemigos *a través de nosotros!* ¡Ahora nosotros somos los que lo llevamos!

Libera la luz

Levántate, resplandece Iglesia, porque ha venido tu luz, y la gloria de Jehová ha nacido sobre ti. La oscuridad, ciertamente, cubre la tierra y pone en profundas tinieblas a las personas, pero es una oscuridad derrotada. Las naciones están buscando la luz, los reyes buscan el resplandor de nuestro nacimiento (Isaías 60:1-3, paráfrasis de Sheets). Somos soldados de la luz. Debemos liberar con valor el poder del Altísimo en las diferentes situaciones, permitiendo el acceso a la victoria de Cristo. Él nos ha dado Su luz, Su espada, Su nombre. ¡Utilicémoslo!

Colócate en la posición que da hacia el Hijo y permítele brillar a través de ti, ¡dándole al blanco! Empuña la espada láser del Espíritu. Con frecuencia nos olvidamos de lo poderoso que es el Espíritu Santo que está en nosotros —de lo destructivo que es para las tinieblas con Su espada brillante. Tiene un poder sobrenatural para vencer a las obras de las tinieblas —cuando lo liberamos confiadamente.

Colócate, espiritualmente hablando, frente a tus hijos rebeldes y pídele al Señor que envíe un rayo de humildad hacia ellos. Dirige la luz de la libertad a sus adicciones, ya sean drogas, sexo, alcohol o lo que sea. Se agresivo en el espíritu.

Esposos o esposas, pídanle a Dios que brille más en la vida de vuestros cónyuges, pasando a través de las tinieblas del engaño y liberándolos.

Pastores, clamad al Espíritu Santo para que brille y rompa con los problemas de división y complacencia de sus congregaciones. Mientras esperan a que Dios haga algo, tal vez Él esté esperando por ustedes. ¡Liberen la luz! Clamadla en el nombre de Jesús.

Como los israelitas llevaban la presencia y la gloria de Dios a la batalla, así también debemos hacerlo nosotros. Todo lo que se encontraba en el interior del Arca del Pacto se encuentra en nosotros: el Pan de Vida, la vara de la autoridad sacerdotal y la ley de Dios. Y la gloria que estaba sobre ella ahora brilla a través de nosotros. ¡Actúa conforme a ello! Golpea con la espada —¡habla la Palabra! "Deja que Dios se levante" a través de tu intercesión "y Sus enemigos serán esparcidos".

Preguntas para reflexionar

1. ¿Cómo se relaciona *paga* con los relámpagos?

2. Explica la conexión entre la luz/relámpagos de Dios y Sus juicios. ¿Puedes explicar cómo sucedió esto en la Cruz?

3. ¿Cuál es la relación entre Dios, luz, Su espada y nuestra intercesión?

4. ¿Dónde está el lugar santísimo? ¿Cómo se relaciona con la intercesión?

5. Piensa en una situación en la que la luz venció a las tinieblas. ¿Cómo lo hizo Dios? Ahora, piensa en una situación actual en la que la intercesión puede ser utilizada para ver los mismos resultados.

6. ¿Te gusta representar a Jesús?

Notas

1. Spiros Zodhiates, *Hebrew-Greek Key Study Bible —New American Standard* (Chattanooga, Tenn.: AMG Publishers, 1984; edición revisada, 1990), p. 1846.

2. Craig Brian Larson, *Illustrations for Preaching and Teaching* (Grand Rapids: Baker Books, 1993), p. 133.

3. Idem., p. 72, adaptada.

4. Joseph Henry Thayer, *A Greek-English Lexicon of the New Testament* (Grand Rapids: Baker Book House, 1977), p. 422.

5. James Strong, *The New Strong's Exhaustive Concordance of the Bible* (Nashvile: Thomas Nelson Publishers, 1990), ref. núm. 7931.

Capítulo doce

La sustancia de la oración

Dos ranas cayeron en una lata de crema,
o así lo han contado.
Los bordes de la lata eran brillantes y empinados,
la crema estaba fría y tenía profundidad.
"Oh, no hay nada que hacer —dijo la primera rana.
"Está claro que no hay quien nos ayude".
"¡Adiós, mi amiga, adiós, mundo cruel!"
Y aún llorando se ahogó.

Pero la rana número dos, que era más decidida,
chapoteaba sorprendida.
Mientras se lamía sus labios cremosos
y parpadeaba con sus ojos cremosos.
"Nadaré un rato" — pensó,
o así lo han contado.
No le serviría de nada al mundo
si otra rana muriera.
Durante una hora pataleó y nadó,
ni una sola vez se detuvo a murmurar.

Luego, dio un salto hacia afuera desde la isla que
había formado de fresca mantequilla batida.

(Autor desconocido)

Lecciones de los tres hombres y de la rana

Escuché por primera vez esta ocurrente historia hace veinte
años en un mensaje de John Garlock, uno de mis profesores
en el Instituto de Cristo para las Naciones, sobre el tema de
la tenacidad. No hay muchos mensajes que una persona
recuerde 20 años después, pero John Garlock tiene destreza y
unción para predicar sermones "memorables". Otros, por
supuesto, tienen un don similar para predicar sermones que
se olvidan. He escuchado muchos de esos sermones, e incluso
yo he predicado mi lote.

El hermano Garlock mencionó la historia que se encuentra
en 2 de Samuel 23:8-12 sobre los tres hombres valientes de
David: Sama, Adino y Eleazar. Sama tuvo tenacidad ante una
humilde tarea, defendiendo un pequeño terreno de lentejas de
un montón de filisteos. Adino personificó a la tenacidad ante las
abrumadoras posibilidades matando a 800 filisteos con una sola
mano. Eleazar representó la tenacidad al enfrentar una increíble
fatiga en la que, después de estar luchando durante varias horas,
su mano tuvo que ser arrancada de su espada.

Gracias, profesor Garlock, por enseñarme a través de estos tres
hombres y de la rana la importancia de la perseverancia y
resistencia. Coloco esto casi en la cima de mis principales
características espirituales. Y entre más viva, será algo más
importante. La "resistencia" no llegó a estar dentro de los Diez
Mandamientos, pero logró estar en los nueve frutos del Espíritu.

La palabra *makrothumia*, traducida como "paciencia" en
Gálatas 5:22, es definida por la Concordancia de Strong como
"longanimidad o fortaleza"[1] Por ello es que digo: "resistid".

En estos días en que todas las cosas son instantáneas
—desde la "comida rápida" hasta "las maquinaciones para
volverse ricos rápidamente" y "cómo tener la iglesia más

grande de la ciudad de la noche a la mañana" y conferencias que nos dicen: "cuatro pasos fáciles para tener oraciones respondidas"— rápidamente estamos perdiendo la característica de la resistencia. Cocinamos más rápido, viajamos más rápido, producimos más rápido y gastamos aun más rápido... y esperamos que Dios siga al mismo ritmo que nosotros, especialmente en la oración.

Dick Eastman, en su libro *No Easy Road* (No hay camino fácil), declara:

> Gran parte de la sociedad se ha olvidado de la perseverancia... Pocas personas tienen un espíritu de esfuerzo como el del artista Rafael. Una vez se le preguntó: "¿Cuál es su mejor pintura?" Sonrió y dijo: "La próxima". Uno siempre ve a Rafael esforzándose por ser mejor. Esto es lo que necesitamos en la oración, una actitud de persistencia".[2]

Nos parecemos mucho a los chitas africanos que deben correr tras su presa para comer. Está bien equipado para la tarea, puede correr a una velocidad de 112 kilómetros por hora. Sin embargo, el chita tiene un problema, que tiene un corazón desproporcionadamente pequeño, lo cual hace que se canse muy rápido. Si no caza a su presa rápidamente, debe abandonar la persecución.

Cuántas veces tenemos las misma cualidad del chita en la oración. Nos apresuramos a nuestro lugar de oración con gran energía, pasamos rápidamente al frente de la iglesia, o nos dirigimos con rapidez a una persona para que ore. Pero carecemos de un corazón que realice un esfuerzo continuo, a menudo tropezamos antes de lograr lo que se necesita. Para nuestra próxima excursión de oración, decidimos orar más, y más rápido, cuando lo que se necesita puede que no sea un poder más explosivo, sino un poder constante —el vigor que proviene únicamente de un corazón de oración más grande.[3]

George Müller fue un hombre que "perseveró". Un ejemplo de su persistencia es relatado por Dick Eastman en el libro mencionado anteriormente:

"Lo mejor es jamás darse por vencido hasta que llegue la respuesta. He estado orando durante sesenta y tres años y ocho meses por la conversión de un hombre. Aún no es salvo, pero lo será. Cómo puede ser de otra manera... si estoy orando." Llegó el día cuando el amigo de Müller recibió a Cristo. Pero ese momento no llegó sino hasta que el féretro de Müller estaba siendo bajado a su tumba. Allí, cerca de la tumba abierta, este amigo le entregó su corazón a Dios. Las oraciones de perseverancia habían ganado otra batalla. El éxito de Müller se puede resumir en cinco palabras. No se daba por vencido.[4]

Lo fácil no da resultado en la oración

El mismo Hijo de Dios pasó muchas noches enteras orando para cumplir con Su ministerio. Le tomó tres arduas horas en Getsemaní para hallar la fuerza para enfrentar la Cruz. "...ofreciendo ruegos y súplicas con gran clamor y lágrimas..." (Hebreos 5:7).

Nosotros, por otro lado, nos hemos convertido en maestros del arte de la oración con una sola línea, y pensamos que si le damos a Dios un servicio de dos horas a la semana somos bastante espirituales. Lo "fácil" puede ser un buen consejo en algunas situaciones, pero en la mayor parte de la vida, incluyendo la oración, lo fácil *no* resuelve las cosas.

Un piloto al inicio de un vuelo fue a la parte trasera del avión para revisar la causa de una luz de advertencia. El problema era una puerta que no estaba bien cerrada, la cual se abrió por completo conforme se acercaba. El piloto de inmediato fue expulsado del avión.

El copiloto, viendo por medio del panel de control que una puerta estaba abierta, giró para volver de inmediato al aeropuerto y llamó a un helicóptero para que buscara en el área. "Creo que un piloto ha sido expulsado del avión", dijo. Después de aterrizar el avión, todos estaban sorprendidos al encontrar al piloto agarrado de una escalera, de la cual logró asirse milagrosamente. Había aguantado durante quince minutos y, aun más sorprendente,había logrado evitar que su cabeza golpeara la pista de aterrizaje, ¡que estaba tan sólo a quince centímetros! Al encontrar al piloto, ¡tuvieron que separar sus dedos de la escalera! ¡Eso es perseverancia![5]

Cualquiera que haya estado asociado por mucho tiempo con la iglesia durante este siglo, especialmente en los Estados Unidos, sabe que nuestros problemas no son el resultado de falta de información o por falta de fuerza en lo material. Si fracasamos en alcanzar lo que Dios pide de nosotros conforme corremos nuestra carrera, será un fracaso del corazón y del espíritu.

Como la rana, he pataleado y nadado a través del tiempo para obtener más victorias de las que he logrado por el camino rápido y fácil. He luchado hasta que mi mano se ha quedado pegada a la espada. He descubierto que la resistencia tenaz a menudo es la clave para la victoria en la oración.

Pero, ¿POR QUÉ?

¿Por qué se requiere persistencia en la oración? En esto he trabajado durante muchos años. ¿Tiene Dios cantidades específicas de oración que son necesarias para ciertas situaciones? ¿Le convencemos de que haga las cosas? ¿Decide Dios "finalmente" hacer una cosa? "¿Nos ganamos la respuesta a través del arduo trabajo y de la perseverancia?

La respuesta a todas estas preguntas es no.

Alguien preguntará: "¿Qué sucede con la oración importuna de Lucas 11:5-13?", "¿No nos enseña que importunemos o persistamos ante Dios hasta que decida darnos lo que necesitamos?"

¡La respuesta es un enfático no! No persistimos en contra de Dios. La palabra "importunidad", en Lucas 11:8, es una traducción desafortunada de la palabra *anaideia*, la cual de hecho quiere decir "sin vergüenza",[6] o una "descarada desvergüenza".[7] *Aidos*, la palabra raíz significa "modestia o vergüenza"[8] y se traduce como tal en 1 Timoteo 2:9. Aquí, en Lucas 11, en su forma negativa, forma "sin modestia o sin vergüenza".

La intención de esta historia es la misma que Hebreos 4:16, la cual es acercarse al trono de gracia con valor, y no con un sentido de indignidad o vergüenza. Al igual que la persona que pide en esta historia, podemos acercarnos a nuestro amigo, Dios, en cualquier momento sabiendo que somos aceptados.

¿Utiliza Dios el período de espera para enseñarnos? Creo que en ocasiones ciertamente es lo que hace, sin embargo, si esta es la razón de la demora, no necesitaríamos orar por lo mismo una y otra vez. Orar una vez y esperar con fe sería lo adecuado.

En otras situaciones la tardanza puede ser que Dios tenga el tiempo perfecto para una respuesta a la oración: "No nos cansemos, pues, de hacer bien; porque a su tiempo segaremos, si no desmayamos" (Gálatas 6:9). Pero, nuevamente, si esta es la razón, pedir una vez y esperar con fe debería de ser suficiente.

Entonces, ¿por qué es necesaria la persistencia o la perseverancia en la oración? ¿Por qué me tomó 30 horas de oración para que se disolviera el quiste del ovario de mi esposa? ¿Por qué tomó un año obtener el milagro de la niña que se encontraba en estado de coma? ¿Por qué se demandan en ocasiones varios años de intercesión para ver que alguien se salve? ¿Por qué tuvo que orar Elías siete veces antes de que viniera la lluvia? ¿Por qué Daniel tuvo que orar 21 días antes de que el ángel pudiera llegar con la respuesta?

Su trono en nuestros corazones

Probablemente existen razones, de las cuales no estoy consciente, para que se necesite la persistencia en la oración. Ciertamente no tengo todas las respuestas a la oración, pero quiero presentar una explicación para que la consideren. Creo que nuestras oraciones hacen algo más que simplemente motivar al Padre a la acción. Me ha convencido algo que Gordon Lindsay, un gran hombre de oración y fundador de Cristo para las Naciones, llama la "sustancia" de la oración.[9] Para ser justo, debo decir que no creo que se pueda probar concluyentemente, pero hay un gran peso en las evidencias que lo sugieren, y yo lo he abrazado como una verdad.

El concepto es que nuestras oraciones hacen algo más que motivar al Padre a la acción. De hecho, ellas liberan el poder del Espíritu Santo en nosotros para lograr cosas. Por supuesto que ciertos tipos de oración hacen esto más que otros.

Por ejemplo, en nuestro capítulo sobre los dolores de parto hablamos de que esto sucede cuando oramos en el Espíritu. Otra forma poderosa en la que esto ocurre sería a través de hablar la Palabra de Dios como una espada en ciertas situaciones (ver Efesios 6:17). Las declaraciones generales o mandamientos son otras actividades que liberan el poder del Espíritu Santo (ver Mateo 17:20; Marcos 11:23). La práctica de la imposición de manos es otro método de las Escrituras para impartir poder (ver Marcos 16:18; Hebreos 6:2).

Que existe un poder literal del Espíritu Santo que puede ser liberado a través de nosotros es algo absoluto. El poder de Dios que trae vida, sanidad y plenitud a la tierra fluye a través de nosotros —la Iglesia.

Por favor no se imaginen un trono en el cielo y piensen que todo se encuentra allí. Ahora Él ha colocado Su trono en nuestros corazones y somos el templo del Espíritu Santo. Somos el *naos* de Dios. En 1 de Corintios 3:16 y 6:19, esta palabra significa, "lugar santísimo".[10] Ahora nosotros somos el lugar santísimo, la habitación de Dios sobre la tierra. Cuando Él se mueve para liberar poder sobre la tierra, no tienen que enviarlo desde algún lugar del cielo —viene de Su pueblo, donde habita Su Espíritu en la tierra.

La Iglesia, el vientre de Dios sobre la tierra

Ya sea a través de hablar, tocar, imponer manos sobre los enfermos, declarar o alabar, cuando el poder de Dios empieza a fluir en la tierra, está fluyendo a través de vasijas humanas. Nosotros, el Cuerpo de Cristo, somos el vientre de Dios desde donde nace Su vida o desde donde es liberada sobre la tierra. La vida de Cristo produce flujos desde el vientre de la Iglesia.

En Juan 7:38 Jesús dijo: "El que cree en mí, como dice la Escritura, de su interior correrán ríos de agua viva". De su interior, o estómago, es la palabra *koilia* que significa literalmente "vientre". Traduciendo literalmente, diríamos, "de su vientre correrán ríos de agua viva". La palabra "vientre" habla de reproducción. Habla de dar a luz. Habla de dar vida.

Una frase similar se encuentra en Apocalipsis 22:1,2:

> *Después me mostró un río limpio de agua de vida, resplandeciente como cristal, que salía del trono de Dios y del Cordero. En medio de la calle de la ciudad, y a uno y otro lado del río, estaba el árbol de la vida, que produce doce frutos, dando cada mes su fruto; y las hojas del árbol eran para la sanidad de las naciones.*

La ilustración aquí es de Jesús como la fuente de vida. De Él fluye el río con árboles a uno y otro lado. Las hojas son producidas por los árboles, los cuales son alimentados por el río, el cual a la vez es alimentado por Jesús. Los pueblos —las naciones— comen las hojas y reciben plenitud.

Lo que quiero señalar es que la frase "río de agua de vida" en este pasaje es la misma frase en griego que "ríos de agua viva" en Juan 7. No existe diferencia entre el río de vida que fluye del Cordero trayendo sanidad y plenitud a la tierra, y los ríos de agua viva que deben de fluir del vientre de la iglesia. Nosotros somos los vasos por medio de los cuales da a luz, Sus cámaras de incubación. ¿Por qué debe sorprendernos esto? ¿No se supone que es la misma vida de Jesús lo que nosotros le ministramos a la tierra?

Juan 7:39 nos dice: "Esto dijo del Espíritu...". Es el Espíritu de Dios el que fluye de nosotros. Él no impone manos sobre los enfermos —nosotros somos los que imponemos las manos sobre ellos. Él no impone las manos sobre una persona y le ordena— Él nos pide que lo hagamos por Él. Él, en nuestro interior, libera un río para que fluya a esa persona, y ahora están ungidos y señalados por Dios. Cuando quiere que Su evangelio avance, el cual es el poder de Dios para salvación y vida, no hace un eco desde el cielo. Él lo declara a través de nosotros. La vida de Dios, el poder y la energía literal de Dios fluye de nuestras bocas y penetra en el corazón de los incrédulos, y nacen de nuevo.

Nosotros somos quienes empuñamos la espada del Espíritu —la Palabra hablada de Dios. Cuando el Espíritu de Dios quiere cortar y traer juicio a una situación, no habla desde las nubes. Habla desde Su pueblo —de nuestro espíritu. Cuando yo hablo Su palabra sobre una situación bajo la dirección del Espíritu Santo, es como si el Cordero de Dios mismo hablara esa Palabra. ¡Esto libera la vida de Dios! Nosotros somos el vientre de Dios a partir del cual se supone que tiene que fluir el río.

Un poder que se puede medir

Es importante que nos demos cuenta que este poder se puede medir. Hay cantidades acumuladas del mismo. Que existen niveles que se pueden medir de casi cualquier sustancia espiritual es algo que se puede probar con facilidad.

Existen niveles de fe que se pueden medir. Romanos 12:3 dice: "...conforme a la medida de fe que Dios repartió a cada uno". La palabra "medida" es *metron* de donde obtenemos la palabra "metro". En otras palabras, Dios le ha "medido" a cada uno una porción de fe; y a partir de allí debe crecer. Existen niveles de fe. Existen posiciones de justicia que se pueden medir. Incluso existen porciones o grados de pecados que se pueden medir.

En Génesis 15:16, Dios le dijo a Abraham que le iba a dar la tierra a sus descendientes en cuatro generaciones. La razón por la cual todavía no se la podía dar era porque "la maldad de los amorreos aún no se había cumplido".

Existen niveles de gracia que se pueden medir. Segunda de Corintios 9:8 dice: "Y poderoso es Dios para hacer que abunde en vosotros toda gracia...". De hecho, en Hechos 4:33, se nos dice: "Y con gran poder los apóstoles daban testimonio de la resurrección del Señor Jesús, y abundante gracia era sobre todos ellos". La palabra griega "gran" es *megas* de donde obtenemos la palabra "mega". ¡Existe la gracia, la mega gracia y la gracia plena!

Existen grados de amor que se pueden medir. Juan 15:13 habla de un amor mayor. Mateo 24:12 habla del amor que se enfría, Filipenses 1:9 se refiere al amor abundando más y más.

Existen grados del poder de Dios que se pueden medir. En Marcos 6:5, faltaba el poder de Dios en términos que se podían medir. El versículo dice que debido a la incredulidad de la gente de Nazaret, "no pudo realizar milagros". El griego no dice: "Decidió no hacer" o "no hizo". Literalmente dice: "No pudo" ya que su nivel de fe o incredulidad había dañado el flujo del poder de Dios. Aunque pudo sanar a algunos enfermos, no pudo realizar milagros.

El mismo versículo habla de una "mega" gracia y habla de un "mega" poder (ver Hechos 4:33). ¡Tenían un mega poder porque tenían mega gracia! Lo que quiero decir es que los aspectos del área espiritual son muy reales y tangibles. La unción es real. El poder es real. No lo vemos, pero está presente. Existen cantidades acumuladas y que se pueden medir en el terreno espiritual.

Ciertas cantidades de este poder o ríos de vida deben ser liberados en el terreno espiritual para lograr ciertas cosas. Se requieren diferentes cantidades para cosas diferentes. Tal y como en el terreno natural necesitas diferentes niveles de poder para hacer diferentes cosas, sucede lo mismo en el terreno espiritual. Es como la diferencia entre la cantidad de poder que se necesita para encender una linterna y un edificio, o para encender un edificio y una ciudad. Lo mismo ocurre en el espíritu. Diferentes cantidades del poder de Dios son necesarias para lograr ciertas cosas.

Diferentes medidas de poder

Veamos nuevamente Marcos 6, donde Jesús no pudo tener suficiente poder fluyendo de Nazaret para realizar un milagro. Fluía suficiente poder para realizar algunas sanidades, siendo las implicaciones, que eran algo mínimo, ya que el versículo diferencia entre las sanidades y los milagros. Fluía suficiente poder para una cosa, pero no para la otra. Esto implica que se necesitan diferentes cantidades para diferentes cosas. Jesús podía liberar lo suficiente para sanar a algunos, pero no podía obtener el flujo suficiente, debido a su incredulidad, para realizar un milagro.

Los discípulos en Mateo 17:14-21 habían estado echando fuera demonios y sanando a los enfermos, porque Jesús les había dado la autoridad y el poder para hacerlo. Sin embargo, un chico lunático les fue traído, y no pudieron realizar su trabajo. Vino Jesús, y no tuvo ningún problema en exorcizar al demonio que le causaba el lunatismo.

Los discípulos tenían suficiente poder fluyendo de su ministerio para tratar con la mayoría de los demonios y enfermedades, pero se encontraron uno que requería de más fe y más poder —¡y no tenían lo suficiente para vencerlo! Nuevamente, la implicación obvia es que niveles diferentes de poder se necesitan para lograr diferentes cosas.

Después de pedir, tendemos a sentarnos y a esperar en Dios, cuando a menudo Él es el que nos está esperando a nosotros.

Estoy completamente convencido de que este principio es la razón por la cual toma algún tiempo que nuestras oraciones sean respondidas. Recibir un milagro instantáneo es la excepción. Normalmente no es cuestión de tan sólo pedirle al Padre que haga algo, sino más bien es cuestión de liberar el poder suficiente en el espíritu para llevar a cabo el trabajo. La mayoría de los creyentes no están conscientes de esto. Después de pedir, tendemos a sentarnos y a esperar en Dios, cuando a menudo Él es quien nos está esperando a nosotros. Hemos fallado en comprender que hay oraciones que hacen algo más que pedirle a Él.

Algunas veces, cuando parece que Dios finalmente "ha contestado" o cuando pensamos que algo sucedió de pronto, la verdad es que finalmente suficiente poder se ha liberado a través de la oración para lograrlo.

Profetas que perseveraron por el poder

Cuando el profeta Elías vino al hijo de la viuda que había muerto, se colocó sobre el cuerpo cara con cara y oró tres veces (ver 1 Reyes 17:21). ¿Por qué tuvo que orar tres veces? ¿Por qué el hombre de Dios no estaba donde necesitaba encontrarse espiritualmente? ¿Por qué no tenía suficiente fe? ¿Por qué no lo hizo correctamente las primeras dos veces?

No se nos dice la razón, ni se insinúa que ninguna de las cosas anteriores sean ciertas. Creo que la razón se debió a que liberó un poco más de vida desde su vientre o espíritu en cada ocasión. ¡Se necesita una buena porción de vida para resucitar a un muerto!

En capítulos anteriores hemos visto 1 Reyes 18, donde Elías ora por lluvia, y discutimos la importancia de cuando Dios elige obrar a través de un hombre y un hombre con dolores de parto para dar a luz la voluntad de Dios. Veamos nuevamente este pasaje.

En 1 Reyes 18:1, el Señor le dijo a Elías: "...Ve, muéstrate a Acab, y yo haré llover sobre la faz de la tierra". Dios no dijo: "Yo podría". No dijo: "Si oras con suficiente fuerza". No dijo: "Estoy pensando". Únicamente dijo: "Voy a hacerlo". Era el tiempo, la idea y la voluntad de Dios.

Sin embargo, se nos dice al final del capítulo que Elías diligentemente oró siete veces con una postura de una mujer que está de parto antes de que aparecieran nubes y viniera la lluvia. No caminó casualmente a la cima de la montaña y dijo: "Señor, envía la lluvia" y fue enviada de inmediato. Esa no es la "oración ferviente y eficaz" de la que Santiago 5:16-18 nos dice que Elías hizo primero para detener y, luego para traer la lluvia.

La pregunta que debemos hacernos es: Si era la voluntad, el tiempo y la idea de Dios, entonces ¿por qué tuvo Elías que orar en siete ocasiones hasta que vino la lluvia? La explicación más razonable es que era necesario que perseverara hasta que hubiese completado la oración suficiente —hasta que suficiente poder hubiese sido liberado a través de la intercesión para que llegara al cielo y llevara a cabo su obra.

¿Por qué le tomó a Daniel veintiún días obtener su respuesta cuando Dios le envió un ángel el primer día que empezó a orar? Creo que si Dios quería enviar un mensajero angelical, podría haber hecho que pasara de inmediato si lo hubiese querido. Él tiene el poder suficiente, ¿no? Entonces, ¿por qué fue detenido este ángel durante veintiún días?

Creo que la fiel y diaria oración de Daniel estaba liberando poder en el terreno espiritual. ¡Y no sucedió hasta que suficiente poder fue liberado en el espíritu, para pasar a través de la oposición demoníaca, que Dios pudo hacer pasar al ángel con la respuesta!

Por favor comprende que no estoy limitando el poder de Dios. Estoy completamente consciente de que una palabra de Dios podría enviar a todos los demonios al infierno. Lo que se debe comprender es la decisión de Dios de obrar en la tierra a través de los hombres. Me parece razonable que si las oraciones de un hombre fuesen las responsables para que un ángel fuese enviado, también las mismas serían la clave para pasar con el mensaje. Como lo dijo Billheimer: "Aunque la respuesta a su oración estaba concedida y venía en camino, si Daniel se hubiese dado por vencido presumiblemente jamás habría llegado".[11]

Liberando el río de poder

¿Por qué le tomó a Jesús tres horas, en el Jardín de Getsemaní, penetrar? ¿Por qué no vinieron de inmediato los ángeles y le consolaron? ¡Ciertamente Dios no estaba reteniéndole algo a este hombre justo y sin pecado! El poder estaba siendo liberado en el espíritu para lograr la penetración.

No te estoy hablando con vanas repeticiones. No te estoy hablando de que se le pida a Dios una y otra vez. Estoy hablando de comprender los caminos y principios de Dios suficientemente para saber cómo podemos liberar el río para que puedan nacer las cosas desde tu vientre espiritual. Cuando intercedemos, cooperando con el Espíritu de Dios, lo libera para que salga de nosotros y esté sobre una determinada situación, liberando su energía que da vida hasta que llegue aquello que estamos pidiendo.

¿Por qué llevó un mes librarse del quiste del ovario de mi esposa? ¿Qué hacía yo conforme oraba una hora diaria durante ese tiempo? ¡Estaba liberando el río de mi vientre!

Alguien podría decir que finalmente Dios lo hizo después de haber perseverado lo suficiente. No. A través de todo el mes su dolor fue disminuyendo, lo cual según nuestro médico significaba que el quiste se estaba encogiendo. No sucedió de repente. El poder que estaba siendo liberado en el terreno espiritual estaba logrando algo físico en el interior de ella. Cada día cuando ese poder era liberado, estaba destruyendo el quiste un poco más... y más... y más... y más.

¿Por qué tuve que orar por más de un año por la joven comatosa que les conté al principio del libro? Fui a verla al menos una vez por semana durante un año, hablándole de la Palabra de Dios, llorando, pidiendo un nuevo cerebro dentro de su cabeza y peleando la buena batalla de la fe. ¿Por qué se necesitó un año? Porque se necesita mucho poder para formar un nuevo cerebro. ¿Por qué no lo hizo Dios en el instante? No lo sé. Intenté todo lo que sabía para que lo hiciera.

Dije: "Damsel, yo te digo, '¡Levántate!'" ¡Y no se levantó! Realicé todas las cosas que leía que hacían todos los héroes de la fe. Con fe, incluso la senté en la cama y le mandé que caminara, pero como una muñeca de trapo volvió a caer sobre su almohada. No sé por qué Dios no eligió realizar un milagro instantáneo, pero por no haberlo hecho estoy relativamente seguro de lo siguiente: Una cantidad determinada del río tenía que fluir hasta que fuera suficiente para producir el milagro.

Efesios 3:20,21 dice:

> *Y a Aquel que es poderoso para hacer todas las cosas*
> *mucho más abundantemente de lo que pedimos o*
> *entendemos, según el poder que actúa en nosotros, a*
> *él sea gloria en la iglesia en Cristo Jesús por todas*
> *las edades, por los siglos de los siglos. Amén.*

La frase "mucho más abundantemente" es la misma palabra para expresar la abundante gracia de Dios en Romanos 5:20. La palabra es *huperperissos*. *Perissos* significa "muy abundante",[12] *huper* significa "más allá" o "más que"".[13] Juntas, significarán mucho más abundantemente añadiéndosele aún más a eso. Es como decir más que, más que.

Efesios 3:20 dice que Él tiene suficiente poder para hacer más de lo que pedimos o pensamos y añadiéndole más a esto —más de, más de.

Entonces, ¿por qué somos a menudo tan deficientes?

Poder operativo

La fuente de poder no es el problema. El resto de Efesios 3:20 nos da una pista. Nos dice que Él va a hacer esto más que más que "según el poder que actúa en nosotros". Wuest traduce la frase "en la medida del poder que es operativo en nosotros". La palabra "medida" es *kata*, la cual no sólo tiene esta implicación de aquello que es medido en nosotros, sino que Strong dice que también es utilizada en ocasiones con la connotación de "distribución".[14] Él va a hacerlo mucho más abundantemente de lo que pedimos o pensamos en la medida del poder que es distribuido por nuestro arte. ¿Estás distribuyendo el poder? ¿Estás distribuyendo el río?

Por favor no pienses que estás liberando suficiente poder para lograr milagros con oraciones esporádicas o casuales. ¡No lo estás haciendo! Debes liberar el poder de Dios en tu interior continuamente. Santiago 5:16 dice: "La oración *eficaz* del justo puede mucho" (itálicas del autor). Wuest lo traduce de esta manera: "La oración de una persona justa puede hacer mucho conforme opera". Nota que el versículo no dice: "La oración de una persona justa puede hacer mucho porque hace que Dios opere".

Ciertamente lo hace, pero eso no es lo que el versículo nos está diciendo. Dice: "La oración de una persona justa puede hacer mucho conforme ésta —*la oración*— opera" (itálicas del autor). La traducción *ampliada* dice: "La oración con empeño (que se siente en el corazón, continua) de un hombre justo pone a disposición un poder tremendo [dinámica en su trabajo]". ¡Vaya! Nuestras oraciones salen a trabajar. Nota la palabra "continua". La versión *ampliada* captura el sentido presente del verbo. Tenemos en nuestro interior el poder que creó al mundo. Tenemos en nuestro interior el poder que fue a la profundidad de la tierra y arrebató las llaves del reino de las tinieblas. Debemos liberarlo. ¡Liberar al río! ¡Liberar el poder! ¡Liberarlo y liberarlo y liberarlo y liberarlo un poco más! ¡Una y otra vez!

Llenando las copas de oración del cielo

Conforme lo hacemos, las Escrituras indican que nuestras oraciones se acumulan. Existen copas en el cielo en las cuales son almacenadas nuestras oraciones. No que haya una copa para todas las oraciones sino "copas". No sabemos cuantas hay pero pienso que es muy probable que cada uno tenga su propia copa en el cielo. No sé si será literal o simbólico. No importa. El principio sigue siendo el mismo. Dios tiene algo en lo que almacena nuestras oraciones para utilizarlas en el momento adecuado.

Y cuando hubo tomado el libro, los cuatro seres vivientes y los veinticuatro ancianos se postraron delante del Cordero; todos tenían arpas, y copas de oro llenas de incienso, que son las oraciones de los santos.

Apocalipsis 5:8

Otro ángel vino entonces y se paró ante el altar, con un incensario de oro; y se le dio mucho incienso para añadirlo a las oraciones de todos los santos, sobre el altar de oro que estaba delante del trono. Y de la mano del ángel subió a la presencia de Dios el humo del incienso con las oraciones de los santos. Y el ángel tomó el incensario, y lo llenó del fuego del altar, y lo arrojó a la tierra; y hubo truenos, y voces, y relámpagos, y un terremoto.

Apocalipsis 8:3-5

Según estos versículos, o cuando Él sabe que es el tiempo correcto, o cuando oraciones suficientes se han acumulado para realizar el trabajo, Él libera el poder. Él toma la copa y la mezcla con fuego del altar.

Quiero que te imagines lo siguiente: Dios toma el mismo fuego que cayó en el Sinaí, el mismo fuego que quemó el sacrificio consumiendo las rocas y agua y todo lo demás cuando Elías se encontraba en la montaña, el mismo fuego que cayó en Pentecostés, el mismo fuego que destruyó a Sus enemigos, el mismo fuego del Dios Todopoderoso, ¡y Él mezcla tu copa de oraciones con Su fuego! Luego Él lo derrama sobre la tierra... estrellas relucientes, truenos, terremotos. Algo sorprendente sucede en el campo espiritual que luego afecta el terreno natural.

Esto debe haber sido lo que sucedió cuando Pablo y Silas estaban en la cárcel y empezaron a cantar alabanzas ya entrada la noche. La alabanza empezó a ascender, Dios la estaba ungiendo, las copas se llenaron y Dios las derramó. La tierra literalmente empezó a temblar, la puerta de la cárcel se abrió y sus grilletes cayeron al suelo. Como resultado, el primer convertido de Asia nació de nuevo en Filipos. El evangelio hizo su primera penetración en un nuevo continente de la tierra.

Recientemente, creo que el Señor me mostró lo que algunas veces sucede cuando venimos ante Él con una necesidad, pidiéndole que haga lo que Él dice en Su palabra. Como respuesta a nuestras peticiones, envía a Sus ángeles para que tomen nuestras copas y las mezclen con el fuego del altar. ¡Pero *en nuestras copas no hay suficiente para suplir la necesidad!* Podemos culpar a Dios o pensar que no es Su voluntad o que Su Palabra realmente no quiere decir lo que dice. La realidad de todo es que algunas veces Él no puede hacer lo que le pedimos porque no le hemos dado el poder suficiente en nuestro tiempo de oración para que lo haga. Él ha derramado todo lo que había que derramar ¡y no fue suficiente! No sólo es una cuestión de fe, sino también una cuestión de poder.

Espero que esto no les alarme. Me emociono cuando pienso en ello. No lo sabía en aquel entonces, pero cuando estaba frente aquella chica comatosa, cada vez que dije el Nombre que es sobre todo nombre, cada vez que oré en el Espíritu, cada vez que me agarraba a Su Palabra y a Sus promesas, cada lágrima que derramé fue colocada en una botella (ver Salmo 56:8) —o copa— y Dios estaba observando hasta que finalmente se llenó.

Vuélvete radical —Derrama el poder

Y un sábado por la mañana en 1986, el Todopoderoso miró a uno de los ángeles y le dijo: "¿Ves aquella chica de allá cuyo cerebro ya no funciona y que tiene que ser alimentada a través del estómago, que respira a través de un agujero en su garganta, que yace como muerta con vida y que los doctores dicen que no hay esperanza y que va a morir? ¿La ves? Toma esta copa que ha sido llenada, mézclala con Mi fuego, y vacíala sobre su cabeza". El resto ya es historia.

Ve a la habitación de tus hijos o hijas si no han nacido de nuevo y, preferentemente cuando ellos no estén, pon el poder de la oración —sustancia— en cada cosa que toquen. Este poder puede ir en la ropa o pañuelos y ministrar a las personas. Suficiente unción y poder del río fluyó del interior de Pablo y pasó a su pañuelo, y sucedían milagros notables cuando las personas tocaban esos pañuelos. Había suficiente poder en la túnica de Jesús que cuando se estiraron y cogieron el mismo borde inferior, algo salió de Él.

Seguro que recordarás el testimonio de Polly Simchen quien vino a mí con un pañuelo y me dijo: "¿Oraría sobre esto? Vamos a cortarlo y colocar un trozo a cualquier lugar que vaya. Vamos a esconderlo en todos los lugares que podamos". Como ya lo compartí antes, Polly venía a mí de vez en cuando y me decía: "Ya se me han acabado. Necesito otro". Así que orábamos y le colocábamos otra dosis con la unción de Dios.

Ella escondió un trozo bajo la suela de los zapatos de Jonathan y le prestó los zapatos a un amigo. Este amigo era el borracho más loco que había visto en mucho tiempo. ¡El amigo cometió una equivocación! ¡Utilizó el zapato de la persona equivocada! No, de hecho su vida se salvó —se salvó radicalmente, se llenó con el Espíritu de Dios y se volvió a Jesús. Jonathan perdió un amigo porque el amigo quedó tan lleno de la presencia de Dios que Jonathan no soportaba más estar junto a él. Como ya lo dijimos antes, Jonathan ahora también vive para el Señor.

¡Unta todo lo que tus hijos tengan con la unción! La palabra del Antiguo Testamento para "unción" significa derramar o untar con aceite. Está bien volverse un poco radical. A Jesús le gustó cuando la gente hacía agujeros en el techo, cuando se abrían paso entre las multitudes, subían árboles, gritaban clamando misericordia, lavaban Sus pies con lágrimas y el cabello —a Él simplemente le encanta una entrega total.

John Killinger cuenta sobre un método interesante que se utilizaba en el pasado para domar a un caballo atándolo a un burro. El poderoso caballo salía disparado, doblándose y brincando, haciendo que el burro fuera arrastrado violentamente. ¡Qué escena! El caballo huía, llevándose al burro, y desaparecían de la vista —algunas veces durante días. Luego volvían, con el pequeño y orgulloso burro al mando. El caballo se había quedado exhausto, peleando contra la presencia del burro. Cuando el caballo estaba demasiado cansado para seguir peleando, el burro asumía la posición de líder. Y eso es lo que sucede muchas veces con nuestras oraciones. La victoria es para los persistentes, no para los enojones; de los dedicados, no de aquellos que pueden proveer de grandes demostraciones de emoción y energía. Necesitamos una oración comprometida, determinada y sistemática, y no fuegos artificiales esporádicos.[15]

Padre, perdónanos

Padre, ¿por qué lo que más necesitamos es lo que menos hacemos? ¿Por qué estamos la mayoría de nosotros tan ocupados que no tenemos tiempo? Debes tener muchos días de frustración cuando tu mirada va de un lugar a otro a través de la tierra buscando a alguien cuyo corazón sea completamente Tuyo. Debes llorar a menudo cuando buscas a un hombre o a una mujer que se coloque en la brecha para que llene el abismo y no encuentras a nadie. En ocasiones Tu corazón debe sentir dolor por nosotros, Tu pueblo, queriendo que nos levantemos y seamos lo que Tú nos has llamado a ser.

Nos humillamos delante de Tu trono y te pedimos que nos perdones por nuestra falta de oración. Y perdónanos como líderes, Señor, que no le han dicho a Tu pueblo la verdad. Perdónanos como iglesia —el Cuerpo de Cristo— por permitir que el mal gobierne en esta tierra cuando tienes más poder del necesario en nuestros vientres para cambiarlo.

Perdónanos, porque no es Tu error, que tengamos una generación marcada con una X. No es Tu voluntad que asesinemos a la próxima generación antes de que respire por primera vez. No es Tu plan que aún no hayamos vencido a los principados de odio que dividen la tierra.

Perdónanos, Señor. Límpianos ahora y rompe las maldiciones que hemos permitido que gobiernen sobre nosotros. Perdónanos y límpianos del pecado de apatía, complacencia, ignorancia e incredulidad. Lávanos con el agua de Tu Palabra. Rompe de nosotros esta oración letárgica, que justificamos de miles de maneras diferentes. Realmente se debe a la desobediencia, incredulidad y al pecado.

Padre, por favor perdónanos y líbranos. Libéranos de ser únicamente oidores de Tu Palabra, y por no ser hacedores de ella. Danos hogares e iglesias que estén fundadas en la roca de la obediencia a Tu Palabra. Levántate en Tu pueblo con la tenacidad tan fuerte que tuvo Jesús, en la misma que anduvo la iglesia primitiva. Haz que desechemos todo lo que se opone a Tu Espíritu y colócanos en el lugar que se paga un precio y se puede uno asir del reino de Dios.

Llénanos de Tu Espíritu. Bautízanos con fuego. Deja que haya una impartición del Espíritu de gracia y súplica. Deja que haya la unción que proviene de Tu trono a las personas que están cansadas de un estado inerte, de mediocridad, de muerte y destrucción. Estamos cansados de ello, Dios. Estamos cansados de ser derrotados por un enemigo que ya ha sido derrotado. Estamos cansados de ser retenidos de nuestro destino, tanto individualmente así como nación. Estamos cansados de las carencias y de las enfermedades. Estamos cansados del pecado. Tenemos hambre de algo —¡del Dios de la Biblia!

Preguntas para reflexionar

1. ¿Puedes explicar la verdadera lección enseñada en la historia de Lucas 11:5-13? ¿Es una buena frase "la oración de la importunidad" como para utilizarla como resumen de este pasaje?

2. ¿Qué se quiere decir con "la sustancia" de la oración? ¿Cómo se relaciona esto con la perseverancia?

3. Provee de algunos pasajes que demuestren que las cosas espirituales se pueden medir. Ahora aplica esta verdad a la oración utilizando Efesios 3:20,21 y Santiago 5:16.

4. ¿Puedes pensar en alguna situación en la cual hayas dejado de orar antes de que tu "copa" estuviera llena? ¿Existe alguna situación actual en tu vida que pudiera necesitar que se libere más poder para recibir una respuesta?

5. ¿Amas a Jesús?

Notas

1. James Strong, *The New Strong's Exhaustive Concordance of the Bible* (Nashvile: Thomas Nelson Publishers, 1990), ref. núm. 3115.

2. Dick Eastman, *No Easy Road* (Grand Rapids: Baker Book House, 1971), pp. 96-97.

3. Craig Brian Larson, *Illustrations for Preaching and Teaching* (Grand Rapids: Baker Books, 1993), p. 245, adaptada.

4. Eastman, *No Easy Road*, pp. 97-98.

5. Larson, *Illustrations for Preaching*, p. 114.

6. Joseph Henry Thayer, *A Greek-English Lexicon of the New Testament* (Grand Rapids: Baker Book House, 1977), p. 38.

7. Jack W. Hayford, *Prayer is Invading the Impossible* (South Plainfielf, N.J.: Logos International, 1977; edición revisada, Bridge Publishing, 1995), p. 55, edición de 1977).

8. Thayer, *A Greek-English Lexicon*, p. 14.

9. Gordon Lindsay, *Prayer That Moves Mountains* (Dallas: Christ for the Nations, Inc., revisado en 1994), p. 43.

10. Thayer, *A Greek-English Lexicon*, p. 422.

11. Paul E. Billheimer, *Destined for the Throne* (Fort Washington, Pa.: Christian Literature Crusade, 1975), p. 107.

12. Strong, *The New Strong's Exhaustive Concordance*, ref. núm. 4057.

13. Idem., ref. núm. 5228.

14. Idem., ref. núm. 2596.

15. Larson, *Illustrations for Preaching*, p. 177, adaptado.

Capítulo trece

Acciones que hablan y palabras que actúan

Una reunión de oración asombrosa

En 1988 fui invitado a Inglaterra con mi querido amigo Michael Massa para enseñar durante una semana. Dos amigos intercesores nuestros de Inglaterra, Derek Brant y Lew Sunderland, nos habían invitado a ministrar a un grupo de 40 personas que representaban a las cuatro Islas Británicas (Inglaterra, Escocia, Gales e Irlanda).

No me di cuenta de varias cosas que sucedieron durante la semana. Primero no tomé en cuenta los *años* de intercesión combinados que estaban representados por el grupo —Lew por sí sola había estado intercediendo por Inglaterra cerca de 30 años. Este pequeño e insignificante detalle significaba que *cualquier cosa podría suceder.*

Segundo, no sabía que el Espíritu Santo se iba a mostrar con tanta intensidad la noche final y que no iba a poder terminar con mi mensaje. Cuando hice una pausa y dije: "La presencia de Dios es tan fuerte, que no puedo continuar", un espíritu de arrepentimiento e intercesión por Inglaterra vino sobre todos y duró toda la noche.

Sin lugar a dudas, se convirtió en la experiencia de oración más asombrosa de toda mi vida. Las acciones proféticas y declaraciones que surgieron —términos que explicaré en breve— fueron increíbles. Proclamamos Ezequiel 37:1-10 sobre la tierra de la misma manera en que Ezequiel profetizó a los huesos secos de Israel y al aliento de Dios. Nos sentamos en silencio durante más de una hora —sin que nadie se moviera ni exclamara ni una palabra— con profundo arrepentimiento y con temor al Señor. Los hombres que estaban entre nosotros caminaron por el lugar en arrepentimiento e intercesión profética, colocándose en la brecha por los hombres de la tierra. En realidad fue una noche asombrosa.

Tercero, en ese momento no estaba consciente de que Dios me estaba llamando y me estaba dando autoridad espiritual por la nación de Inglaterra. Había recibido palabras proféticas y pasajes de la Escritura por parte de individuos que hablaban de un llamamiento a las naciones. Y realmente había sentido que era verdad, pero no estaba consciente de un llamamiento en particular por Inglaterra, ni de que la autoridad divina lo acompañaría.

Se me había dado Jeremías 1:10 en más de una ocasión: "Mira que te he puesto en este día sobre naciones y sobre reinos, para arrancar y para destruir, para arruinar y para derribar, para edificar y para plantar". Sin embargo, no estaba seguro de que ese llamamiento fuese lo que yo quería, y debo de admitir que no lo abracé por completo.

El llamamiento de Inglaterra por un profeta que se rehusaba

En mayo de 1994 este mismo grupo me invitó a que volviera a Inglaterra, junto con un equipo de alabanza de los Estados Unidos, dirigido por un amigo cercano, y asociado, David Morris.

—Ya es tiempo de que le demos seguimiento a nuestra última reunión uniendo al Espíritu y a la Palabra a través de una adoración ungida y profética, seguido por ti, Dutch, hablando un mensaje profético sobre la nación —eso fue lo que me dijeron—. Vamos a alquilar algunas de las antiguas catedrales de Inglaterra y tendremos los servicios en ellas. Sentimos que esto liberará algunas cosas en el espíritu y preparará el camino para que Dios se mueva.

—No tengo un mensaje profético para Inglaterra y además, estoy demasiado ocupado —fue mi respuesta.

Mantuve esta posición durante meses, incluso hasta semanas antes de que se llevaran a cabo las reuniones. En esa época tres diferentes intercesores me dijeron, en el espacio de una semana, que me había desviado de la dirección de Dios y que debería haber ido a Inglaterra.

Oh, fueron muy corteses y respetuosos, pero el Espíritu Santo fue un poco más directo al interpretarlos: *¡Despierta, Sheets!*

Siendo un hombre tan astuto en lo espiritual, tres palabras de corrección fueron suficientes. Después de la última, de inmediato tomé el teléfono y le dije a mi secretaria que llamara a Inglaterra informándoles que había pasado por alto a Dios y que iría si no tenían a nadie más.

—No, no tenemos a nadie más —le dijeron a mi secretaria—. Sabíamos que él debía hacerlo. Sólo estábamos esperando que él lo escuchara.

Esto te hace sentir terriblemente poco espiritual, ¡cuando todo el mundo sabe cual es la voluntad de Dios para tu vida, menos tú!

Para que no vayas a confundir este libro como una autobiografía, voy a llegar a lo que quiero decir. En nuestra última reunión en Inglaterra, habiendo sido todas ellas poderosas, estábamos ministrando en la Capilla de Westminster.

Conforme estaba preparándome para predicar en esta iglesia bien conocida y enlazada con una rica y maravillosa herencia, localizada a una o dos calles del Palacio de Buckingham, escuché estas palabras en lo profundo de mi espíritu: (confío en que estás listo para esto. Es probable que sepas a estas alturas que puedo encontrarme un poco en el lado radical.) *Esta noche no le estás predicando a la audiencia. Le estás predicando a esta nación. Tienes que declararle Mi Palabra, llamarla para que vuelva a la justicia, a la santidad, al arrepentimiento, a Mí. Pide Mi unción, Mi Fuego y Mi presencia una vez más sobre esta tierra.*

No queriendo que mis anfitriones pensaran que era demasiado raro, les informé de lo que pensaba hacer. ¡Y lo hice!

Le prediqué al aire.

Le prediqué al gobierno.

Le prediqué a los pecadores de Inglaterra.

Le prediqué a todo el Cuerpo de Cristo en Inglaterra.

Jamás he trabajado tanto en mi vida. Sentía como si estuviese peleando e intentando pasar a través de multitudes de demonios. Al terminar mi mensaje me senté detrás de la plataforma completamente cansado, empapado en sudor y casi mareado. No tenía sentimientos de victoria ni de derrota, sólo de cansancio por la batalla.

Lew Sunderland, la intercesora matriarcal y responsable por haberme invitado y de orar para que estuviera allí, una verdadera madre en la fe, se me acercó con una dulce sonrisa de comprensión. Colocando mis mejillas en sus manos me aseguró:

—Está bien, cariño, lograste penetrar. Lograste lo que se necesitaba.

Más tarde ella misma me dijo: —Querido, ¿ya has aceptado —para Lew todos son queridos— que Dios te ha llamado a esta nación y que te ha dado la autoridad en este lugar?

—Sí, señora —dije humilde y sumisamente como lo haría un niño ante su madre después de haber aprendido una valiosa lección.

—Ya no tienes más interrogantes, ¿verdad?

—No, señora.

—Eso está bien. Te tendremos de vuelta cuando el Señor diga que es el momento. ¿De acuerdo?

—Sí, señora.

¡Voy para allá el próximo mes!

Recibimos una llamada de Inglaterra una semana después de haber ministrado allá. El mensaje era: "El avivamiento ha empezado en Londres". La renovación, en realidad, había llegado a la nación, con muchas personas viniendo a Cristo y miles de ella recibiendo y renovando el contacto con el Espíritu Santo.

La unción del bumerang: Acción y declaración

Jamás presumiré de que el avivamiento llegó únicamente por nuestro ministerio. Los años de intercesión de muchas personas y las innumerables horas de trabajo desinteresado por cientos de hombres y mujeres piadosas tuvieron mucho más que ver con esto que cualquier cosa que nuestro equipo pudiese haber hecho. ¿Qué parte jugamos nosotros? Adoración profética —declarando a través de una procesión y a través de canciones el esplendor, grandeza, señorío y autoridad de Dios, y declaración profética —proclamando la voluntad y la Palabra del Señor en el terreno espiritual.

Hay un aspecto interesante de la intercesión que pocas personas comprenden e incluso menos la llevan a cabo. Es la *acción y declaración profética.* ¿Qué queremos decir con esto? Cuando decimos que algo es "profético", o queremos decir que es algo que se predice —hablar o predecir cosas futuras, o algo que se anticipa— acciones o palabras que declaran algo de Dios. En el último caso puede que no sea en lo absoluto algo futurista. Algo que es profético en su naturaleza puede ser una o ambas cosas —predecir o anticipar.

Cualquiera de ellas pueden tener un propósito preparatorio. Palabras o acciones proféticas preparan el camino, en el mismo sentido en que Juan el Bautista, el profeta, preparó el camino con sus palabras y acciones para que el Mesías viniese y fuese revelada la gloria del Señor (ver Isaías 40:1-5). El ministerio profético libera el camino para la gloria del Señor y para que pueda continuar el ministerio de Jesús. Las acciones y declaraciones proféticas preparan el camino para que Dios trabaje en la tierra.

En cierto sentido esto libera a Dios para que haga algo, conforme se convierten en los medios de implementación o métodos a través de los cuales Él ha decidido trabajar. No lo liberan en el sentido de que esté atado —obviamente Dios no lo está. Pero lo liberan en el sentido de que:

1. La obediencia a Dios acarrea una respuesta de Su parte. Como veremos posteriormente en este capítulo, las acciones y declaraciones proféticas no significan nada si no están dirigidas por Dios. En el mismo sentido, cuando Él da una instrucción, debe ser obedecida. Él decide hacer las cosas de cierta manera y cuando esa manera es implementada, libera a Dios para que haga lo que Él quiere hacer. No siempre nos explica por qué debemos hacerlo de una manera en particular. Siendo Dios, tiene todo el derecho. Pero cuando la manera que Él ha elegido es implementada, Él hace lo que necesita hacer.

2. La fe libera a Dios. Cuando Él dice: "Haz esto", la fe y la obediencia le liberan.

3. Le liberan en el sentido de que Su Palabra creativa y eficaz es liberada en la tierra. ¡El poder creativo de Dios, Su energía y habilidad, que surgen a través de Sus Palabras son liberadas en la tierra a través de la declaración profética! Si no estás abierto a las revelaciones, jamás podrás abrazar esto. Abre tu corazón a la iluminación.

Una definición más completa sería: La acción o declaración profética es algo dicho o hecho en el terreno natural por la dirección de Dios y prepara el camino para que Él se mueva en el terreno espiritual, lo cual como consecuencia efectúa un cambio en el terreno natural. ¿Qué te parece este compañerismo de Dios y el hombre? Dios dice que hagamos o digamos algo: Nosotros obedecemos. Nuestras palabras y acciones tienen un impacto en el terreno celestial, lo cual posteriormente causa un impacto en el terreno natural. Tal vez esta sea ¡la unción del bumerang!

Estoy seguro de que a estas alturas ya podrás utilizar algunos ejemplos bíblicos con respecto a esto, así que déjame darte unos cuantos más. Primero, quiero darte ejemplos bíblicos de acciones proféticas que preceden y/o liberan acciones literales en la tierra. Luego examinaremos algunas declaraciones proféticas.

Acción profética

Cuando Moisés extendió su vara sobre el Mar Rojo es un ejemplo de una acción profética (ver Éxodo 14:21). ¿Por qué tuvo que extender su vara? Porque Dios se lo dijo. Dios quería que la vara que simbolizaba la autoridad fuera extendida sobre el Mar Rojo. Si no se hubiese extendido la vara sobre el mar, el mar no se hubiese dividido. Dios esencialmente dijo: "¡Quiero que un acto profético me libere para hacer esto!".

Otro ejemplo de una acción profética es Moisés sosteniendo la vara de autoridad en Refidim donde Israel estaba luchando contra Amalec (ver Éxodo 17:9-13). Compartí la historia del capítulo 9 para señalar la diferencia entre la autoridad y el poder, pero también es una demostración viva de una acción profética.

Moisés se encontraba en la colina con la vara de la autoridad levantada. Cuando estaba arriba, Israel prevalecía. Cuando la bajaba debido al cansancio, Amalec prevalecía. La cuestión no era el ánimo. ¿Crees que los soldados en el campo de batalla, en vez de pelear, estaban viendo a Moisés? No tenía nada que ver con el ánimo —es probable que ellos ni siquiera hayan visto que la vara estaba arriba o abajo.

Tenía que ver con algo que estaba aconteciendo en el terreno espiritual. Esta acción profética estaba liberando algo en los lugares celestiales. Conforme lo hacía, la autoridad de Dios venía a la tierra y le daba la victoria a los israelitas. No puedo explicar más allá. Algunas cosas, cuando se trata con Dios, simplemente no pueden ser explicadas.

A la manera de Dios, incluso cuando no tenga sentido

Cuando Moisés golpea la roca en Éxodo 17:6 es otro ejemplo de una acción profética. Él tomó la vara de la autoridad, golpeó la roca y salió agua. ¿Por qué? Porque Dios lo quiso así. Podríamos elaborar en todos los simbolismos de estas acciones y posiblemente comprender por qué Dios lo hizo, pero lo principal es: Cuando Él eligió hacerlo de una manera determinada, alguien tenía que efectuar un hecho en la tierra que a menudo no tenía sentido, pero cuando se hacía, liberaba algo en el espíritu, lo cual a su vez liberaba algo en la tierra. Una persona normalmente no obtiene agua de una roca cuando la golpea con una vara ...a menos que Dios te haya dicho que lo hagas. Nuevamente, cuando Él nos dice que actuemos, causa un impacto en el espíritu, afecta la tierra y produce un resultado —como sacar agua de una roca. ¡Esa es una acción profética!

Muchos de estos ejemplos aparecen en las Escrituras. En 2 de Reyes 13:14-19 Eliseo estaba a punto de morir y el rey Joás vino a él pidiéndole consejo. Los asirios habían acampado alrededor de Israel y querían instrucciones de parte del profeta. Eliseo le dijo: "¡Toma una saeta y lánzala por la ventana hacia el campamento del enemigo!" Era una declaración de guerra. El rey y el profeta pusieron sus manos sobre el arco, lanzando la saeta. Luego Eliseo le dijo: "Esa es la saeta de la liberación del Señor. Ahora toma estas saetas y golpea la tierra".

El rey estaba a punto de ser probado. Sus acciones iban a ser proféticas. Al no saber las intenciones del profeta, tomó las saetas y golpeó la tierra tres veces.

El profeta se entristeció y se enojó: "Tres veces tendrás victoria sobre tus enemigos, y luego te conquistarán", le dijo. "Deberías haber golpeado con las saetas al menos cinco o seis veces, ¡entonces tú los habrías conquistado!".

La historia no me parece justa. ¿Cómo iba a saber el rey que debía seguir golpeando? Creo que la cuestión es que si Dios te dice que golpees tres veces, entonces golpeas tres veces. Pero si Dios simplemente dice golpea, ¡entonces golpeas hasta que Él te diga que te detengas! Dios buscaba una acción profética, pero no obtuvo lo que quería. ¡Ni tampoco el rey!

Personas fueron sanadas en las Escrituras a través de las acciones proféticas. Jesús formó barro con su saliva, lo frotó en los ojos del hombre ciego y le dijo que se fuese a lavar en el estanque de Siloé (ver Juan 9:6-7). Naamán el leproso se tuvo que lavar siete veces en el río Jordán (ver 2 de Reyes 5:10-14).

—No quiero hacerlo —dijo él.

—Entonces no te sanarás —respondió el siervo de Naamán. ¿Por qué? Porque Dios eligió obrar de esa manera. Y cuando Dios decide hacer las cosas por un determinado método, ningún otro medio da resultado.

Cindy Jacobs describe los actos proféticos en su libro, *The Voice of God* (La voz de Dios):

> En otras ocasiones, Dios le pide a Su pueblo que haga algo que no es únicamente profético, sino que también tenía un gran poder como forma de intercesión para traer cambios profundos cuando se obedecía... En 1990, un equipo de *Women's Aglow* fue a Rusia para interceder por esa nación. Fuimos guiadas a realizar varios actos proféticos. Nuestro viaje fue antes de la caída del comunismo soviético y varias cosas sucedieron que nos hicieron creer que estábamos siendo monitorizadas. Antes de partir, mi amiga Beth Alves tuvo un sueño en que de hecho habíamos enterrado la Palabra de Dios en la tierra. Esto iba a resultar en un importante acto profético que se realizaría posteriormente en este viaje.
>
> Una estrategia que utilizamos para la intercesión fue tomar un autobús de turismo alrededor de la ciudad. Los viajes de turismo por la ciudad son excelentes porque llevan a los visitantes a todos los sitios históricos. Uno de los lugares que vistamos fue la Universidad Estatal de Moscú, un bastión de la enseñanza comunista. Conforme nos sentamos en un muro cercano a la escuela, de pronto

recordé el sueño de Beth y pensé en el folleto de "Las Cuatro Leyes Espirituales" que tenía en mi bolso. En un instante, supe que éste era el lugar en el que había que hacer lo que Beth había soñado.

Salté rápidamente (sólo teníamos unos minutos antes de que se fuera el autobús) y dije: "¡Vamos, plantemos la Palabra en la tierra! Varias mujeres vinieron conmigo. Resoplando conforme corrían, les recordé el sueño de Beth y les dije lo del tratado. Miré alrededor para encontrar el resguardo de algunos árboles donde pudiéramos realizar el acto profético. (Habíamos encontrado una persona en la Plaza Roja ese día quien estábamos seguras de que era un agente de la KGB ¡y puesto que no estábamos interesadas en un ministerio penitenciario prematuro teníamos que ser cuidadosas!).

Encontrando un refugio, me arrodillé y empecé a cavar. Fue un fracaso desalentador ya que sólo tuve éxito en romperme las uñas. Finalmente, encontré un palo y cavé un agujero. Colocando el tratado en el suelo, lo cubrí rápidamente mientras las mujeres oraban. Señalando hacia la universidad empecé a profetizar: 'La semilla de este tratado hará que nazcan escuelas de evangelismo, y aquí se enseñará teología'.

Posteriormente, después de la caída del comunismo ruso, Billy Graham empezó una escuela de evangelismo. La hermana Violet Kitely, una amiga mía, me dijo que una iglesia había sido puesta en la Universidad Estatal de Moscú de parte de Shiloh Christian Center (una iglesia grande de Oakland, California).

¿Qué sucede a través de estos actos proféticos? Tienen una naturaleza intercesora. De hecho, pueden ser llamados actos intercesores. Ciertos aspectos de lo que sucede pueden parecer de naturaleza especulativa. No podemos probar una correlación entre la obediencia en realizar un acto profético y, decir, el inicio de las escuelas de evangelismo. Sin embargo, una y otra vez en las Escrituras vemos que cuando Dios le pidió a Su pueblo que realizaran una intercesión, un hecho profético, Él se movió poderosamente como el resultado del mismo.[1]

Declaración profética

Veamos algunos ejemplos bíblicos de palabras proféticas que preceden al momento en que Dios hace algo. En Jeremías 6:18,19, Jeremías profetizó y dijo: "Por tanto, oíd, naciones...Oye, tierra...". Similarmente, en Jeremías 22:29 él nuevamente profetizó diciendo: "¡Tierra, tierra, tierra! oye palabra de Jehová!".

Muchos pensarían que estaba loco si saliera de mi casa y dijera: "¡Escúchenme ahora toda la tierra! Y todas las naciones, a ustedes les estoy hablando". Pero eso fue lo que hizo Jeremías. Era una declaración profética que naturalmente no tendría sentido.

Debemos entender que este no es un tema del cual nuestras palabras normalmente podrían hacer. Es más bien, hablar *por* Dios, lo cual libera su poder para lograr algo. ¿No es esto lo que ocurre cuando predicamos o declaramos el Evangelio, el cual es el poder de Dios para salvación? (Lee Romanos 1:16).

Nuestras bocas al pronunciar la palabra de Dios liberan el poder de esas palabras. ¿No es eso lo que también ocurre cuando hablamos Su palabra como una espada en la batalla espiritual? Él insufla nuestras palabras con poder divino. ¿Por qué entonces Él no nos permitiría ser Su voz en otras situaciones? Cuando Jeremías dijo: "Oh, tierra, tierra, tierra, escucha la palabra del Señor". Esto fue exactamente como si Dios mismo estuviera diciendo: "Oh, tierra, tierra, escucha mi palabra".

Dios le dijo a Jeremías desde joven que Él lo usaría para "arrancar y para destruir, para arruinar y para derribar, para edificar y para plantar" (Jeremías 1:10). Observa entonces, en Jeremías 31:28 Él dice que ha hecho exactamente eso "arrancar y derribar, y trastornar y perder y afligir". Es imperativo ver que Dios hizo todas esas cosas a través de las palabras de Su profeta.

En Miqueas 1:2 el profeta dijo: Oíd, pueblos todos; está atenta, tierra, y cuanto hay en ti".

¿No te sentirías como un tonto diciendo: "Oh tierra, y todo cuanto hay en ti, Dios quiere que yo te hable. Me escuchas"? Eso fue lo que hizo Miqueas. Obviamente, no toda la tierra lo escuchó... no más de lo que la tormenta escuchó a Jesús cuando dijo que se aplacara o cuando la higuera escuchó cuando Él le dijo que moriría. El punto no radica en quien realmente nos escucha. Lo que nosotros debemos comprender es el poder de la declaración inspirada por el Espíritu Santo —esto libera el poder de Dios en cualquier situación.

Nos convertimos en Su voz

"Pero aquellos fueron los profeta y Jesús", podría ser un argumento. Sí, pero después de reprender la tempestad, Jesús reprendió también a Sus discípulos por su temor e incredulidad, implicando que ellos debieran haber reprendido la tormenta. Él también maldijo la higuera y acompañó este acto con una promesa de que nosotros podríamos mandar a las montañas y echarlas al mar. Él está describiendo el poder de una declaración inspirada por el Espíritu Santo. Nos convertimos en la Voz de Dios sobre la tierra.

En su libro, *The Praying Church* (La iglesia que ora) Sue Curran, comenta de S.D. Gordon:

> La oración por supuesto no influye a Dios. No ejerce influencia sobre Su *propósito*. No influye Su *acción*. Todo lo que se ha orado al respecto, por supuesto, quiero decir lo que se ha pedido correctamente, Dios ya tenía un propósito para hacerlo. Pero Él no hace nada sin nuestro consentimiento. Él ha estado oculto en Sus propósitos por nuestra falta de disposición. Cuando aprendemos Sus propósitos y los hacemos nuestras oraciones le estamos dando a Él la oportunidad de actuar.[2]

Oseas 6:5 es un versículo poderoso acerca de Dios trayendo juicio: "Por esta causa los corté por medio de los profetas, con las palabras de mi boca los maté; y tus juicios serán como luz que sale". ¿Cómo Dios hizo esto? A través de Sus palabras habladas por los profetas. Las palabras de Dios, liberadas por Él utilizando a seres humanos.

Es importante establecer claramente que para hacer efectiva, una declaración deben ser las palabras o acciones ordenadas por Dios. "Así será *mi* palabra que sale de *mi* boca; no volverá a *mí* vacía, sino que hará lo que yo quiero, y será prosperada en aquello para que la envié" (Isaías 55:11, las itálicas son mías).

Por favor observa que cuando Dios dijo esto, Él no se estaba refiriendo a expresar algo desde las nubes. Él se estaba refiriendo a lo que Él había dicho y lo que continuaba diciendo a ellos a través del profeta Isaías. En esencia, Él estaba declarando "las palabras de este hombre son mis palabras. Él es mi Voz. Las palabras no regresarán a mí vacía sino que harán exactamente aquello para lo cual las envié a través de este hombre". ¡Es asombroso!

Por supuesto, alguien podría decir que Dios no nos habla directamente hoy —que Él únicamente usa la Biblia— lo cual podría significar que lo único que nosotros podríamos declarar de Él es la Escritura. Siento gran respeto por mis hermanos y hermanas que piensan así, y los animo a que hablen las palabras de la Biblia en esta o aquellas situaciones. Para otros de ustedes que creen que el Espíritu Santo habla a nuestro espíritu, escuchen Su dirección cuando oran y cuando los dirija, con valor hablen y hagan lo que Él les dice. Por supuesto todo lo que hacemos debe ser juzgado por las Escrituras y nunca violar lo que ellas dicen.

Beth Alves, en su guía para crecer en la oración, *The Mighty Warrior*, (El guerrero poderoso), da una excelente y completa instrucción acerca de escuchar la Voz de Dios.[3] Sería sabio estudiar este o un libro similar para asegurar la exactitud en el aprendizaje de escuchar la Voz de Dios, también consulta con líderes piadosos y maduros antes de hacer algo de naturaleza pública o algo que parezca extremadamente extraño. No sigas el ejemplo de Isaías de ponerte a correr alrededor de la ciudad desnudo (aunque él probablemente utilizó un taparrabo). Actúa con sabiduría, y cuando tengas duda, siempre consulta. Si eso no es posible, y tienes alguna duda, no lo hagas. Nunca hagas nada que contradiga la Escritura o podrías traer reproches contra el nombre del Señor.

Diciendo lo que Dios dice

La palabra en el Nuevo Testamento para "confesión" es *homologia*, que significa "decir lo mismo".[4] La confesión bíblica es decir lo que Dios dice —ni más ni menos—. Si lo que se dice no es lo que Dios expresa acerca de una situación, no es nada. Pero si es lo que Él dice esto se cumplirá.

La palabra de Dios nunca es inefectiva;
siempre producirá.

La palabra de Dios es llamada una "semilla" en las Escrituras. La raíz de la palabra en griego es *speiro*. Espora y esperma son variantes de esa palabra, ambas traducidas "semillas" en el Nuevo Testamento. Es muy fácil ver esta raíz en español en las palabras "espora" y "esperma".

El método de Dios para producir o dar vida es Su palabra por la cual: nacemos de nuevo (ver 1 Pedro 1:23), limpiados (ver Juan 15:3), madurados (Mateo 13:23), liberados (Juan 8:31-32), sanados (ver Salmo 107:20) —así como muchos otros resultados. Cuando Dios expresa Su palabra, Él esparce semillas que darán frutos. La palabra de Dios nunca es inefectiva; siempre producirá. Cuando hablamos la palabra de Dios en medio de una situación, bajo la dirección del Espíritu Santo, estamos esparciendo las semillas de Dios, lo cual le da a Él la habilidad de producir vida.

Job 22:28 declara: "Determinarás asimismo una cosa, y te será firme, y sobre tus caminos resplandecerá luz". La palabra "determinarás" significa literalmente "decidir" y "decretar"[5] —determinar algo y decretarlo.

El significado de *omer*, la palabra traducida "cosa" es "una palabra, una orden, una promesa".[6]

Una expresión más precisa sería "decretarás o declararás una palabra". Entonces Él dice que será establecida por ti. "Establecer" es la palabra *qum*, significa no sólo establecer sino también "levantar o afirmar".[7] Esta es la razón por la cual yo creo que Dios está diciendo: "Tú decretarás una palabra y ésta se afirmará. Tú esparcirás mi semilla y ésta se levantará (crecerá) y establecerá algo en la tierra".

¿Por qué no estableces salvación sobre la tierra decretando semillas de salvación? ¿Por qué no estableces libertad para alguien declarando semillas de liberación? ¿Por qué no estableces unidad sobre tu iglesia o ciudad ordenando semillas de unidad? ¿Por qué no estableces el destino de Dios sobre tus hijos sembrando semillas de destino? Planta tu propio jardín. Cuídalo, y mira si Dios no producirá una cosecha. Re-presenta la victoria del Calvario a través de tu boca.

Job 6:25 dice: "¡Cuán eficaces son las palabras rectas! Pero ¿qué reprende la censura vuestra?". "Eficaces" es la palabra *marats* que también significa "imprimir" o "sellar".[8] Como el anillo del rey imprime un documento con su sello, nuestras palabras también sellan las cosas. Ellas sellan nuestra salvación, las promesas de Dios, nuestro destino y muchas otras cosas.[9]

Eclesiastés 12:11 nos dice: "Las palabras de los sabios son como aguijones; y como clavos hincados son las de los maestros de las congregaciones, dadas por un Pastor". Nuestras palabras actúan como clavos construyendo cosas en el espíritu. Así como los clavos son utilizados para mantener un cuadro en su lugar, así las palabras son usadas para mantener las promesas de Dios en su lugar, permitiéndoles edificar o construir cosas en el espíritu.[10]

Profetizando a los huesos y al espíritu

Ezequiel y el valle de los huesos secos es otro ejemplo de declaración profética. "Habla a los huesos", le dijo Dios al profeta.

¿Puedes imaginar lo que pensó Ezequiel? ¿Háblales a ellos a los huesos? Dios, si tú quieres que le diga algo a los esqueletos, ¿por qué no lo haces tú? Pero Ezequiel obedeció y dijo: "Huesos secos, escuchen la palabra del Señor". ¡Y escucharon! Los huesos se juntaron con los huesos, y carne los cubrió.

Sin embargo, no había vida en ellos. La próxima tarea de Ezequiel me asombra más que la profecía sobre los huesos secos. El Señor le dijo: "Profetiza al espíritu". Un poco más adelante, en este mismo pasaje, se nos dice que al espíritu al que le estaba profetizando era el Espíritu Santo. Dios no dijo: "Profetiza por medio del Espíritu Santo", ni tampoco dijo "Profetiza por el Espíritu Santo". Dios dijo. "Quiero que profetices al Espíritu Santo". Ezequiel lo hizo y el Espíritu de Dios hizo lo que el hombre le dijo que hiciera. ¡Increíble!

¿Verdaderamente el profeta le dio una orden al Espíritu Santo? No realmente. Él no le estaba dando órdenes a Dios; él estaba ordenando por Dios. Como ha sido el plan y la intención de Dios desde la creación, Él estaba asociado con el hombre. Padre e Hijos, Inc., administrando el planeta. Dios obra a través de la declaración profética de un ser humano. ¿Quién puede entender completamente algo como esto?

Hablando al Muro

Hace algunos años el Señor envió a Dick Eastman, presidente de Every Home for Christ (Cada hogar para Cristo), a Berlín. ¿Cómo recibirías esta tarea de parte de Dios? El Muro de Berlín dividía una nación, y Dick sintió que el Espíritu Santo lo impulsaba a cumplir estas instrucciones: *Toma un avión, vuela hacia Alemania, ve al Muro de Berlín, pon tus manos sobre él y dile estas cinco palabras: "En nombre de Jesús, cae"*. Eso fue todo —el fin de la tarea—. Cinco palabras y de vuelta a casa.[11]

Como harías para acercarte a tu esposa y decirle:

—Querida, el Señor me ha dicho que haga algo?

—¿Sí, qué es?

—Bueno, quiere que vaya a Alemania.

—Muy bien. ¿Y qué vas a hacer a ese lugar?

—Voy a colocar mis manos sobre el muro y decirle: ¡En el nombre de Jesús, cáete! y luego regreso a casa.

¿No sería la causa de una discusión interesante?

Eso fue exactamente lo que hizo Dick, porque comprendía el poder de la acción y la declaración profética. Dick nunca reclamaría ser la única persona utilizada por Dios para derribar el Muro de Berlín. Sin embargo, poco después de esto fue que el muro cayó.

Una visión para los jóvenes

Hace unos pocos años me encontraba en Washington, D.C., para el Día Nacional de Oración con el *Master Commission*, un grupo de jóvenes de Spokane, Washington. Mi esposa Ceci y yo los acompañamos porque, mientras les ministraba un par de meses antes, tuve una imagen increíble —creo que fue una visión—. La imagen era la de un estadio lleno de jóvenes que estaban seriamente comprometidos con Dios. Conforme observaba, esta multitud de jóvenes llenaron el estadio e inundaron la nación, llevando el avivamiento consigo.

Compartí esta imagen con estos jóvenes y un espíritu de intercesión vino sobre nosotros, el cual duró unos 30 minutos. Fue un sorprendente tiempo de oración por los jóvenes de los Estados Unidos. Conforme terminamos de orar sentí que me iba a unir a estos jóvenes en su próximo viaje a Washington D.C.

Poco después de llegar a Washington D.C., sentí que el Señor me hablaba: *Te voy a confirmar en este viaje, te voy a enviar un avivamiento a esta nación. También te voy a demostrar que los jóvenes tendrán un papel importante en el mismo.*

La visión confirmada

Mi primera confirmación fue en el Día Nacional de Oración. Había probablemente 400 ó 500 personas reunidas para la primera reunión de oración de esa mañana —Senadores, Diputados, Hombres de Estado y Líderes espirituales de la nación—. Yo no fui parte del programa, pero estaba presente para estar de acuerdo en oración, como la mayoría de los que asistieron. El *Master Commission* de alguna manera había recibido el permiso de estar en el programa, lo cual en sí era un milagro. Cuando estos jóvenes fueron invitados a pasar durante 15 minutos, caminaron por el pasillo cantando, "Sana nuestra tierra".

Conforme cantaban, el Espíritu del Señor cayó sobre el lugar como una manta. Tal vez flotar sería una mejor manera de decirlo. En ningún otro momento se sintió la presencia del Señor de una manera tan fuerte. No vi a nadie de los presentes que no estuviera llorando. El doctor James Dobson, que habló después de *Master Commission* comentó entre lágrimas que no sucede a menudo que seamos testigos de la historia mientras se está efectuando. Estoy seguro de que todos los asistentes creyeron que ese día impactó la historia de nuestra nación.

Estos jóvenes luego se reunieron con Norm Stone, un hombre de su iglesia Harvest Christian Fellowship. Dios llamó a Norm hace varios años para andar siete veces alrededor de los Estados Unidos como un acto profético de arrepentimiento e intercesión por los bebés asesinados en los Estados Unidos a través del aborto. Ahora se encuentra en el viaje número cinco —caminando e intercediendo por los no-nacidos—. Esa... ¡Es una acción profética! Los miembros de *Master Commission*, quienes la mayoría son de la misma iglesia, caminaron detrás de él y oraron durante 32 kilómetros diarios por dos semanas.

La noche anterior en la que estos jóvenes se iban a unir a Norm, escuché las siguientes palabras de parte del Señor: *Esta es una declaración profética mía de que la generación que Satanás intentó aniquilar a través del aborto —mi próxima generación de guerreros en la tierra— no han sido y no serán destruidos. Estoy enviando a estos jóvenes para que marchen detrás de*

Norm como un mensaje profético que dice: ¡No! Esta es mi generación, Satanás, ¡y no serán tuyos!

Más tarde esa misma noche escuché las palabras: *Te voy a confirmar una vez más que voy a enviar un avivamiento a esta nación en el cual los jóvenes jugarán un papel importante. Lo haré a través de la lectura bíblica que vas a hacer esta noche.*

Estaba programado para ser parte del maratón de lectura de tres días, la Biblia entera sería leída por individuos que estaban de pie frente al edificio del Capitolio. A cada persona que participaba se le permitía leer 15 minutos, no más. Se pedía que leyéramos a partir del lugar donde se encontrara la lectura de la Biblia cuando llegara nuestro turno, yo no escogí la hora en que iba a leer —alguien me había apuntado el día anterior y me informó que debía estar allí a la medianoche del día siguiente.

Debido a la naturaleza de la forma en que el Señor estaba tratando conmigo durante esa época, le dije: "Señor, sólo hay una forma de estar seguro de que tú me estás confirmando estas cosas a través de mi lectura de la Biblia. Cuando llegue me deben decir que debo leer el libro de Habacuc o de Hageo". No era que estuviese intentando probar a Dios. Fue por las cosas que sentía que ya me estaba diciendo a través de estos dos libros.

¿Sabes el tamaño de esos dos libros? En mi Biblia consta de ocho páginas. ¿Cuáles serían las probabilidades al no escoger mi lectura, ni siquiera el momento en que la haría, ni el estar allí, ni el que me lo hubieran pedido hacerlo, de que me dijeran: "tenga, lea a partir de estas ocho páginas".

Me acerqué a la mujer encargada. —¿Usted es Dutch Sheets?

—Sí, soy yo.

—Su turno es en 15 minutos, después de esta persona. Tiene que elegir. Puede leer el libro de Hageo o el libro de Habacuc.

¡Casi me desmayé!

Puedes creer que leí la Palabra de Dios con autoridad; haciendo una declaración profética sobre el gobierno de esta nación con una fe absoluta de que el avivamiento se aproxima.

Lo que Él diga ¡hazlo!

Dios está llamando a la Iglesia a una nueva comprensión de las acciones y declaraciones proféticas, las cuales funcionan como su voz y cuerpo en la tierra. Cuando Él nos dice sus planes sin importar lo tonto que parezcan —ya sea sostener en alto una vara, hablar a los muertos espirituales, caminar por nuestros barrios, marchar a través de las calles, golpear rocas, declararle a la tierra, imponer manos y hablarle a muros opresivos, caminar a través de los Estados Unidos, leer la Biblia frente al Capitolio, hablar a la nación que no ha escuchado— Él necesita que nosotros lo hagamos.

El Señor puede conducirte a que vayas a la habitación de un hijo rebelde y que unjas sus cosas con aceite, ores sobre la ropa, hables sobre la cama del muchacho o cualquier otro acto simbólico. Otros serán llamados a hacer declaraciones a ciudades y gobiernos. A algunos se les dirá que marchen por la tierra reclamándola para el reino de Dios. Cualquier cosa que te diga, hazla. Atrévete a declarar su Palabra en cualquiera de esta situación. Esparce la semilla de Su Palabra en la tierra y estate atento por la cosecha. Serán establecidas. ¡Se levantarán! ¡Y vendrá la vida!

"Ahora ya sabes que has sido llamado a hacer esto, ¿o no, cariño?"

Preguntas para reflexionar

1. Define acción y declaración profética. Explica como "liberan" a Dios. Ahora da unos ejemplos bíblicos.

2. ¿Puedes explicar la conexión entre la palabra de Dios, semillas y nuestras declaraciones inspiradas por el Espíritu Santo?

3. ¿Puedes encontrar algunos versículos de las Escrituras que sean buenos para decretarlos para la salvación de un individuo? ... ¿Por su sanidad? ¿Y algunos pasajes para decretar sobre tu ciudad?

4. ¿No tenemos un Dios bueno?

Notas

1. Cindy Jacobs, *The Voice of God* (Ventura, Calif.: Regal Books, 1995), pp. 251, 252, 253.

2. Sue Curran, *The Praying Church* (Blountville, Tenn.: Shekinah Publishing Company, 1987), p. 140.

3. Elizabeth Alves, *A Mighty Warrior: A Guide to Effective Prayer* (Bulverde, Tex.: Canopy Press, 1992), pp. 69-96.

4. Spiros Zodhiates, *Hebrew-Greek Key Study Bible—New American Standard* (Chattanooga, Tenn.: AMG Publishers, 1984; edición revisada, 1990), p. 1861.

5. R. Laird Harris, Gleason L. Archer Jr., y Bruce K. Waltke, *Theological Wordbook of the Old Testament* (Chicago: Moody Press, 1980; Grand Rapids: William B. Eerdmans Publishing Co., edición revisada, 1991), p. 158.

6. Ibid., p. 118.

7. Ibid., p. 793.

8. James Strong, *The New Strong's Exhaustive Concordance of the Bible* (Nashville: Thomas Nelson Publishers, 1990), ref. núm. 4834.

9. Adaptado de un mensaje del pastor Tim Sheets, Middletown, Ohio.

10. Ibid.

11. Dick Eastman, *The Jericho Hour* (Orlando, Fla.: Creation House, 1994), pp. 10-11, adaptado.

Capítulo catorce

La unción del vigía

La plaga genética

Lo peor que hay después de ir de compras es ver a alguien comprar. Con la excepción de mi esposa, por supuesto. No me importa en lo absoluto seguirla por un centro comercial durante dos o tres horas. Muestro mi interés periódicamente con sonidos agradables: "Mm"; "Ahum"; "Ajá". Algunas veces hasta hablo: — "Sí"; "No"; "Claro"; "¿CUÁNTO?". Me he vuelto bastante rápido para corregir esta última: "Guau, ¡qué ofertón!". Añado rápidamente. Lo que más se parece a "ver comprar", y con lo que lo puedo comparar, sería ver una competencia de personas cosiendo algo.

Por ello es que estoy sentado en el área de comida mientras mi esposa e hija menor, Hannah, andan de compras. Es uno de estos centros comerciales en donde te venden las cosas defectuosas "rebajadas". Mi hija mayor, Sarah, que tiene diez años, está conmigo, leyendo. A ella tampoco le gusta ir de compras, sin embargo informé cuando íbamos para nuestro "refugio en el área de comidas" del gen que encontraba en ella —el cual Dios le ha dado a todas las mujeres— pero que aún no había despertado. Además le dije que no se preocupara, que despertaría en su momento.

En mis estudios sobre esta plaga genética —la mayoría de ellos los he realizado conversando con otros hombres en esta misma zona— he descubierto que nadie sabe cuándo despierta este gene ni qué es lo que lo impulsa. Puede despertar en cualquier momento entre los 6 y los 13 años. Algunas veces sucede a la media noche; simplemente se despiertan con temblores —parecidos a los síntomas de la gripe. Cuando le sucedió a Hannah, estaba preparado para ungirla con aceite, hasta que Ceci me comentó que no serviría de nada.

—¿Qué quieres decir con que no servirá de nada? —le pregunté sorprendido—. Por supuesto que servirá.

—No —me dijo—, es su gen de compras que está despertando. Tenemos que llevarla al centro comercial, y rápido.

Por supuesto que mamá tenía razón. Generalmente la tiene. Hannah volvió orgullosa con su bolsa de compras en la mano, parecía que acababa de pescar su primera presa. ¡Mujeres! ¿Quién se lo hubiera imaginado?

Para probar mi teoría, acabo de contar a los hombres y mujeres que se encuentran en la zona de comidas alrededor de las tiendas —26 mujeres y 9 hombres. La mitad de los hombres eran niños que habían sido arrastrados allí en contra de su voluntad. Otro estaba escribiendo —el tuyo seguramente— y el resto gruñendo. "Oh, oh". Un tipo me dio pena; parecía un zombi. Creo que finalmente había sido vencido por el estrés.

Ceci y Hannah ya han vuelto, están tomando algo y me están mostrando sus "hazañas". Yo estoy gruñendo. Ceci está a punto de dejar que Hannah corra a traer una cosa más. Las niñas de siete años —aprendices de compradoras— siempre pueden darle la talla a las profesionales. No han tenido suficientes clases de aerobics, por lo cual su verdadera motivación es el acondicionamiento de compras.

Observando lo que ves

¿Por qué no hizo Dios a las mujeres para que les gustaran las cosas normales, tal como sentarse en el bosque durante días en un clima cuya temperatura estuviera por debajo de cero grados, esperando que pasara un venado o un reno? ¡Esa es mi idea de observar con emoción! ¡O ver un partido de fútbol! No me gusta tanto la televisión —al menos que sea un buen evento deportivo. Ceci no siempre me comprende en esta área, pero me complace. Algunas veces me pregunta:

—¿A quién le vas?

—No me importa quien gane —le respondo con frecuencia.

—¿Alguno de ellos es tu equipo favorito?

—La verdad es que no.

—¿Hay alguno de tus jugadores favoritos, o dos tal vez?

—No, no sé casi nada de ellos.

—Entonces, ¿para qué estás viendo el partido? —me pregunta con una expresión interrogante.

—Porque es fútbol —respondo tan pacientemente como puedo. Algunas personas no se dan cuenta de lo obvio. Te diré que es lo que me intriga —el porqué a ella y a mis dos hijas les gusta ver cosas que les hace llorar. ¡Adivínelo quien pueda!

Hay muchas cosas que se ven: se ve la televisión, se ven desfiles, se ve un reloj, se ve la bolsa financiera, se ven a las aves (esto para mí está al mismo nivel que ver una competencia de personas cosiendo) y miles de otras cosas. Me gusta ver reír a los niños. Detesto ver llorar a las personas. He visto nacer a unos, y he visto morir a otros.

Una vez vi a una mujer en San Pedro, Guatemala, que buscaba un reloj. Era de su marido —él había muerto en el terremoto de 1976. Y sucedió lo mismo con sus tres hijos. Todo lo que le quedó a ella y a su niño pequeño era la ropa que llevaban a sus espaldas. Su pequeña casa de adobe era un montón de tierra.

Cuando nuestro intérprete le preguntó qué era lo que buscaba, respondió:

—Una bolsa de frijoles y el reloj de mi esposo. Estaba durmiendo por aquí cuando murió —respondió, señalando un área de tres metros cuadrados—. Significaría mucho para mí si pudiese encontrar su reloj.

Y empezamos a escarbar.

Aunque era como buscar una aguja en un pajar, le pedimos a Dios que nos ayudase y vadeamos entre 90 centímetros de tierra. En ese momento hubiera dejado que se perdiera el reloj, pero lo encontramos una hora después.

—Muchas gracias —repetía entre lágrimas, conforme colocaba el reloj contra su pecho.

La palabra "tesoro" es un término relativo, pensé conforme me secaba los ojos. *Me gustaría que el mundo viera esto. Tal vez algunas prioridades podrían cambiar.*

Vi a otra mujer, que tenía a su hija de tres años y medio, alejarse de la cola para coger comida donde yo estaba sirviéndola. Era la última persona de la fila. Cuando ella presentó el recipiente que había encontrado, la vimos y le dijimos: "No hay más". Y la vi alejarse, cargando a su niña hambrienta.

Las cosas realmente se volvieron confusas en ese momento de mi vida. Las listas de pequeñas cosas que necesitaba desparecieron. Ciertas metas importantes se volvieron extrañamente irrelevantes. Las cosas que me importaban, de pronto ya no eran importantes. Las cuentas bancarias se veían de manera diferente, el éxito fue redefinido. Es curioso cómo una mirada de dos pares de ojos puede traer tal caos. En muchos sentidos, el orden jamás se ha restaurado.

Ten cuidado con lo que ves.

Debes estar alerta

La Biblia habla sobre estar vigilantes —de diferentes maneras y por diferentes razones, y la menor de ellas no es estar vigilantes en oración. Este capítulo es sobre la "unción del vigía" —es nuestro llamamiento y estamos equipados como intercesores para estar advertidos y orar en contra de los planes y maquinaciones de Satanás. Es un aspecto vital de nuestra intercesión. Efesios 6:18 dice: "Orando en todo tiempo con toda oración y súplica en el Espíritu, *y velando* en ello con toda perseverancia y súplica por todos los santos" (itálicas del autor).

Primera de Pedro 5:8, al advertirnos sobre nuestro enemigo dice: "Sed sobrios, *y velad*; porque vuestro adversario el diablo, como león rugiente, anda alrededor buscando a quien devorar" (itálicas del autor). El contexto de ambos versículos es la guerra espiritual. Cada uno de ellos menciona a nuestro adversario y nos desafía a estar alerta o vigilando, tanto por nosotros mismos como por los hermanos y hermanas en Cristo.

Otro versículo relacionado con esto, que ya hemos discutido ampliamente en el capítulo 9, es 2 Corintios 2:11: "Para que Satanás no gane ventaja alguna sobre nosotros; pues no ignoramos sus maquinaciones". Así que, para no duplicar el material, simplemente resumiré el significado que dimos del versículo basándome en las palabras griegas que se utilizan: "En el grado en que seamos ignorantes de la manera en que piensa u opera el adversario —sus planes, complots, maquinaciones y artificios— en ese mismo grado sacará ganancia de nosotros, nos hará su presa, nos engañará con respecto a lo que nos pertenece y tendrá o sostendrá una posición mayor".

Quiero sacar cuatro conclusiones de estos tres versículos —Efesios 6:18, 1 Pedro 5:8 y 2 Corintios 2:11— como introducción de esta enseñanza:

1. *La protección de los ataques de nuestro enemigo —incluso para los creyentes— no es algo automático.* Hay algo que hacer por nuestra parte. Aunque Dios es soberano, no significa que Él esté en control de todo lo que sucede. Ha dejado muchas cosas a la decisión y acciones de la humanidad. Si Dios nos protegiera o nos guardara de los ataques de Satanás a pesar de lo que hiciésemos, estos versículos serían totalmente irrelevantes para los cristianos. En algún lugar de nuestra teología, debemos encontrar un lugar para la responsabilidad humana. En algún momento debemos empezar a creer que importamos, que somos relevantes, para nosotros y para los demás.

2. *El plan de Dios es advertirnos o alertarnos de las tácticas de Satanás.* Esto se deduce del simple hecho de que Dios dice que no ignoremos las tácticas de Satanás, Él debe estar dispuesto a concientizarnos de las mismas. Si Él dice que estemos alerta, entonces debe significar que sí lo estamos, Él nos alertará. Dios no nos pediría algo que Él no estuviera dispuesto a capacitarnos para llevarlo a cabo.

3. *Debemos estar alerta —permanecer vigilantes— o no nos daremos cuentas de los intentos de Dios en advertirnos de los ataques y planes de Satanás.* Si estos ataques siempre fueran a ser algo obvio, la vigilia no sería necesaria. Isaías 56:10 habla de vigías ciegos. ¡Qué ilustración! Creo que es una descripción muy buena de muchos de nosotros en nuestra posición como vigías. A menudo somos como los discípulos de antaño: tenemos ojos, pero no vemos (ver Marcos 8:18). Ya es tiempo de que hagamos algo más que mirar; ¡debemos estar alerta y vigilar!

4. *Si no estamos alerta y vigilantes, si ignoramos las maquinaciones de Satanás, él tomará la porción mayor.* Ganará ventaja sobre nosotros, aprovechándose de nuestra ignorancia. Contrario a la creencia popular, en realidad podemos ser destruidos debido a la ignorancia (ver Oseas 4:6). Tal vez no nos guste admitirlo, pero Satanás en realidad ha ganado mucho territorio en este país. No seamos como el nómada del desierto que se despierta hambriento una noche y decide que quiere comer algo a la media noche. Encendiendo una vela, tomó un dátil y le dio una mordida. Acercando el dátil a la vela, vio un gusano y tiró el dátil fuera de la tienda. Al morder un segundo dátil, se encontró con otro gusano y también lo volvió a tirar. Pensando que no iba a poder comer nada si seguía así, apagó la vela y se comió los dátiles.[1]

Algunas veces también nosotros preferimos la oscuridad de la negación que la luz de la verdad. Aunque es cierto que en ocasiones la verdad duele, sigue siendo la verdad. Negarlo no cambia nada. Donde Satanás ha ganado ventaja, ¡admitámoslo y decidamos arrebatárselo de nuevo!

Dos palabras del Nuevo Testamento que se utilizan para vigilar hacen una relación con el concepto del Antiguo Testamento sobre los vigías o atalayas: *gregoreuo* y *agrupneo*. Ambas esencialmente significan permanecer despierto, en el sentido de que el centinela necesitaba evitar quedarse dormido. Algunos de estos versículos en los que se encuentran son los siguientes:

Perseverad en la oración, velando en ella con acción de gracias.

Colosenses 4:2

Y les dijo: Mi alma está muy triste, hasta la muerte; quedaos aquí y velad... Velad y orad, para que no entréis en tentación; el espíritu a la verdad está dispuesto, pero la carne es débil.

Marcos 14:34,38

Sed sobrios, y velad; porque vuestro adversario el diablo, como león rugiente, anda alrededor buscando a quien devorar.

1 Pedro 5:8

Velad, estad firmes en la fe; portaos varonilmente, y esforzaos.

1 Corintios 16:13

*Orando en todo tiempo con toda oración y súplica en
el Espíritu, y velando en ello con toda perseverancia
y súplica por todos los santos.*

Efesios 6:18

*Velad, pues, en todo tiempo orando que seáis tenidos
por dignos de escapar de todas estas cosas que ven-
drán, y de estar en pie delante del Hijo del Hombre.*

Lucas 21:36

Los últimos dos versículos combinan *agrupneo* con *kairos*,
el tiempo estratégico (discutido en el capítulo 6), desafiándo-
nos a que estemos alertas para los tiempos *kairos* y para que
oremos según éstos. Nuevamente, para no ser repetitivo, no
repetiremos la enseñanza. Sin embargo, otro vistazo a la
definición completa de *paga* y *kairos* en el capítulo 6 te
ayudará para hacer la conexión obvia entre los vigías o
atalayas y colocar barreras de protección.

Los trofeos de intercesión

Sin embargo, compartiré una historia. Cindy Jacobs, en su
libro *Possessing the Gates of the Enemy* (Poseyendo las
puertas del enemigo), habla sobre andar en la unción del vigía
en el tiempo *kairos*. Mientras asistía a una reunión de oración
en 1990, una noche se despertó alarmada a las 2 de la mañana.
Conforme esperaba en el Señor, Él trajo a su mente una
imagen de una pareja con tres hijos, una familia que ella
conocía y sabía que viajaban en su camioneta hacia la reunión. En la visión vio que se le salía una rueda a la camioneta,
causando un horrible accidente.

Cindy empezó a orar fervientemente por su seguridad y lo
hizo a través de toda la noche. Al llegar la familia al día
siguiente, les preguntó si habían tenido algún problema con
la llanta derecha. Aunque ellos dijeron que no, Cindy insistió

en que llevaran la camioneta a un taller para su revisión. El mecánico que revisó la camioneta se sorprendió. Dijo que no se explicaba cómo podían haber conducido la camioneta sin que se le saliera la rueda.

Al regresar del mecánico, el esposo de Cindy, Mike, que había acompañado a este hermano al taller, levantó una bolsa y declaró: "Los trofeos de la intercesión". La bolsa tenía el antiguo rodamiento de la llanta frontal derecha.[2]

Esa es la unción del vigía en operación, sintiendo el peligro en el tiempo *kairos* y estableciendo vallas *(paga)* de protección a través de la intercesión.

Vigías bíblicos

Ampliemos nuestra comprensión de los vigías bíblicos. ¿Cuál era su propósito? El término "vigía" proviene del Antiguo Testamento, y se utilizaba para describir lo que en la actualidad llamaríamos "serenos", "guardias" o "veladores". Estos individuos eran responsables de proteger dos cosas principalmente: las viñas o campos de ladrones y animales, y las ciudades de fuerzas invasoras.

Aquellos que cuidaban las cosechas se encontraban en rocas, edificios o torres para proveer un mayor campo de visión. Las torres o los puestos en los campos a menudo tenían un lugar para dormir ya que era necesario vigilar de día y de noche durante la cosecha. Los vigías tenían turnos —uno trabajaba, otro dormía— y así vigilaban las 24 horas del día.

Esto tiene un gran simbolismo para nosotros. En las estaciones de la cosecha, hay una urgencia mayor de vigías, puesto que el "ladrón" hará todo lo que pueda para robar. Hay poca duda del porqué Dios ha precedido la mayor cosecha de almas que el mundo haya conocido —la cual se está llevando a cabo en este momento— con el mayor despertar de oración en la historia. El Señor de la mies es sabio. Puedo asegurarte que tiene centinelas las 24 horas "cuidando" la cosecha. Ojalá podamos decir junto con el Señor, "de lo que me diste, ninguno se ha perdido" (ver Juan 17:12).

Estos vigías también estaban colocados en los muros de la ciudad, donde trabajaban como centinelas. A continuación unas cuantas referencias del Antiguo Testamento:

Porque el Señor me dijo así: Ve, pon centinela que haga saber lo que vea. Y vio hombres montados, jinetes de dos en dos, montados sobre asnos, montados sobre camellos; y miró más atentamente, y gritó como un león: Señor, sobre la atalaya estoy yo continuamente de día, y las noches enteras sobre mi guarda.

Isaías 21:6-8

Levantad bandera sobre los muros de Babilonia, reforzad la guardia, poned centinelas, disponed celadas; porque deliberó Jehová, y aun pondrá en efecto lo que ha dicho contra los moradores de Babilonia.

Jeremías 51:12

Sobre tus muros, oh Jerusalén, he puesto guardas; todo el día y toda la noche no callarán jamás. Los que os acordáis de Jehová, no reposéis.

Isaías 62:6

Desde los muros de la ciudad observaban dos cosas: mensajeros y enemigos.

Observando a los mensajeros

Observaban a los mensajeros para informale a los porteros cuándo tenían que abrir las puertas y cuándo no lo tenían que hacer. En aquellos tiempos se utilizaban corredores para llevar los mensajes de ciudad a ciudad, y el guardia gritaba cuando se acercaba un mensajero amistoso. Los vigías hábiles algunas veces podían reconocer a los corredores por su caminar, incluso antes de ver sus rostros. En 2 Samuel 18:27 el vigía o atalaya dijo: "...Me parece el correr... como el correr de Ahimaas hijo de Sadoc...". ¿Ves algún simbolismo importante en esto?

Los vigías o atalayas experimentados a menudo son alertados por el Espíritu Santo, incluso antes de que tengan una evidencia concreta, de que "ciertos mensajeros" no son de confianza. Ellos reconocen a los "lobos" enviados a devorar a los rebaños, o "mercenarios" con motivos impropios. Ellos traen advertencias a aquellos que están en liderazgo. Los reconocen por "su caminar", se dan cuenta de que algo no marcha bien. Ellos sienten y disciernen. Para estar a salvo, debemos cuidarnos en contra de las sospechas humanas y de juzgar carnalmente. Pero yo he aprendido a escuchar a mis vigías de confianza (uno de ellos es mi esposa) cuando me dicen que están intranquilos respecto a algo. Generalmente tienen razón.

En ocasiones, no me pueden dar razones específicas, lo cual es difícil para cualquier mente analítica, pero he aprendido a confiar en ellos. ¡La mayoría de las falsas doctrinas, las divisiones y la destrucción en general en el Cuerpo de Cristo se podría advertir si los vigías observaran y los líderes escucharan! Pedro habla al respecto en 2 Pedro 2:1,2:

Pero hubo también falsos profetas entre el pueblo, como habrá entre vosotros falsos maestros, que introducirán encubiertamente herejías destructoras, y aun negarán al Señor que los rescató, atrayendo sobre sí mismos destrucción repentina. Y muchos seguirán sus disoluciones, por causa de los cuales el camino de la verdad será blasfemado.

Pablo advirtió a los Efesios de ello en Hechos 20:28-31:

Por tanto, mirad por vosotros, y por todo el rebaño en que el Espíritu Santo os ha puesto por obispos, para apacentar la iglesia del Señor, la cual él ganó por su propia sangre. Porque yo sé que después de mi partida entrarán en medio de vosotros lobos rapaces, que no perdonarán al rebaño. Y de vosotros mismos se levantarán hombres que hablen cosas perversas para arrastrar tras sí a los discípulos. Por tanto, velad, acordándoos que por tres años, de noche y de día, no he cesado de amonestar con lágrimas a cada uno.

Evidentemente ellos pusieron atención a la advertencia de Pablo porque el Señor los alaba en Apocalipsis 2:2:

Yo conozco tus obras, y tu arduo trabajo y paciencia; y que no puedes soportar a los malos, y has probado a los que se dicen ser apóstoles, y no lo son, y los has hallado mentirosos.

Observando al enemigo

Los vigías del muro también buscaban al enemigo. Cuando veían que se aproximaba un peligro en potencia, hacían sonar la alarma, ya fuera con un grito o tocando la trompeta. Entonces los soldados se podían preparar para la batalla y defender la ciudad. Los vigías hacen esto en la actualidad, en el sentido espiritual. Alertan al Cuerpo de Cristo de los ataques del enemigo, haciendo sonar la alarma. Cuando los vigías trabajan correctamente, jamás seremos cogidos fuera de guardia por Satanás ni por sus fuerzas.

Ama la adoración, no la guerra, pero cuando sea necesario ve a la guerra

---

Como vigías que somos no vivimos temiendo a nuestro adversario, ni tampoco vivimos "ignorantes" de su existencia. Al contrario de lo que algunos enseñan, estar alertas y vigilantes no son sinónimos de preocupación. Debo advertir que es una táctica común del enemigo disuadir a los cristianos de que lo estén cuidando acusándolos con un énfasis equivocado.

Es muy triste que este mensaje a menudo es transmitido por cristianos bien intencionados. Enseñan que Satanás debe ser ignorado o que se le debe poner poca atención. Ningún pasaje de la Biblia apoya esto. Ciertamente no debemos "enamorarnos" de Satanás, pero un buen soldado es un soldado bien informado en lo que se refiere a su enemigo. Enamórate y asómbrate de Jesús —pero debes estar consciente del enemigo. Ama la adoración, no la guerra, pero cuando sea necesario ve a la guerra.

En su libro *How to Pray for Your Family and Friends* (Cómo orar por tu familia y tus amistades), Quin Sherrer y Ruthanne Garlock cuentan de un amigo pastor que tenía la siguiente actitud. —No creo que debieran enseñar sobre la guerra espiritual —el pastor le dijo a Hilda un día—. Concéntrense en Jesús y no en el diablo.

Su respuesta mostró su sabiduría y experiencia: —Pastor, yo me concentro en Jesús y en Su victoria —respondió respetuosamente—, Jesús enseñó que teníamos autoridad sobre el maligno. Hasta que empecé a utilizar la autoridad de Cristo en la guerra espiritual, tenía a cuatro hijos que iban al infierno. He aprendido a atar las obras del enemigo en la vida de los miembros de mi familia. Hoy *todos* mis hijos y nietos sirven al Señor. He visto los resultados de la guerra espiritual, y quiero ayudar a los demás.[3]

El vigía ve hacia adelante

Los vigías o atalayas no sólo cuidaban las ciudades y campos en las Escrituras. Las palabras hebreas traducidas "atalaya" son *natsar, shamar* y *tsaphah*. Éstas significan cuidar o proteger mientras se vigila, pero también "encerrar algo"[4] como con espinas. Incluso tienen la connotación de esconder u ocultar algo.[5] El vigía —a través de la intercesión crea un lugar secreto de protección (ver Salmo 91).

Otro significado interesante de *tsaphah* es "inclinarse hacia adelante y ver a la distancia". La conexión con la oración debería de ser obvia. El vigía mira hacia adelante, "ve en la distancia"[6] para prever los ataques del enemigo. Pre-ve no re-acciona. ¡Esta es la intercesión profética!

Veamos varias referencias en donde se utilizan estas palabras, en cada uso se refieren a guardar o proteger algo diferente. El primero es Génesis 2:15, el cual también es la primera vez que se utiliza una de estas palabras en la Biblia. "Tomó, pues, Jehová Dios al hombre, y lo puso en el huerto de Edén, para que lo labrara y lo *guardase*" (itálicas del autor).

Los teólogos tienen lo que se conoce como "la ley de la primera mención". Esto se refiere a la regla general que la primera vez que un tema importante se menciona en la Biblia, se dan hechos importantes en lo que se refiere al mismo para que permanezca consistente y relevante a través de las Escrituras.

Por ejemplo, la primera mención de la serpiente —Satanás— es en Génesis 3:1: "Pero la serpiente era astuta, más que todos los animales del campo que Jehová Dios había hecho; la cual dijo a la mujer: ¿Conque Dios os ha dicho: No comáis de todo árbol del huerto?" Es fácil ver esta ley actuando en este pasaje, ya que el versículo habla de la sutileza y astucia de Satanás. Dios nos está informando de una de las cosas más importantes que debemos recordar sobre Satanás: él es más peligroso para nosotros como la serpiente astuta que como el león rugiente.

Ponte a la defensiva —¡mantén fuera a la serpiente!

A Adán se le dijo en Génesis 2:15 que guardase o "cuidara" el jardín. ¿De qué? ¡Tenía que ser de la serpiente! Afirmo esto porque primero que nada, es muy apegado a la naturaleza de

Dios el habérselo advertido. Haberlo hecho de otra forma no hubiera sido consistente con el carácter de Dios. Segundo, ni Adán ni Eva parecieron sorprenderse cuando la serpiente les habló. Evidentemente no fue una sorpresa. Tercero, ¿de qué otra cosa tendría (antes de la Caída) que proteger, guardar o cuidarse en el jardín? Sólo de la serpiente.

Quiero enfatizar algo importante —la primera mención de este término en las Escrituras nos da una de las principales responsabilidades del vigía: ¡*Mantén fuera a la serpiente!* Cuida o protege aquello que Dios ha confiado a tu cuidado de las sutiles incursiones de la serpiente. ¡Manténla fuera de tu jardín!... ¡De tu casa, familia, iglesia, ciudad, nación!... ¡Manténla fuera!

La palabra se utiliza en Génesis 3:24 cuando Dios colocó un querubín en la entrada del jardín para alejar al hombre del árbol de la vida. Adán no mantuvo fuera a la serpiente así que el ángel tuvo que mantener fuera al hombre.

En Génesis 30:31 el concepto de vigía se utiliza para cuidar un rebaño. No se necesita ser muy perspicaz para ver la correlación en esto. Podemos cuidar el rebaño de Dios a través de la intercesión. Eclesiastés 12:3 se refiere a proteger una casa. El salmo 127:1 utiliza el concepto en referencia a cuidar de una ciudad. Y en 1 Samuel 26:15 y 28:2 habla de cuidar de una persona. Proverbios 4:23 nos instruye que lo hagamos con nuestro corazón.

Estas tres palabras hebreas también son traducidas de otras maneras diferentes. Voy a listar algunas de ellas, describiéndolas brevemente, para proveer de una comprensión más redondeada del concepto. Como podrás ver, se pueden escribir páginas comentando sobre el simbolismo y la conexión con la oración. Por causa de la brevedad he decidido no hacerlo, pero te animaría a que pensaras y meditaras en cada una de ellas, permitiéndole al Espíritu Santo que te dé sabiduría en lo personal.

1. *Guardar o Guardador:* Esta es por mucho el uso más frecuente de estas palabras, al menos 250 veces. Los vigías guardan las cosas, lugares y la seguridad de los

individuos. Dan seguridad en contra de la pérdida, robo o daño. Mantienen las cosas intactas, en posesión.

2. *Guardia:* Los vigías son guardias. Esta palabra obviamente es similar a la anterior.

3. *Guardaespalda:* Los vigías cuidan a individuos, los protegen del peligro y de daños. Son escudos —los agentes del servicio secreto del reino, cuidando y protegiendo a los demás. Los vigías representan a Jesús cuidando de los demás.

A menudo, los intercesores en nuestra iglesia me informan de ocasiones que se han pasado cubriéndome en oración. Más de una vez se me ha dicho: "Pastor, estuve despierto por usted la mayor parte de la noche". Ocasionalmente preguntan: "¿Le sucedió algo?".

Generalmente respondo: "No, y probablemente se debe a ello". A menudo mis problemas y distracciones son "colocadas" sobre otros y ellos "las llevan en mi lugar". Estoy agradecido y me doy cuenta de que mucho de mi éxito se debe a su fidelidad. ¡Qué consuelo es saber que tengo guardaespaldas en el espíritu! Habría menos bajas en nuestras filas si tuviéramos más vigías fieles.

Peter Wagner, en su libro *Prayer Shield* "Escudo de Oración" (Editorial Unilit), ofrece cinco razones por las que los pastores y otros líderes cristianos tienen tanta necesidad de que vigías intercedan por ellos:

1. *Los pastores tienen más responsabilidad y tienen que rendir cuentas* Santiago 3:1: "Hermanos míos, no os hagáis maestros muchos de vosotros, sabiendo que recibiremos mayor condenación".

2. *Los pastores están más sujetos a tentaciones.* No cometas equivocaciones al respecto, cuanto más subas en la escalera del liderazgo cristiano, más subes en la lista de Satanás.

3. *Los pastores son el blanco principal de la guerra espiritual.* Ahora se sabe que en los últimos años los satanistas, brujas, gente de la Nueva Era, practicantes del ocultismo, shamanes, espiritistas y otros siervos de las tinieblas han hecho un pacto de maldad para orar a Satanás por el rompimiento de los

matrimonios de los pastores y de los líderes cristianos. La guerra espiritual se ha vuelto más intensa.

4. *Los pastores tienen más influencia sobre los demás.* La cuarta razón por la cual los pastores necesitan intercesión más que los demás cristianos es porque por la misma naturaleza de su ministerio tienen más influencia sobre las demás personas.

5. *Los pastores tienen más visibilidad.* Como los pastores están al frente, constantemente están sujetos a chismes y murmuraciones.[7]

En el libro, Wagner elabora más cada razón. Él dice: "En el grado en que los intercesores oren, los líderes ganan protección contra los dardos de fuego del maligno. Por encima de toda la armadura de Dios, la cual son responsables de ponérsela".[8] Este excelente libro provee de una firme guía de intercesión por los líderes cristianos.

En el excelente recurso de entrenamiento, *A Mighty Warrior: A Guide to Effective Prayer* (Un guerrero poderoso: Una guía para la oración eficaz), Beth Alves sugiere una guía diaria de oración por lo líderes espirituales, la cual Wagner resume de la siguiente manera:

- *Domingo:* Favor para con Dios (revelación espiritual, unción, santidad).

- *Lunes:* Favor para con otros (las congregaciones, el personal del ministerio, los incrédulos).

- *Martes:* Visión ampliada (sabiduría, iluminación, motivos, guía).

- *Miércoles:* Espíritu, alma, cuerpo (salud, apariencia, actitudes, plenitud espiritual y física).

- *Jueves:* Protección (tentación, engaños, enemigos).

- *Viernes:* Economía (prioridades, bendiciones).

- *Sábado:* Familia (en general, parejas, niños).[9]

4. *Portero:* Obviamente es similar al siguiente, así que comentaré ambos conjuntamente.

5. *Guardabarrera:* Los vigías tienen la habilidad espiritual —en su cuarto de oración— para determinar quien entra o sale de su hogar, de la vida de su familia, iglesia, ciudad, etcétera. Disciernen por medio del Espíritu Santo lo que deben permitir entrar, y a través de la oración, abrir o cerrar la puerta. Invitan a entrar la obra del Espíritu Santo, y rechazan las obras de las tinieblas. Colocan vallas, y mantienen fuera al enemigo. En ocasiones, cuando son informados o confrontados por un intercesor con la información de que algo impropio ha entrado en nuestro medio, respondo preguntando: "¿Qué ha sucedido? ¿No estaban haciendo su trabajo?" Simplemente le digo al Cuerpo de Cristo: "No culpen de todo a los pastores. Ustedes también son responsables de guardar las puertas".

6. *Preservar o preservador:* Los vigías preservan o guardan las cosas de la ruina o de la destrucción. Preservan vidas, unciones, movimientos de Dios y muchas otras cosas cubriéndolas con oración. Sherrer y Garlock cuentan de cuatro mujeres que trabajaban como guardias de sus granjas. Estas mujeres caminaban por el perímetro de sus campos mientras sus maridos trabajaban, algunas veces caminando hasta nueve kilómetros al día.

Oraban por protección contra los insectos, enfermedades de los frutos, granizo, sequía. Le pedían a Dios que les diera sabiduría a sus maridos para sembrar y vender y oraban pidiendo que ángeles fueran asignados a los esfuerzos

Los resultados fueron sorprendentes. Resultó ser uno de sus mejores años. Ningún daño por tormentas o insectos, ninguna decisión con falta de sabiduría y una buena ganancia —mientras que los que les rodeaban habían tenido un año difícil con pocas ganancias.

Sencillamente en ocasiones no somos lo suficientemente prácticos con nuestras tácticas de intercesión. Estas mujeres, al cuidar por medio de la intercesión, abrieron el camino para las bendiciones de Dios sobre los esfuerzos financieros de sus familias.[10]

7. *Pon atención:* Los guardias deben estar alerta: Deben poner atención. Aunque sea obvio, es muy importante enfatizarlo. Como soldados, Dios "llama nuestra atención". Hay vidas en juego. La cosecha debe cuidarse. ¡Poned atención, vigías!

8. *Observa:* Esto contiene el mismo concepto de poner atención, sin embargo añade el énfasis de contemplar y ser astuto. No mires solamente —ve. Observa. Es muy sencillo, ¡los vigías vigilan! Ellos observan lo que otros no pueden ver. Podemos observar mucho a través de la oración. A menudo incluso antes de que suceda.

9. *Contempla:* Esto es similar a observar, claro está, pero lo pongo en la lista para volver a enfatizar la necesidad de ver con claridad.

10. *Estar conscientes:* Los vigías deben estar vigilantes, conscientes, en alerta. Nuevamente 1 Pedro 5:8 nos advierte que seamos de espíritu sobrio. ¡Intercesores, hay que estar conscientes! Cuida del león y cuando lo veas que merodea sal a su "encuentro" de inmediato. Haz que se cumpla la victoria del Calvario con la "unción de la osa".

11. *Protege*: Es el mismo sentido que guardar o cuidar, los vigías protegen. Construyen muros o vallas de protección contra los ataques del diablo. Distribuyen las bendiciones de Dios.

12. Mantenimiento: Los vigías mantienen las cosas para el Señor. Son gente de mantenimiento. Tal vez no den visión, construyan ni planten como lo hacen otros, pero mantienen. Hacen que las cosas sigan trabajando adecuadamente y previenen descomposturas. Mantienen la un-

ción, integridad, salud y muchas otras bendiciones necesarias del reino.

En resumen, Dios está levantando intercesores proféticos —vigías— *¡para mantener fuera a la serpiente!* Hombres y mujeres que se "inclinen hacia adelante, mirando a la distancia" cuidando del ataque del enemigo. Centinelas, guardaespaldas, porteros, colocadores de vallas y preservadores en Su reino. En verdad es ¡un llamamiento alto!

Ponte a la ofensiva —¡Sitia!

Sin embargo, existe otra faceta de este tipo de oración, la cual quiero que consideremos a continuación. Una de las cosas más interesantes y sorprendentes que he descubierto conforme he estudiado estas palabras es que ellas representan no sólo significados de protección o defensa, sino también de ofensiva.

Las palabras significan "sitiar una ciudad",[11] siendo la idea la de cuidar para evitar que personas o suministros entren o salgan. Una definición fue "espiar a" o "permanecer en espera para que alguien le haga una emboscada a la persona".[12] Se traducen así en 2 Samuel 11:16; Isaías 1:8, Jeremías 4:16,17, Jeremías 51:12 y Jueces 1:24.

En 1989 cuando el Señor me dio estas enseñanzas, Él habló claramente a mi corazón diciéndome que estaba liberando la unción del vigía, la cual capacitaría a individuos para "sitiar" ciudades y naciones a través de la oración. Donde Satanás había ganado ventaja y tenía una porción mayor, al pueblo de Dios se le daría la instrucción de cómo sitiar a esas situaciones, cortando las líneas de suministro y removiendo aquellas cosas que habían dado lugar a su posición. Le arrebatarían personas, ciudades y naciones.

Esto fue antes de que hubiese una plática (al menos en un grado amplio) de ceremonias de reconciliación, arrepentimiento identificado, mapas espirituales, caminatas de oración, marchas o viajes —todos los términos asociados con quitar sistemáticamente a Satanás los lugares y a las personas a las que se aferra, para llevarlos a Cristo. Esta y otras estrategias son parte de la unción del vigía que Dios ha liberado para la Iglesia.

El Cuerpo de Cristo está aprendiendo *sistemáticamente* a derribar fortalezas de las tinieblas. Dios nos está dando la habilidad —por medio de Su Espíritu— para discernir los planes del enemigo, áreas fuertes y débiles y puntos de entrada —para cortarlo y tomar las naciones, ciudades e individuos a través de la oración. Estas fortalezas de las tinieblas están siendo derribadas. Los que son prisioneros en fortalezas satánicas están siendo liberados. Se están realizando sitios en el espíritu. Dios nos está mostrando que hay que atar y que hay que desatar, al igual que la manera en que debemos hacerlo. Claro que hay oposición.

Una de las cosas que detiene a algunas personas de este tipo de oración es el elemento tiempo. El mero concepto de sitiar implica una duración de tiempo. Puede tomar días, semanas o años de intercesión diariamente para recibir la penetración. Realmente creo que esto se puede acelerar con más oraciones inteligentes y mejor informadas, al igual que por medio de la multiplicación del poder que se forma cuando se realizan acuerdos.

Sin embargo, nada puede cambiar el hecho de que algunas situaciones requieren un cierto grado de tiempo. Yo sitié al quiste en mi esposa durante 30 días. Polly Simchen, de quien hablamos en el capítulo 10, sitió a las ataduras sobre su hijo por cuatro años. Dios le dio a ella y a sus amistades muchas estrategias conforme oraban, las iluminó para que supieran que debían cortar y que debían pedir. Eso es un sitio. Discernían las estrategias de Satanás, "espiando" sus planes. ¿Valió la pena el esfuerzo y la espera? Por completo. Obtuvieron la mayor porción.

Este concepto de sitiar está bien ilustrado en una historia sobre Theresa Mulligan, editora de una carta de noticias de intercesores llamada *Breakthrough* (Penetración), mencionada por Sherrer y Garlock en *How to pray for your family and friends* (Cómo orar por tu familia y amistades). Theresa y una amiga habían caminado en oración por su barrio durante una temporada, deteniéndose frente a cada casa, tomándose de las manos y poniéndose de acuerdo en oración por la salvación de sus ocupantes.

En breve empezaron a llegar: La mujer de un coronel aceptó a Cristo, la hija adolescente de una familia judía conoció a Jesús, una mujer artrítica hizo un compromiso con Cristo y la hija de otra familia vino al Señor. Incluso después de mudarse, Theresa continuó escuchando que sus antiguos vecinos estaban viniendo a Cristo.[13]

¡Eso es sitiar! Es la unción del vigía en todo su apogeo y cualquiera puede hacerlo.

Tomando ciudades y naciones para Dios

He centrado la mayor parte de mi atención en este libro en la intercesión por individuos. Ahora me gustaría comentar brevemente sobre la intercesión por ciudades y naciones, en especial conforme se relaciona con el aspecto del vigía que sitia un lugar.

Las Escrituras muestran claramente que Dios trata —o se relaciona— no únicamente con individuos, sino también con grupos de personas. Debido al principio de autoridad, responsabilidad, libre voluntad, sembrar y cosechar, etcétera, que operan no únicamente a nivel individual, sino también a nivel de grupo en el que se unen individuos. Dios se relaciona con los *grupos* de personas. ¿Por qué?

Muchas de las decisiones que tomamos, los derechos y privilegios que gozamos, no son individualistas, sino son creados conjuntamente con las personas que nos relacionamos. Por ejemplo, yo tomo muchas decisiones en privado en lo que se refiere a mi vida personal. Pero para nuestro hogar —nuestros hijos, finanzas, casa, tiempo, etcétera, mi esposa y yo tomamos las decisiones conjuntamente.

El mismo principio de autoridad compartida se puede expandir hasta el nivel nacional —desde organizaciones hasta ciudades, condados y desde estados hasta naciones. Estas agrupaciones pueden ser sociales o religiosas. De cualquier forma que de un grupo de personas se pueda decir que tienen derechos, poder de decisión y libertades, existe una responsabilidad recíproca. Conforme se comparten las decisiones sobre leyes, líderes, moral, intereses, tolerancia e intolerancia, así mismo son las ramificaciones.

Por ejemplo, no estoy en favor del aborto, pero no puedo escapar de los efectos, aunque sean indirectos, del juicio de Dios sobre esta nación debido a este trágico holocausto. Si Dios trae una sequía o un clima inclemente que afecte los frutos, yo también pagaré unos precios más altos. Conforme Él nos entrega a nuestros deseos degradados y depravados, aumentan más las enfermedades, lo cual también eleva mis tasas de seguro. Si el juicio llega a ser una guerra, yo también pagaré impuestos más altos y compartiré el dolor por la pérdida de la vida de mis compatriotas. Se pueden dar numerosos ejemplos.

Aunque no nos guste, nadie puede vivir como si fuese una isla. Aunque nosotros como creyentes podemos gozar de cierto grado de protección de estos juicios —Dios puede aumentar mis propiedades para ayudarme a pagar mayores precios o impuestos, por ejemplo— no hay manera de evitar por completo el principio de responsabilidad compartida.

Los tratos conjuntos de Dios

Habiendo dado esta razón, quiero validarla citando varias maneras en que Dios trata con ciudades o regiones en las Escrituras a nivel conjunto:

1. Se habló o se profetizó a ciudades: Jonás 1:2; Nahum 3:1; Miqueas 6:9; Apocalipsis 2 y 3.

2. Ciudades y naciones fueron juzgadas: Nínive, Sodoma, Gomorra, Tiro, Sidón, Betsaida, Capernaum, Jericó, Jerusalén y otras. La nación de Israel fue juzgada en general en muchas ocasiones en las Escrituras, al igual que otras naciones.

3. Ciudades y naciones fueron perdonadas y libradas de juicio. Nínive; Sodoma se podría haber salvado, si hubiesen tenido suficientes personas justas; la nación de Israel fue perdonada en general, al igual que otras.

4. Ciudades y naciones tenían un llamamiento o propósito divino: Israel, Jerusalén, las siete ciudades de refugio, y muchas otras.

5. Se habló que ciudades fueron guardadas o preservadas por Dios: Salmo 127:1.

6. Ciudades y naciones tenían principados que las gobernaban: Tiro (ver Ezequiel 28:12); Persia (ver Daniel 10:13); Éfeso (ver Hechos 19:28); Pérgamo (ver Apocalipsis 2:12).

7. Grupos de personas tenían una justicia conjunta o un nivel de pecado: Cualquier nación (ver Proverbios 14:34); Sodoma y Gomorra (ver Génesis 18:20,21); los amorreos (ver Génesis 15:16).

8. Ciudades tienen una fe o incredulidad conjunta: Nazaret (ver Marcos 6:5-6).

9. Ciudades tenían una paz o guerra conjunta (ver Jeremías 29:7).

10. Ciudades pueden tener un avivamiento: Nínive (ver Jonás 3:5-10).

11. Ciudades pueden perder el avivamiento: Jerusalén (ver Lucas 19:41-44).

Di esta lista entera y la anterior explicación primeramente para justificar una cosa: *Dios trata con las personas como grupos, no únicamente como individuos.* Este hecho es lo que también justifica nuestra intercesión por grupos de personas.

Abraham intercedió con éxito por una ciudad (ver Génesis 18:22-33); Moisés por una nación (ver Éxodo 32:9-14). A los exiliados de Israel se les dijo que intercedieran por las ciudades en donde vivían (ver Jeremías 29:7)). Se nos dice en 2 Crónicas 7:14 que nuestras oraciones y nuestro estilo de vida pueden traer sanidad a nuestra nación. Eclesiastés 9:15 y Proverbios 21:22 nos informan que la sabiduría puede librar a una ciudad y derribar fortalezas.

Sin lugar a dudas, ¡Dios está liberando una unción para sitiar las ciudades y naciones para que las tomemos para Él! Él nos está equipando para "espiar" los planes y las fortalezas del enemigo, para que le tendamos una "emboscada" en el espíritu. Nosotros somos el sacerdocio del orden de Melquisedec profetizado en el Salmo 110. Somos un ejército de sacerdotes, extendiendo el cetro de nuestro héroe conquistador, gobernando en medio de nuestros enemigos. ¡Vamos, únanse a nosotros!

Para aquellos que son serios en la toma de una ciudad, el libro de Peter Wagner, *Breaking Strongholds in Your City* (Derribando fortalezas en su ciudad), contiene una rica información. En éste, Victor Lorenzo habla del plan de tres años para evangelizar la ciudad de Resistencia, Argentina. Uno de los elementos claves para el esfuerzo fue el mapa espiritual de la ciudad por Lorenzo. A través de este mapa descubrió cuatro poderes espirituales que influían en la ciudad. Lorenzo cuenta cómo oraron para derribar estas potestades y los resultados obtenidos:

> Al día siguiente, nuestro equipo fue al parque con los pastores de las iglesias de Resistencia, un grupo entrenado de intercesores y Cindy Jacobs. Batallamos durante horas y ferozmente contra las potestades invisibles de la ciudad. Las atacamos en lo que sentimos que era su orden jerárquico, de abajo hacia arriba. Primero fue Pombero, luego Curupi, luego San La Muerte, el espíritu de los masones libres, luego a la Reina del Cielo, luego el espíritu de Pitón, quien sospechamos que funcionaba como el coordinador de todas las fuerzas del mal en la ciudad. Cuando terminamos, un tangible sentido de paz y libertad vino sobre todos los que participamos. Teníamos confianza en que la primera batalla había sido ganada y que la ciudad podía ser reclamada para el Señor.

> Después de esto, la iglesia de Resistencia estaba lista para

una evangelización a toda escala. Los incrédulos empezaron a responder al evangelio como nunca antes. Como resultado de nuestro alcance de tres años, la asistencia a la iglesia aumentó en ciento dos por ciento. Los efectos se sintieron en todos los estratos sociales de la ciudad. Pudimos llevar a cabo proyectos para la comunidad tal como proveer de agua potable a los pobres. La imagen pública de la iglesia evangélica mejoró grandemente ganando respeto y aprobación por parte de los líderes políticos y sociales. Fuimos invitados a utilizar los medios de comunicación para esparcir nuestro mensaje. La guerra espiritual y el mapa que pudimos hacer abrió nuevas puertas para el evangelismo, mejoras sociales y cosechar los frutos espirituales de Resistencia.[14]

¡Esa es la unción del vigía! *Podemos impactar nuestras ciudades y naciones a través de la intercesión.* Podemos sitiarlas, tomarlas para Dios. Las fortalezas de las tinieblas pueden convertirse en fortalezas de la luz.

Ciudades transformadas

Canaán, una ciudad maldita (ver Génesis 9:25) se convirtió en la Tierra Prometida de las bendiciones.

Jerusalén, una vez fortaleza de gigantes malignos, se convirtió en la ciudad de paz.

Siete ciudades, una vez gobernadas por idólatras y gigantes malos, se convirtieron en ciudades de refugio, en las cuales las personas que accidentalmente habían quitado la vida a otra persona huían allí por seguridad y protección. Hebrón, la más famosa de las siete, antiguamente era llamada Quiriat-arba, que significa la ciudad de Arba. Arba fue la más grande de los anaceos o gigantes (ver Josué 14:15). Hebrón, su nuevo nombre, significa "asociación, amistad, compañerismo, comunión".[15] Encajando con ellos, Abraham, el amigo de Dios, está enterrado allí. Caleb, un hombre de fe y de valor, fue utilizado para transformar la fortaleza del gigante más grande en un lugar al que las personas recurrían en busca de seguridad y un dulce compañerismo o comunión con Dios. ¡Esto puede sucederle a nuestras ciudades!

Igualmente, en la ciudad de refugio, Hebrón era una imagen de Cristo. Alguien que mataba de manera accidental podía encontrar seguridad en uno de dos lugares: en una ciudad de refugio (para una protección a largo plazo) o aferrándose a los cuerno del altar del lugar santo (para una protección a corto plazo).

En Hebreos 6:18 el Señor toma de estas dos ilustraciones y lo pone en una frase: "Para que por dos cosas inmutables, en las cuales es imposible que Dios mienta, tengamos un fortísimo consuelo los que hemos acudido para *asirnos* de la esperanza puesta delante de nosotros" (itálicas del autor). Es interesante que los individuos que se encontraban allí por seguridad tenían que permanecer en la ciudad de refugio hasta la muerte del sumo sacerdote en turno (Ver Números 35:28), después de lo cual podían volver con seguridad. Qué ilustración de nuestro Sumo Sacerdote que murió para que pudiéramos estar libres de juicio y castigo.

Mi punto en esta historia, aparte de gozar de una hermosa ilustración de Jesús, es demostrar que una antigua fortaleza de gigantes fue transformada en un lugar de protección, refugio y compañerismo con Dios que se convirtió en una imagen de Cristo mismo.

¿Puede Dios hacer esto nuevamente en la actualidad? Sí, ¡al menos que Dios haya cambiado en los últimos 3.000 años! Es decir, si Él puede encontrar algunos Calebs... Si Él puede encontrar algunos que maten gigantes... Si Él puede encontrar algunos que tengan la actitud de: "Nosotros somos capaces".

Él nos pide, al igual que le pidió a Ezequiel, que veamos los huesos secos de nuestra nación —los hombres y las mujeres, los jóvenes y los mayores, los ricos y los pobres, los que se duelen y aquellos que piensan que están sanos— y responde a la misma pregunta que le hizo al profeta: "¿Pueden vivir estos huesos?" Yo digo que sí. ¿Y tú qué dices?

¿Estás preparado?

Necesitamos ser como Sam y Jed. Al escuchar que se ofrecía una recompensa de $5.000 dólares por la captura o por matar lobos, se convirtieron en cazadores de recompensas. Al despertar una noche, Sam vio que estaban rodeados de 50 pares de ojos brillantes —lobos feroces lamiéndose los hocicos hambrientos. "Jed, despierta —susurró a su compañero dormido—. ¡Somos ricos!"[16]

Necesitamos ver las multitudes de incrédulos que nos rodean, no como una amenaza, sino como una oportunidad. Nuestro trabajo sería abrumador de no ser porque dependemos de la fuerza y habilidad de Dios y no de la nuestra. Aunque un ejército acampe contra nosotros, aún así podemos tener confianza (ver Salmo 27:3). Los 300 hombres de Gedeón fueron más que suficientes para derrotar a los 135.000 teniendo a Dios de su lado. Si Él es por nosotros, ¿quién puede tener éxito yendo en contra de nosotros? (Ver Romanos 8:31).

¡Hagámoslo! Dejemos que Dios se levante y que Sus enemigos sean esparcidos. Llenemos nuestras bolsas con las piedras de la victoria y corramos a encontrarnos con Goliat. Tomemos Quiriat-arba. Corramos a través de algunas tropas y subamos sobre algunos muros.

Demostremos la majestuosidad de nuestro Dios. ¡Rujamos! Dejemos que Jesús viva a través de nosotros.

Él está listo —¿y tú?

¿Estás listo para andar en tu llamamiento como intercesor...? ¿Para representar a Jesús como reconciliador y guerrero...? ¿Para distribuir Sus beneficios y victoria...? ¿Para encontrar, quitar y colocar fronteras?

¿Estás listo para dar a luz, liberar y dar en el blanco...? ¿Para llenar algunas copas, para hacer algunas declaraciones, para vigilar y orar?

¿Estás preparado?

Recuerda; "La vida es frágil, ¡manéjala con *PAGA!*"

Preguntas para reflexionar

1. ¿Puedes resumir las cuatro conclusiones que se sacan de Efesios 6:18, 1 Pedro 5:8 y 2 Corintios 2:11? Utilizando los mismos versículos, da razones para tus conclusiones.

2. Describe las funciones y responsabilidades de los vigías o atalayas del Antiguo Testamento. ¿Cómo simbolizan la intercesión vigilante?

3. ¿Dónde se encuentra el primer uso de la palabra hebrea vigía o atalaya en las Escrituras? ¿Qué cosas importantes se pueden sacar de esto?

4. Basándote en la definición y en el uso de las tres palabras para vigía o atalaya, ¿puedes dar unos comentarios que resuman el aspecto defensivo de la unción del vigía? ¿Cómo puedes aplicar esto a tu familia?, ¿a tu pastor?, ¿a tu iglesia?

5. Describe el aspecto ofensivo de la unción del vigía. ¿Puedes relacionarlo con la intercesión por un individuo?, ¿y por una ciudad?

6. ¿Puedes dar la razón por la cual Dios trata con grupos de personas, y no únicamente con individuos? Haz la lista de tres o cuatro ejemplos bíblicos.

7. Piensa la manera en que tú y tu grupo de oración pueden sitiar tu ciudad. ¡Y hazlo!

Notas

1. Craig Brian Larson, *Illustrations for Preaching and Teaching* (Grand Rapids: Baker Books, 1993), p. 59, adaptado.

2. Cindy Jacobs, *Possessing the Gates of the Enemy* (Grand Rapids: Chosen Books, 1991), pp. 21,22, adaptadas.

3. Quin Sherrer con Ruthanne Garlock, *How to Pray for Your Family and Friends* (Ann Arbor: Servant Publications, 1990), p. 127.

4. James Strong, *The New Strong's Exhaustive Concordance of the Bible* (Nashvile: Thomas Nelson Publishers, 1990), ref. núm. 8104.

5. Idem., ref. núm. 5341.

6. Idem., ref. núm. 6822.

7. C. Peter Wagner, *Prayer Shield* (Ventura, Calif.: Regal Books, 1992), pp. 66-73.

8. Idem., p. 180.

9. Idem., p. 177.

10. Sherrer con Garlock, *How to Pray for Your Family*, pp. 152,153, adaptadas.

11. Spiros Zodhiates, *Hebrew-Greek Key Study Bible —New American Standard* (Chattanooga, Tenn.: AMG Publishers, 1984; edición revisada, 1990), p. 1752.

12. Idem., p. 1787.

13. Sherrer con Garlock, *How to Pray for Your Family*, p. 95, adaptada.

14. C. Peter Wagner, *Breaking Strongholds in Your City* (Ventura, Calif.: Regal Books, 1993), pp. 176-177.

15. Strong, *The New Strong's Exhaustive Concordance*, ref. núm. 2275.

16. Larson, *Illustrations for Preaching*, p. 12, adaptada.

Guía de discusión del líder

El propósito de este libro es encender y dar poder a la vida de oración de aquellos que lo lean. Conforme el grupo crece en fe y en unidad, tal vez quieras implementar algunas de las tácticas de oración mencionadas en este libro, tal como utilizar un trozo de tela sobre el cual se ha orado, caminatas de oración e involucrarte en la guerra espiritual unos por otros.

Como líder es importante que seas sensible ante el nivel de madurez de las personas. También es importante que no impongas tus creencias sobre aquellos que difieren de tu manera de adorar al Señor.

El tamaño idóneo del grupo de discusión es de 10 a 15 personas. Un grupo más pequeño puede tener un problema continuo cuando asistan pocas personas. Un grupo mayor requerirá unas fuertes habilidades de liderazgo para crear un sentimiento de pertenencia y una participación significativa de parte de cada persona.

Si estás dirigiendo a un grupo que ya se reúne con regularidad, tal como una clase de escuela dominical o un grupo de hogar semanal, decidan qué tiempo van a pasar en esta serie. Asegúrate de planear cualquier día de vacaciones o de fiesta durante sus reuniones programadas.

Utiliza la creatividad. Los 14 capítulos de este libro encajarán en un cuatrimestre regular de 13 semanas si se unen dos capítulos para tener un tiempo de compartir de forma personal.

La primera sesión proveerá de un tiempo perfecto para un foro abierto para crear un sentido de unidad conforme empiezan con la serie. Un tiempo de presentación seguido por preguntas que no parezcan una amenaza a menudo es útil para crear unos lazos de unión en el grupo. El capítulo uno puede utilizarse como la introducción. Considera una o más de las siguientes preguntas:

1. ¿Estás satisfecho con tu vida de oración? De no ser así, ¿en qué área estás luchando?

2. ¿Por qué piensas que la oración es una disciplina de la que se carece en el Cuerpo de Cristo?

3. ¿Qué esperas ganar estudiando este libro?

4. Después de leer el capítulo uno, ¿crees que debemos orar una sola vez o piensas que necesitamos tener perseverancia? ¿Por qué?

5. Si pudieses hacerle una pregunta a Dios con respecto a la oración, ¿cuál sería ésta?

Tales preguntas crearán un nuevo sentimiento de identidad entre los miembros de la clase y les ayudará a descubrir sus similaridades.

Muchas preguntas individuales pueden surgir, las cuales contribuirán a la comprensión del tema por parte del grupo. Los miembros del grupo deben ser animados a mantener una lista de sus preguntas. Sugiere que las preguntas se sometan de manera anónima y combínense unas con otras para eliminar las repeticiones. Muchas preguntas pueden tener una respuesta antes de que la serie llegue a su fin. Por lo tanto, es una buena idea esperar hasta el final de la última sesión para discutir tales preguntas.

Elijan a un ayudante del líder para que llame a los miembros de la clase y les recuerde las fechas de la reunión, la hora y el lugar. Tu ayudante también puede hacer arreglos para que haya algo de beber y proveer cuidado de niños.

Las personas apreciarán más el libro si tienen la responsabilidad de pagarlo. También es más probable que terminen el curso si han invertido en su propio material.

Asegúrate de tener varias Biblias extras. La Biblia al Día a menudo es útil para las personas que tienen poco o nada de trasfondo bíblico, sin embargo, es importante explicar que otras versiones difieren considerablemente y que la versión principal es la que se utiliza en este libro.

Sé consciente de los principios básicos de la dinámica de grupo, tales como:

1. Arregla las sillas en forma de semicírculo, incluyendo al líder en vez de que esté sentado al frente. Esta manera invita a la participación.

2. Crea una atmósfera amistosa de discusión. Los siguientes puntos son útiles para dirigir la discusión:

   a. Recibe los comentarios de parte de los miembros del grupo sin enjuiciarlos, incluso si no estás de acuerdo. Si son claramente injustos o no son bíblicos, puedes hacer preguntas que aclaren el tema; pero el rechazo abierto de un comentario evitará la participación abierta.

   b. Si alguna cuestión o comentario se desvía del tema, sugiere que se trate en otro momento o pregúntale al grupo si quiere seguir con el tema en ese momento.

   c. Si una persona monopoliza la discusión, haz algunas preguntas específicas a otra persona .O, con tacto, interrumpe a la persona dominante diciéndole: "Disculpa, ese es un buen pensamiento, y me pregunto qué es lo que piensa el resto de nosotros". Habla en privado con las persona y haz que la persona te ayude a involucrar a los demás en la discusión.

   d. Da facilidades para que todos compartan o hagan preguntas, pero no le insistas a nadie que lo haga. Los participantes que no están decididos a participar pueden agradecer si se les pide que lean una parte del libro. Coloca a las personas tímidas con alguna otra para que discutan como pareja separados del grupo principal, y pídele a las personas que vacilan en participar que escriban un comentario que se pueda compartir con los demás.

   e. Si alguien te hace alguna pregunta y no sabes la respuesta, admítelo y continúa. Si la pregunta pide aportaciones desde una experiencia personal, invita a los demás a que comenten al respecto, sin embargo, asegúrate que haya un tiempo límite. Si se requiere un conocimiento en especial, sugiere buscar la respuesta en la biblioteca o preguntarle a un teólogo o ministro, e informen de sus hallazgos más tarde.

3. Evita ir en rescate de alguien. El propósito de este grupo es aprender a orar por otros, no el componerlos. Esto no significa que no habrán momentos dolorosos o que no se compartirán problemas desagradables, pero el grupo está para compartir y orar —no para arreglar a otros. El líder debe ser honesto y estar deseoso de querer crecer con el

grupo en vez de comunicar que es una autoridad en el tema.

4. Empieza y termina a la hora, según el horario que se haya acordado antes de que empiecen las series. Esto es especialmente importante para aquellos que tienen que contratar a una niñera o levantarse temprano para trabajar a la mañana siguiente.

5. Durante cada sesión, dirige a los miembros del grupo para que discutan las preguntas y ejercicios al final de cada capítulo. Si tienes más de 8 ó 10 miembros en la clase, considera dividirlos en grupos pequeños, después invita a que cada grupo comparta uno o dos pensamientos con el resto.

6. Sé sensible. Algunas personas pueden sentirse cómodas orando por otros, pero no fuerces a aquellos que no quieran hacerlo. Es necesario separar un tiempo, ya sea al principio o final de la reunión, para orar por aquellos que tienen necesidad.

7. Anima a los miembros del grupo para que oren diariamente los unos por los otros. Esto creará un sentimiento de unidad y de amor.

8. Como líder, ora con regularidad por las sesiones y por los participantes, pidiéndole al Espíritu Santo que se mueva sobre cada persona durante la semana. El Señor honrará tu disponibilidad para guiar a Su pueblo hacia una relación más íntima con Él.

Bibliografía

Alves, Elizabeth. *A Mighty Warrior: A Guide to Effective Prayer.* Bulverde, Tex.: Canopy Press, 1992.

Bauer, Walter. *A Greek-English Lexicon of the New Testament.* Chicago: The Univesity of Chicago Press, 1979.

Billheimer, Paul, *Destined for the Throne.* Fort Washington, Pa.: Christian Literature Crusade, 1975.

Bosworth, F.F. *Christ the Healer.* Grand Rapids: Baker Book House/Revell, 1973.

Bromiley, Geoffrey W. *Theological Dictionary of the New Testament,* Abridge. Grand Rapids: William B. Eerdmans Publishing, Co., 1985.

Brown, Francis, S.R. Driver y Charles A. Briggs, *The New Brown-Driver, Briggs-Gesenius Hebrew and English Lexicon.* Peabody, Mass.: Hendrickson Publishers, 1979.

Bullinger, Ethelbert. *A Critical Lexicon and Concordance to the English and Greek New Testament.* Grand Rapids: Zondervan Publishing House, 1975.

Canfield, Jack y Mark Victor Hansen, *Chicken Soup for the Soul.* (Deerfield Beach, Fla.: Health Communications, Inc., 1993.

The Consolidated Webster Encyclopedic Dictionary. Chicago: Consolidated Book Publishers, 1954.

Curran, Sue. *The Praying Church.* Blountville, Tenn.: Shekinah Publishing Company, 1987.

Eastman, Dick. *The Jericho Hour* (Orlando, Fla.: Creation House, 1994)

——————————. *No Easy Road.* Grand Rapids: Baker Book House, 1971.

Gordon, S.D. *What It Will Take to Change the World.* Grand Rapids: Baker Book House, 1979.

Harris, R. Laird, Gleason L. Archer Jr., y Bruce K. Waltke. *Theological Wordbook of the Old Testament.* Chicago: Moody Press, 1980); Grand Rapids: William B. Eerdmans Publishing Co., edición revisada, 1991.

Hayford, Jack. *Prayer is Invading the Impossible.* South Plainfield, N.J.: Logos International, 1977; edición revisada, Bridge Publishing, 1995.

Jacobs, Cindy. *Possessing the Gates of the Enemy.* Grand Rapids: Chosen Books, 1991.

——————————————. *The Voice of God.* Ventura. Calif.: Regal Books, 1995.

Keil, C.F. y F. Delitzsch, *Commentary on the Old Testament, Volumen 1.* Grand Rapids; William B. Eerdmans Publishing, Co., reimpreso 1991.

Larson, Craig Brian. *Illustrations for Preaching and Teaching.* Grand Rapids: Baker Books, 1993.

Lindsay, Gordon. *The New John G. Lake Sermons.* Dallas: Christ for the Nations, Inc., 1979.

——————————————. *Prayer That Moves Mountains.* Dallas: Christ for the Nations, Inc., revisión 1994.

Mason, John L. *An Enemy Called Average.* Tulsa, Okla.: 1990.

Matthews, R. Arthur. *Born for Battle.* Robesonia, Pa.: OMF Books, 1978.

Murray, Andrew. *The Ministry of Intercessory Prayer.* Minneapolis: Bethany House Publishers, 1981.

New American Standard Exhaustive Concordance of the Bible. Nashville: Holman Bible Publishers, 1981.

Sherrer, Quin. y Ruthanne Garlock, *How to Pray for Your Family and Friends.* Ann Arbor: Servant Publications, 1990.

The Spirit Filled Bible, Nashville: Thomas Nelson Publishers, 1991.

Strong, James. *The New Strong's Exhaustive Concordance of the Bible.* Nashvile: Thomas Nelson Publishers, 1990.

Thayer, Joseph Henry. *A Greek-English Lexicon of the New Testament*. Grand Rapids: Baker Book House, 1977.

Vine, W.E. *The Expanded Vine's Expository Dictionary of New Testament Words*. Minneapolis: Bethany House Publishers, 1984.

Wagner, C. Peter. *Breaking Strongholds in Your City*. Ventura, Calif.: Regal Books, 1993.

——————————-. *Prayer Shield*. Ventura, Calif.: Regal Books, 1992.

Wilson, William. *Old Testament Word Studies*. Grand Rapids: Kregel Publications, 1978.

Zodhiates, Spiros. *The Complete Word Study Dictionary*. Iowa Falls, Iowa: Word Bible Publishers, 1992.

——————————-. *Hebrew-Greek Key Study Bible —New American Standard*, Chattanooga, Tenn.: AMG Publishers, 1984; edición revisada, 1990.